명풍수 얼풍수

풍수설화 2

명풍수 얼풍수

도서출판 역락

머리말

우리 한민족은 예로부터 하늘과 산천을 숭배하고 산신과 지령을 숭앙하여 천(天)·지(地)·인(人)·삼재(三才)의 합일적인 세계관을 바탕을 바탕으로 풍수지리 사상을 형성하게 되었다.

풍수지리 사상은 신라시대 때부터 시작되어 고려 때는 궁중 지배층의 지배 이데올로기로 자리를 잡게 되었고 조선조 이후로는 민간으로 널리 전파되어 민간신앙으로 뿌리를 내리게 되었다.

매일 거주하는 주택을 지기(地氣)가 뭉쳐진 길지(吉地)에 정하여 살면 발전과 번영을 꾀할 수 있고 조상의 유해를 기(氣)가 충만한 명당에 모시면 발복을 받아 후손이 부귀(富貴)와 수복(壽福)을 누릴 수 있다는 풍수지리설이 민간신앙화 하면서 자연히 수많은 풍수설화를 남기게 되었다.

풍수설화에는 개인이나 집단의 사고방식과 의식이 반영되어 있을 뿐만 아니라 우리 민족 전체의 의식과 세계관이 투영되어 있다. 따라서 풍수설화는 우리 민족의 의식과 세계관의 보고(寶庫)요 구비전승(口碑傳承) 문학의 진수(眞髓)라 할 수 있다.

특히 풍수설화에는 권선징악(勸善懲惡)의 윤리관과 조상숭배의 효(孝) 사상, 타고난 운명을 개척하고자 하는 적극적인 의지가 잘 드러나 있다.

명당은 누구나 구할 수 있는 것도 아니고 명풍수가 잡으면 모두 명당이 되는 것도 아니라는 이야기이다. 묏자리를 구하는 후손뿐만 아니라 망자(亡者)도 평소에 착한 선업을 쌓아야 명당, 길지를 차지할 수 있다는 것이다. 설심부(雪心賦)에도 "나쁜 짓을 하면 좋은 땅도 도리어 재앙을 부른다"고 하였다. 실제로 풍수설화에서 명당을 차지하게 된 주인공들은 대개 착한 머슴이거나 자기를 희생하면서 남몰래 선행을 한, 힘없고 왜소한 서민으로 나타나 있다. 그리고 또 풍수설화에는 돌아가신 조상을 편안히 안장(安葬)하고자 하는 후손들의 효심이 깊이 투영되어 있고 조상을 명당에 모심으로써 발복을 받아 후손들이 부귀영화를 누리고 신분상승을 꾀하려는 욕구도 잘 드러나 있다. 후자와 같은 의식은 운명론적 사고방식이라고 비난받을 수도 있으나 봉건제도와 같은 당시의 불가항력적인 환경에서 서민들이 취할 수 있는 유일한 통로라고 본다면 이는 운명을 적극적으로 개척하고자 하는 건전한 가치관이라고 볼 수 있다.

이러한 풍수설화는 풍수가 명당을 구하는 이야기가 주류를 이루고 있는데,《조선의 명풍수》에서는 명풍수에 얽힌 일화를 중심으로 서술하였으나, 본《명풍수 얼풍수》에는 명풍수의 보은담과 실수담, 지술의 획득과 발휘담 및 얼풍수(가짜풍수)의 성공담을 실었다. 그리고 이들 설화 내용을 유형별로 나누고 이야기의 충실도에 따라 각편(各篇)을 취사선택하여 의미전달 위주로 다듬거나 재구성하기도 하였다.

이 책은 풍수설화 중에서 구전설화를 중심으로 엮었는데 특히 한국구비문학대계를 비롯한 여러 구전설화 자료집을 바탕으로 하였음을 밝혀둔다.

끝으로 풍수지리와 풍수설화에 관심이 있는 분들에게 일독을 권하면서 이 책을 정성 드려 만들어 주신 이대현 사장님과 편집 담당자에게 감사드린다.

2002. 12. 7.

용지봉 기슭에서   김 문 기 씀

차 례

1편 명풍수 이야기

제 2 장 발복을 예견한 명풍수

 # 제 3 장 악행을 응징한 명풍수

제 4 장 실수한 명풍수

 # 제 5 장 명풍수의 지술

2편 얼풍수 이야기

제1장 상가(喪家) 며느리 도움으로 성공한 얼풍수

제2장 이인(異人)과 신물(神物)의 도움으로 성공한 얼풍수

제 3 장 엿들어서 성공한 얼풍수

제 4 장 지략과 재치로 성공한 얼풍수

제 5 장 우연히 성공한 얼풍수

제1편
명풍수 이야기

제1장 보은으로 묏자리 잡아준 명풍수

- 홀아비를 잘 살게 해 준 풍수와 중
- 여우혈 잡아주어 은혜 갚은 풍수
- 6정승 날 명당 잡아준 중국 지관
- 급제할 길지 잡아 보은한 풍수
- 백설기와 권수한 증조부 묘지
- 지팡이굽 박아 주고 명당 얻은 함안 조씨
- 팥죽 얻어먹고 정승터 잡아준 도사
- 친절 베풀어 얻은 명당
- 3형제 급제할 묘터 잡아준 스님
- 두부 대접하고 명당얻은 현풍 곽씨
- 정성에 감동하여 묏자리 정해준 노승
- 세 마누라 덤으로 잊은 숯구이 총각
- 아들 3형제 낳을 묏자리 잡아준 지관
- 즉시 발복할 터 잡아준 이승과 박승
- 명당 덕에 얻은 두 아내
- 명당에 집짓고 부자 된 전주 최씨
- 풍수로 은혜 갚은 여종의 아들
- 명당 잡아주고 삼천냥 녹지 받은 이석우
- 저녁 거리를 연구한 이지함

홀아비를 잘 살게 해준 풍수와 중

풍수지리를 잘 보는 지사(地師)가 헐레벌떡 길을 가다 보니까 대사도 가고 있어서 대사와 지사가 동행을 하게 되었다. 동행을 하면서 이런 이야기 저런 이야기하며 가는데 이야기 바람에 길을 잘못 들었다.

얼마를 갔는지 그만 어둠살이 드는데 보니까, 마을도 없고 길도 막히고 말았다. 그 때 대사가 지사에게 하는 말이

"지사님, 이렇게 내가 앞에 서서 가는데 여기 오니 길이 없습니다. 아까 우리가 왔던 저쪽에 좋은 길이 있었는데 그 쪽으로 가면 아마 근동에 무슨 초당이라도 있을 듯 싶습니다. 그 길 아니면 우리가 갈 수가 없으니 어떻게 할까요?"

대사가 이러니까,

"아, 그거야 뭐 대사가 어련히 알아서 하겠습니까? 그리고 저야

뭐 알겠습니까?"

그러니 지사가 하는 말이,

"여기 길이 없으니 우리 되돌아 나가야지요."

그래서 다시 되돌아 나가니까 옆길이 하나 있었다. '아 여기가 길인가' 생각하며,

"이리로 갑시다."했다.

밤은 벌써 저물어졌는데 그 길로 따라서 갔다. 잊어버리고 한참 가니까 조그만 오두막에 간간이 불이 반짝거리고 있었다. 거기에 당도해 보니까 수숫대로 움막집을 지어놓은 것이 있었다. 주인을 찾으니까 나이 대략 서른 칠 팔 되는 사람이 나오더니, 왜 왔느냐고 했다.

"우리가 길을 가다가 보니까 길을 잘못 들어선 것 같은데, 여기서 인가(人家)가 있는 곳 까지 얼마나 됩니까?"

"여기서 인가까지는 한 5리 정도 남았습니다."

"아이고 대사 어쩔까? 지금 우리가 이 밤에 털털거리고 가야 합니까?"

"지사 말씀이 옳으니 여기서 유(留)하고 갑시다."

그래서 그 집주인에게 지금 5리까지나 더 갈 수 없으니 그만 여기서 유하고 가면 좋겠다고 하니까,

"유하고 가시는 건 좋습니다마는 저 거처하는 방이 누추해서 어떡할까요?"

"괜찮습니다. 밤중에 길가는 사람이 누추한 걸 어찌 생각하겠습니까?"

"아, 그러면 방으로 들어가시지요."

하면서 이 사람이 쑥 나오는데 보니까 건(巾)을 쓰고 있었다.

지사와 대사가 방으로 들어가니 그 사람의 어머니가 계셨다.

"어머님."

"야, 거 손님이 방에 왔니?"

"길가는 손님인데 길을 잘못 들어서 큰 부락으로 못 가고, 우리가 다니는 이 길로 오셨는 모양인데, 그만 날이 저물었으니 우리 집에 자고 가려고 하시는데 어떻게 할까요?"

"여기 우리 집까지 오셨는데 유하고 가시라고 해라."

"그래서 방으로 모셨습니다."

"그래. 그런데 큰일 났다. 저 손님들 저녁 식사를 드려야 할 텐데. 너랑 나랑 둘이서 먹으려고 끓여 놓은 죽이 있으니 이걸 어떻게 할까?"

"예, 어머니, 손님들 밥을 해드려야 되지마는 밥은 못해 드리겠고 하니 어머니께는 좀 안됐습니다마는 우리들이 먹을 죽을 그 손님 두 분에게 갈라 드시도록 합시다. 저는 굶어도 괜찮습니다."

그리고 죽을 퍼서 한 손에 한 그릇씩 들고서 갔다. 갑자기 주는 것이라 먹기는 먹어야겠다고 생각해서 주인도 들어오라고 하니,

"저는 뭐 안 들어가고 여기 부엌에 있어도 좋습니다."
라고 했다.

그런데 저녁을 받아 가지고 나와 보니까 모자가 나무 사이에 그냥 비스듬히 앉아서,

"어쩐 손님들인지 영문을 모르겠습니다. 저도 모르고 어머니도 모르는데 유하고 가신다는데 죽을 드려서 안됐습니다. 그렇지마는 어쩔 도리도 없고."하는 것이었다.

그 죽을 먹으면서 지사와 대사가 하는 말이,

"아 지사님, 모자가 잡수려고 끓여놓은 죽을 우리에게 주니 저 사람들은 저녁을 굶겠습니다. 저 사람들 저녁을 빼앗아 먹고 우리는 날이 새면 가야 될 형편이니 그 은혜를 갚고 가야 되겠는데 지사님, 어디 다니다 보니 그럴듯한 묏자리 없습디까? 보아하니 상주인가 건을 쓰고 있는데." 그러니까,

"대사님, 지사가 보는 자리는 소소한 자리는 볼 수가 없고 대개 아주 큰 대지(大地) 자리를 보는 것이고, 대사는 이리저리 다니다 보면 임시방편 자리를 잘 발견할 수 있을 것인데 우리가 여기서 자고 내일 아침에 빈 입으로 갈 수가 있나. 이러니까 임시방편 자리를 하나 봐주면 어떻겠습니까?"

"그러면 내가 임시방편 자리를 하나 보기는 봤는데 지사가 나중에 큰 자리를 하나 정해주겠습니까?"

"그거야 대사가 먼저 그리하면 저야 물어 볼 것도 없지요."하면서,

"그러면 내일 아침 묻을 임시방편 자리가 어디 있습니까?"하니,

"그러면 그 사람 들어오게 하시오."하여, 그 상주를 부르니까 들어왔다.

"부친 상복을 입었나?"하고 물으니까,

"우리 부친은 전에 돌아가시고 없고 제가 상처를 했습니다."

"마누라가 죽었으면 어디다 갖다 묻었나?"

"멀리 갈 수도 없고 하여 우리 집 뒤에 뫼를 써 놨습니다."

"그러면 며칠이나 됐나?"

"두 달 정도 되었습니다."

"그 뫼를 팔 수 있는가?"

"팔 수 있습니다."

"그러면 네가 그 뫼를 파라."

"그 뫼를 파서 어떻게 하시려고 뫼를 파라고 합니까?"

"우리가 좋은 자리 한 자리 봐 놨으니 거기다 쓰면 좋을 거다."

그 소리를 듣고 뫼를 파서 지게에다 얹어 놓으니,

"가자. 짊어지고 나만 따라 오너라."고 해서 따라갔다.

가다보니 마을 위에서 내려오는 큰 내가 하나 있는데 그 내에서 물이 쭉 내려가다가 휘도는 곳이 있는데 이 물이 휘돌아가기 때문

에 모래가 수북이 쌓여 있었다. 거기다 내려놓고는,

"여기다 파라."고 했다.

그래서 상주는 '세상에 이 어른들이 나에게 은혜를 갚는다 하더니마는 아, 이거 물이 철철 내려가고, 비가 조금만 오면 떠내려갈 곳에 뫼를 쓰라고 하는가? 나는 못 쓰겠다'고 생각했다. 그래서

"은혜를 안 갚아도 좋으니까 여기에는 뫼를 쓸 수가 없습니다."

"아니다. 여기에 둘 것이 아니고 비 오기 전에 팔 것이다. 그리고 파면 다시 묘 쓸 곳을 우리가 이야기 해 줄 테니까 그대로 하라."

그런데도 이 사람은 버티고 안 쓰고 그냥 있었다. 그러니 중이 달라 들어서 괭이를 가지고 양쪽을 좀 파더니 지사하고 둘이서 시신을 갖다 눕혀놓고는 물을 슬슬 퍼붓고 모래로 묻더니 가자고 했다. 그래서 그도 어쩔 도리가 없어서 돌아왔다. 그런데 돌아와서는 둘이서 하는 이야기가,

"지사님, 내일 아침에는 우리 잘 좀 먹을 거요."

"그게 혹시 얻어먹을 자리입니까?"

"그 자리는 우리가 참말로 잘 얻어먹고 갈 자리라. 잘 얻어먹고 갈 자리니 됐다."

모자가 부엌에 있으면서 보니까 둘이서 잠도 자지 아니하고 이야기를 하고 있는 것이었다.

"저 방에 온 손님들이 뭐라고 하더냐?"

"다름이 아니라 내 처의 무덤을 파면 좋은 자리에 뫼 써 준다고 해서 파 짊어지고 가니까 도랑의 모래밭에다가 뫼를 써 줍디다. 그래서 내가 안 쓰고 떡 버티고 섰으니까 그 양반들이 달라 들어서 조금 파더니마는 모래로 파묻고는 가자고 해서 왔습니다."

"아이고 큰일 났다. 어미가 명이 짧아서 죽기는 죽었으나 마음이 그럴 수가 없었는데 그걸 갖다가 물에다가 넣어서 어떻게 할까?"

"어머니 그게 아니고 비가 오기 전에 딴 데로 옮기도록 해 준답

니다."

"그래 그 말을 하더냐?"

"예, 내일 아침에 해준다고 했습니다."

"그러면 이제 자자."

그래서 잠깐 한숨 잤는데, 자기 어머니가 하시는 말씀이

"야, 큰일 났다. 저 손님들이 내일 아침 식전에 가지는 안 할 것이니 밥을 해 먹여서 보내야 되겠는데 어떻게 할까?"

"글쎄요, 큰일이네요."

어머니가 한참 생각하더니,

"없는 놈이 어쩔 수 있나? 있는 사람에게 가서 굽혀야지. 큰 마을까지 길은 좀 멀기는 하지만 네가 일찍 내려가야 된다."하고 보자기를 하나 주면서,

"이 보자기를 가지고 요 뒷집에 찾아가 대문밖에 기다리고 앉아 있으라. 기다리고 있으면 나중에 그 대문을 열고 머슴이 나올 것이다. 머슴에게 그런 이야기를 하고 쌀을 꿔 주면 일해 준다고 해라. 그러면 설마 쌀 한 되 안 주겠나? 날이 다 새 간다. 어서 가거라. 여기서 5리나 갈 것인데."

아들이 보자기를 갖고 가니 아직 날이 새지 않아서 대문밖에 우두커니 기대어 서 있었다.

그런데 이집 주인은 과부였는데 착실한 살림살이로 머슴을 거느리고 살고 있었다. 과부가 잠이 안 와서 일어났다가 누웠다가 하고 있는데 조금 누웠으니까 하늘에서 청룡이 쑥 내려오더니 대문밖에 와서 툭 떨어졌다. 과부가 깜짝 놀라서 깨어 보니까 꿈이었다. '하하, 이거 무슨 이치가 있는 일이구나' 생각하고 무엇일까 싶어서 과부가 쫓아 나가서 대문 사이로 빠끔이 내다보니까 어떤 청년이 한 사람 서 있었다.

그래서 '누군가' 싶어서 자세히 보니 얼굴은 안 보이고 사람이

서서 있는 것만 보고 들어왔다. '어떤 사람인가, 도둑놈인가, 아니면 우리 부락 사람이 저렇게 서 있는가' 온갖 생각이 다 들어서 다시 가서 대문을 살짝 열고,

"대문 밖에 섰는 사람은 누구시오?"하니까,

"예, 저는 저 산막에 사는 누구요."

"어찌 이리 일찍 왔습니까?"

"실은 댁에 내가 일을 해 드리고 대신 쌀을 한 되 구하러 왔습니다."

"그러면 들어오시오."

집안사람은 다 누워 자고 머슴들도 다 누워 자는데, 들어오라고 하니 청년이 방에 썩 들어오는데 보니까 방안이 환하여 그 과부의 마음이 미혹하여졌다. 그래서 방에 같이 들어갔다 나와서는 술상을 차려서 들어갔다.

"여기 와서 술을 한 잔 따라 줄 테니 드시오."하니, 청년이

"이 댁에 그 전에도 일을 며칠 해주고 했지마는 이 방에 들어와 보기는 처음이고, 댁과 말을 해보는 것도 오늘 아침이 처음이니 술을 갖고 와서 내가 부어 먹지요."

"드시오. 내가 한 잔 따라 주는데 이 술을 안 먹겠소?"

그래서 한 잔 먹고 두 잔 먹고 석 잔을 먹었는데 과부가 안으로 들어가 버려 그도 어쩔 수 없어 들어가서 둘이 안고 그럭저럭 날을 새었다.

"나는 올라가야겠는데요."하니,

"손님이 왔지만 반찬도 없고 하니 밥해 준다고 애쓰지 말고 아침을 내가 할 테니까 올라가서 어머니와 함께 손님을 모시고 이리 내려오시오."했다.

그래서 총각은 날 새기 전에 나서서 올라가는 중인데, 대사랑 지사가 보니 문살이 훤해지고 있었다.

"오늘 아침은 잘 얻어먹게 생겼다. 이제 이 상주는 올 것이고."

"어째서 그러한고?" 지사가 이러니까,

"지사님은 모르시는가? 이 자리가 임시방편 자리요. 이제 좀 있으면 우리에게 도착됩니다."

그래 좀 있으니까 그 사람이 오는데 보니 참 기분이 좋아 훨훨 날아오는 듯했다.

"저 놈 걸어오는 것 봐라. 저렇게 기개 있게 걸어오는 걸 보니 오늘 아침은 잘 얻어먹을 것이오."

이 과부는 그 사람을 올려 보내놓고, 머슴들을 시켜서 돼지를 잡으라고 했다. 머슴들이 가만히 생각해 보니 뜻밖의 일이었다. 어찌하려고 돼지를 잡으라 하는가 하면서도 시키는 것이라서 돼지를 잡았다. 잡아 놓고 조금 있으니까 산막에 사는 사람이 점잖은 분 두 분을 모시고 오고 있었다. 머슴들이 보니 산막에 사는 아무 것인데 뜻밖에 손님을 모시고 큰방으로 가니 너무나 이상해 수군수군 했다.

아침에 돼지를 잡아서 불고기를 해 놓는 등 밥상을 올리는데 진수성찬이었다. 이들이 아침을 잘 얻어먹고 나니까 과부가 숭늉을 가지고 들어와서 말하였다.

"여기 손님들 들어보시오. 내 살림살이가 우리 동네에서 부자라고 일컬어집니다. 그러나 얼마 되지는 않습니다. 그냥 백 석 정도 하는데 이 살림살이를 여자 혼자 힘으로 감당을 하려고 하니 잘 안 되네요. 이래서 저분이 저 산골에 계시는데 그이 역시 안사람이 죽어 버리고 혼자 살고 나도 혼자 이 살림살이를 감당하지 못해서 간밤에 그만 내 몸을 저 분에게 맡겼습니다. 반찬도 변변찮은데 잘 잡수셨는지 모르겠습니다."

"우리는 참 잘 먹었습니다. 그런데 우리가 밥을 챙겨 갈 것이니 그리 아시오."하니,

"못 갑니다. 염려 말고 3일 동안 쉬었다가 가시도록 하시오"

"그러지요. 우리는 세월없이 다니는 사람이니까, 이것도 우리 덕이지 딴 사람 덕은 아니지요."

그리고 머슴을 시켜서 동민 여러분을 안팎 없이 집에 모시라고 했다. 머슴들은 무슨 영문인지도 모르고 시키는 대로 했다. 동네 사람들이 거의 다 모이자 이 여인이 마당에 내려와서 절을 한 번 하면서,

"내가 남편 없이 살림살이를 해 나가보니 머슴을 데리고 농사를 지어도 도저히 감당해낼 도리가 없습니다. 이리하여 산골에 사는 아무개 그 분하고 부부가 되기로 하였습니다. 그리하여 술 한 잔씩 드리려고 모셨습니다."

하고는 그만 방에 들어가 버렸다.

지사가 3일 동안 쉬면서 가만히 그 집에 앉아서 쳐다보니 산봉우리이 하나 있었는데 거기에다 총각 마누라 묘를 파서 이장시켰다. 그 곳은 당대에 천 석을 한다는 이야기를 하고 사흘 쉬고 길을 떠났다.

여우혈 잡아주어 은혜갚은 풍수

옛 날에 풍수를 잘 보는 사람이 있었다. 어느 날 길을 가다가 날이 저물어 오두막을 하나 찾았다. 그 집이 너무 가난하여 단칸방에 주인과 함께 자야했다. 날씨가 추워 주인이 불을 때기 위해 나무를 하러 가고 안주인은 밖에서 좁쌀을 찧느라 밖에 나가 있었다. 그 사이에 이 사람이 밖에 담배를 피우러 나가다가 그만 잘못해서 그 집의 갓난아기를 밟아 아기가 그만 죽어버렸다. 아이를 죽였으니 어디 다른 데 가지도 못하고 고개를 숙이고 있으니 드디어 안주인이 들어왔다. 그러자 그 풍수는

"날 죽여주시오. 이 집의 어린애를 내가 밟아서 절명을 하게 되었습니다. 날 죽이시오."

하며 부엌에 있는 칼을 가져와 용서를 빌었다. 그런데 그 부인과 주인은

"아, 무슨 말씀이십니까? 우리는 아직 어린애를 낳을 수 있습니다. 인명은 재천이라 했으니 아이가 죽을 때가 되어서 죽은 것입니다."

이렇게 말하며 용서를 해 주는 것이었다. 그래서 용서를 해준 데

대해 은혜를 갚으려고 눈 속을 다니다보니 좋은 집터가 있었다. 그런데 그 집터는 10년까지는 돈을 많이 벌 수 있으나 10년만 넘으면 떠나야 할 터였다.

"주인어른, 딴 은공은 갚을 수 없고 현재 돈도 없어 돈으로도 갚을 수 없으니 집터나 한 군데 잡아 드리겠습니다. 해동을 하면 여기다가 움막이라도 한 번 쳐 보십시오. 움막 치는 그 날부터 10년만 여기서 살고 10년이 되면 여기를 떠나십시오. 10년 전에는 돈을 많이 벌 것입니다."

풍수가 시키는 대로 집주인은 그 터에 집을 지었다. 그러자 그 이후 아들 딸 팔 형제를 낳고 돈도 많이 벌게 되었다. 그러다 보니 10년이 거의 다 되어 한 달이 조금 넘었다.

"아차, 10년이 되었으니 내가 다시 한 번 가 보아야겠구나." 하며 풍수는 그 집터에 가보았다. 그때가 10년하고 한 달이 지난 때였다.

"아, 내가 깜빡 잊었구나. 10년이 되기 전에 내가 한번 가 보았어야 했는데. 이제 10년이 넘었으니 아직도 그 집에 살고 있다면 분명 폐가 올 것인데."

풍수가 그 마을에 가서 소문을 들으니 그 주인은 죽고 부인은 그 주인의 시체를 감추어 둔 살인죄로 누명을 쓰고 관가로 잡혀갔다고 했다. 풍수는 집터가 여우형국이므로 이것이 모두 여우의 짓임을 알고 사람으로 화한 여우들을 데리고 관가로 가서 무조건 그들의 목을 벨 것을 주장했다. 목을 베니 정말 그들은 여우였다.

"사실 이렇게 된 일입니다. 10년 전에 이분들께 이 집을 10년이 지나면 떠나라 했는데 그러지 않아서 일이 이렇게 된 것입니다." 하며 관가에서 과거의 일을 모두 말하고 다른 좋은 집터를 잡아 부인과 아들을 잘 살게 했다.

6 정승 날 명당 잡아준 중국 지관

옛 날 중국의 어떤 지관이 역적이라는 억울한 누명을 쓰게 되어 목숨을 건지기 위하여 조선 땅으로 피신을 하게 되었다. 겨우 목숨을 부지하기 위하여 도망하여 온 터라 가진 것이 없었기 때문에 제대로 먹지도 못하고 입지도 못하여 기진맥진한 모습으로 의왕 지방에 이르러 저자거리의 한 구석에 멍하니 앉아 있었다. 그런데 우연한 계기로 그 초라한 중국의 지관 곁에 앉아 있던 청풍 김씨 한 분이 그를 딱하게 여기고 집으로 데리고 와 음식을 대접하고 옷도 새로 마련하여 주면서 며칠 쉬었다 가라고 하였다. 그런데 마침 그때, 그 청풍 김씨의 노모가 중환을 앓다가 매우 위독한 상태로 사경을 헤매고 있었다. 이에 중국 지관은 그 노모의 병환을 살펴보더니 도저히 소생할 가망이 없다고 판단하고 청풍 김씨에게 이렇게 말을 건네었다.

"아무 것도 모르는 저이지만, 노모의 병환은 아무래도 회춘하시기가 어려운 고비까지 이른 것 같습니다. 타국에 와 생면부지인 당신을 만나 나는 고생을 벗어나게 되었고 이제 몸도 다시 회복하였습니다. 그러나 당신의 은혜에 보답할 것이 아무도 없습니다. 다만 중국에서 약간 배운 지술(地術)이 있으니 노모를 모실 산소 자리나 하나 보아 드리겠습니다."

청풍 김씨는 중국 지관의 말이 하도 고마워서 함께 산소지리를 보러 나섰다. 지관은 앞에 바라다 보이는 오봉산을 보고는 그리로 가자고 했다. 중국 지관의 뒤를 따라 오봉산에 이르러 그 뒤편으로 가니, 집 한 채가 있었는데 그 지관은 이 집터가 길지(吉地)라고 일러주었다. 그리고 광중(壙中)이 될 자리를 지적해 주었는데 바로 그 집의 장독대가 있는 지점이었다.

청풍 김씨는 크게 당황하였다. 아무리 자기 노모를 모실 명당자리를 점지 받았다 하더라도 남의 집에 들어가 그 집터를 산소자리로 양보해 달라고 하기가 매우 어려웠기 때문이다.

오랫동안 끙끙거리다가 큰마음을 먹고 그 집에 들어가 자초지종을 이야기하면서 찾아온 뜻을 말하였다. 처음부터 승낙을 받으리라고는 생각지 않았지만, 거역을 당한 것은 물론이고 그 집 주인에게 노여움을 산 게 이만저만이 아니었다. 청풍 김씨는 결국 백배 사과하고 되돌아올 수밖에 없었다. 그런데 참으로 이상한 일이 벌어졌다. 청풍 김씨가 그 집터를 산소 자리로 양보하여 달라고 말을 건넸다가 오히려 잘못되었다고 사과까지 하고 돌아온 그날 밤에 어찌된 영문인지 오봉산 뒤에 불이 나서 그 집이 몽땅 타버리고 말았던 것이다. 그리고 바로 그날 밤에 또한 이 청풍 김씨의 노모도 운명하고 말았다.

마을에서는 이야기 거리가 생겼다. 멀쩡히 잘 살고 있는 남의 집 터를 산소 자리로 내어달라고 한 것도 이야기 거리인데, 간청을 거절하였더니 그날 밤에 이상하게도 원인 모를 불이 나 집을 몽땅 태웠고, 그뿐 아니라 청풍 김씨댁 노모가 또한 시간을 맞추어 운명하였으니 더욱 그러하였다. 남 말하기 좋아하는 사람들은 청풍 김씨네가 그 집터를 산소자리로 만들기 위해 일부러 불을 질렀다느니, 혹은 불이 난 것은 그 집터가 청풍 김씨네 노모의 산소자리로 이미 하늘이 정해 준 것이어서 그렇다느니 하면서 설왕설래하였다.

어쨌든 산소자리에 대한 이야기가 양가 사이에 오가게 되었고 결국 원만히 합의하여 그 타버린 집터에 청풍 김씨는 묘를 쓰게 되었다. 장사를 치르기 전날, 중국에서 온 지관은 다시 청풍 김씨에게 이렇게 말했다.

"이제 노모를 모실 자리도 확정되었으니 저로서도 그간의 은혜에 보답할 수 있게 되었습니다. 다만 노모를 모시기 위하여 땅을 파서 광중을 만들 때, 얼마 파 내려가면 펑퍼짐한 돌이 나올 것입니다. 그러면 그 이상은 더 파지 마십시오. 꼭 지켜야 합니다."

그리고는 다시 옷을 가다듬어 입고 떠나는 인사말을 하였다.

"이제 저는 누명이 벗겨져 중국으로 떠나야 합니다. 거듭 부탁드리겠는데 광중에 펑퍼짐한 돌이 나타나거든 그 이상은 더 파 내려가지 마시고 그 돌 위에다 그냥 하관 하시기 바랍니다."

드디어 장례일이 되었다. 산소자리까지 상여를 메고 가서 광중이 다 되어 하관할 때를 기다리고 있는데 일하던 사람들이 웅성거리기 시작했다. 광중을 파는 주위에서 꾸부리고 있던 문상객들도 한 몫 거들고 있었다.

"더 파야지, 너무 얕지 않아?"

"아니야, 그만 파라고 했어. 여기 봐, 돌이 놓였지 않아?"

"그렇지만, 이렇게 광중이 얕아서……"

"상관없어. 더 파지 마."

"이럴 게 아니라 상주에게 직접 보이고 결정하세."

결국은 상주인 청풍 김씨에게 가서 이 사실을 이야기하고 처분을 바랬다. 이 이야기를 들은 청풍 김씨는 직접 가 보았으나 그도 혼자 결정하기가 망설여졌다. 그래서 일단 작업을 중단시키고 급히 집안

회의를 열었다. 이 때 광중을 파던 산역꾼들도 쉬기 위하여 광중으로부터 멀리 떠나 나무그늘 밑으로 갔고, 다만 청풍 김씨 막내아우만이 홀로 광중을 지키고 있었다. 혼자 광중을 지키고 있던 막내는 지금 말썽이 되고 있는 펑퍼짐한 돌을 내려다보고 있었다. 그리고는 슬며시 광중 안으로 들어가 그 펑퍼짐한 돌 위에 올라서 보았다. 밑에 무슨 돌이 있는지 어쩐지 기우뚱거렸다. 무심코 그는 그 돌 한쪽 끝을 들어올리고 그 밑을 들어다 보았다. 이게 웬일인가? 흡사 구들장 같은 그 펑퍼짐한 돌을 들어올리면서 내려다보는 순간, 그는 '억!'하면서 다시 돌을 놓아버렸다. 그 순간 무엇인가 둔탁한 소리를 내면서 부러지는 것 같았다. 막내는 놀란 가슴을 어루만지면서 눈을 지그시 감았다. 그 돌 아래 펼쳐졌던 광경이 다시 생생하게 떠올랐다. 그 돌 밑에는 돌로 된 옥동자가 다섯 개가 앉아 있었고, 그들을 향하여 그들보다 조금 더 큰 옥동자 하나가 서 있었다. 흡사 옥동자 다섯에게 무엇인가 일러주고 있는 듯한 느낌이었다. 다시 막내는 너무 놀라 쳐들었던 돌을 놓는 순간 들려온, 무엇인가 부러지는 듯한 소리를 상기하면서 그 돌 위에서 이 구석 저 구석 밟아보았다. 그런데 또 놀라운 일이 벌어졌다. 돌을 쳐들기 전까지는 기우뚱거리던 그 넓적한 돌이 이젠 조금도 흔들리지 않고 제자리에 이가 맞듯이 꼼짝도 하지 않았다. 그제서야 아까 무엇인가 부러지는 듯한 소리는 바로 다섯 개 옥동자 앞에 서 있던 다른 한 옥동자의 머리가 부러진 것으로 여겨졌다. 이윽고 청풍 김씨네는 상여 앞에서 긴급 집안회의를 열어 광중의 돌을 제거 할 것인가, 말 것인가를 의논한 결과, 중국 지관의 말을 따르기로 하고 그 돌 위에 그냥 하관을 하고서 봉분을 만들었다. 산소가 다 치성되고 나서도 이 막내는 그러한 광경이 너무나 무서워 아무에게도 이야기하지 않았다. 그러니까 이 산소에 관한 비밀은 이 막내만이 알고 있을 뿐이었다.

한편 중국으로 돌아간 지관은 자기 아버지에게 크게 꾸중을 듣게 되었다.

"보아하니 너는 너의 목숨을 구해준 조선 땅의 청풍 김씨 댁에 은혜는 갚지 못할망정 역적의 집안으로 인도하였으니 그럴 수가 있느냐? 어서 되돌아가서 그 산소를 옮기도록 하여라."

아들이 그 연유를 물었다.

"그게 무슨 말씀입니까? 조선 땅에서는 가장 좋은 길지로 은혜를 갚았다고 생각되는데요."

"아직 멀었다. 너는 아직 모르는 것이 있다. 그 자리는 5정승을 거느리고 역적모의를 하는 또 하나의 옥동자가 있었느니라. 그가 바로 그 집안을 역적 집안으로 만들 후손이니라."

중국 지관은 새삼 자기 아버지의 지혜에 탄복하고 그 길로 다시 조선으로 건너가 청풍 김씨 댁을 찾았다. 뜻하지 않게 다시 만난 청풍 김씨 댁에서는 이만저만 반가와 하는 것이 아니었다. 중국 지관은 들어서자마자 자기가 잡아준 산소를 다른 곳으로 옮겨야 한다고 서둘렀다. 그 때에 청풍 김씨의 막내도 그 자리에 있었다. 이제는 더 이상 숨길 수 있는 일이 아니라고 판단한 막내는 집안 식구와 중국 지관 앞에서 장례일 그날 광중에서 겪었던 일을 모조리 차근차근 말했다. 자초지종을 듣고 난 중국 지관은 그제서야 한숨을 쉬면서 마음 놓았다는 듯이 말했다.

"그럼 되었소. 그 부러진 것이 바로 다섯 옥동자 앞에 서 있던 옥동자의 목이 틀림없소. 그렇다면 이제 역적은 사라졌고 그 대신 정승이, 그것도 6정승이 나올 것입니다."

그 후에 정말로 이 청풍 김씨 집안에는 6정승이 계속 쏟아져 나왔다고 한다. 오봉산 봉우리가 그 산 이름처럼 다섯 개이지만 사실은 가만히 바라보면 한 쪽 끝에 또 하나의 작은 봉우리가 있는데 이것이야 말로 모두 여섯 봉우리, 즉 6정승을 암시하는 것이라고 한다.

급제할 길지 잡아 보은한 풍수

조선 세종 때, 정사라는 이가 진주 목사로 나가 있는 동안에 사망했다. 그 아들 정난종은 아직 이름이 알려지지 않은 선비로서 모친과 함께 부친의 관을 운반해오고 있었는데, 그때 정난종의 친구 한 사람이 동행하고 있었다.

그 친구는 정사가 진주에서 목사로 있는 동안, 고을에서 어려운 처지에 있던 한 젊은이를 데려다가 동각에 있게 하고, 아들과 함께 공부하도록 도와주었던 젊은이었다.

관을 운반하여 용궁 지방에 이르렀을 때, 그 친구가 정난종을 불러서 조용히 말했다.

"내가 자네 부친의 은혜를 많이 입었는데, 평소에 보답할 길이 없었다. 내 풍수지리에 대해 조금 아는 바가 있으니, 이 기회에 부친 묘지를 봐드리면 어떻겠는가?"

라고 제의했다. 그 말을 들은 정난종은 평소에 그 친구가 총명하고 사리판단에 밝은 면을 보여 왔기 때문에, 모친에게 가서 그 이야기를 드렸다. 그랬더니 모친이 흔쾌히 허락했다.

"그 사람의 말이라면 믿을 만하니, 그렇게 하여라."

정난종은 친구에게 가서 모친의 허락을 받았다고 전하니, 친구는 다시 물었다.

"혹시 여기 용궁 지방에 묘를 써도 괜찮을지 모르겠다. 다시 모친에게 가서 이곳에 좋은 묘지가 있다고 말씀드려보아라."

정난종은 재차 모친에게 가 여쭈어, 역시 그렇게 해도 좋다는 허락을 받아왔다.

친구는 정난종을 데리고 근처 야산에 올라가 한 자리를 지적했다. 그런데 그 자리에는 누군가가 이미 금정틀을 설치해 묻어놓은 상태였다. '금정틀'이란 무덤을 만들기 위해 방향을 맞추어 구덩이를 팔 수 있도록 나무로 사각형 틀을 만들어 흙을 팔 자리에 올려 고정해 놓는 틀을 말한다.

이것을 보고 정난종이 혹시 다른 사람이 이미 잡아놓은 자리라 분쟁이 생기지 않을까 걱정했다. 그러니까 친구는,

"걱정할 것 없다. 임자 없이 설치만 해놓은 것을 보면 묘를 쓸 사람이 한 일이 아니다. 차차 알겠지만 필시 무슨 곡절이 있다."
라고 말하면서 설치된 금정을 걷어치워 버렸다.

이렇게 해 거기에 묘를 쓸 준비를 하고 있는데 아랫마을에서 사람들이 몰려와 하는 말이,

"이곳은 예로부터 아주 좋은 길지로 알려져 있어서, 지금까지 아무도 이용하지 않고 버려 둔 곳이다."
라고 말했다. 그 이야기를 듣고 친구는 정난종에게 말했다.

"이 자리는 장남이 잘못되어도 용궁 고을의 좌수정도는 될 수 있고, 그밖에 다른 자손들은 모두 큰 벼슬을 하게 된다."

이와 같이 귀띔해주고, 우겨서 그 자리에 부친의 묘를 쓰라고 했다. 이렇게 하여 정난종은 친구의 말대로 그 자리에 부친의 묘를 썼는데, 3년 후 정난종은 생원과 진사, 두 소과와 대과 급제를 같은 해에 모두 하게 되었다. 그 후 정사의 후손들은 대대로 관직이 왕성했고, 장손은 용궁 고을 관청에서 벼슬을 했다.

백설기와 권수한 증조부 묘지

제 천 한수면에 있는 황강은 권수한, 권상하 두 정승이 날 때 강물이 사흘 동안 누렇게 되어서 황강이 되었다고 한다.

권수한의 증조할아버지가 상을 당해서 산자리를 구하러 다녔다. 지관이 문경새재 조령쯤에 자리를 정해주었다. 그래서 묘를 쓰는데, 그 자리는 옛날 고총(古塚) 자리였다.

"여보. 여기는 새 땅이 아니고 전에 장사 지낸 고총 같은데, 여기다 어떻게 묘를 쓰나."

이 말을 듣고 지관은,

"여보, 고인(古人) 총상(塚上)에 금인(今人) 장지(葬之)란 말도 못 들었소? 옛날 묘위에다가 새 사람이 장사지낸다는 말이 있지 않소." 했다. 그러자,

"여보시오. 내 새 집을 짓자고 남의 헌 집을 어떻게 뜯겠소. 그러지 말고 다른 곳에다 잡아 주시오." 하니,

지관은 싫으면 그만 두라고 하며 가 버렸다. 그래서 할 수 없이 집에 돌아와서는 큰 걱정을 하면서 책상에 기대어 졸다가 꿈을 꾸었다. 웬 벙거지 쓴 하인이 오더니,

"서방님, 안녕하시오?"

"네가 누구냐?"

"조령 그 묘가 내 집이오. 지관이 헐라고 해도 서방님이 안 헐어 줘서 고마워서 내가 왔소. 걱정하지 마시고 여차여차 하면 될 터이니 그리 하시오."

이 말을 듣고 잠에서 깼다. 그 하인이 말해 준 골짜기는 그 곳 산에 있었다. 부인에게 쌀 서 되로 백설기를 만들도록 하여 그것을 가지고 골짜기를 찾아갔다. 그 하인이 일러준 대로 가시덤불이 있어서 그 옆에 떡을 놓고 절을 무수히 했다. 얼마 동안 절을 하다가 생각하니, 나무꾼이라도 보면 미친 사람 취급을 받을 것 같았다. 그래서 자꾸 이리저리 둘러보니까 가시덤불에 무엇인가 허연 것이 보였다. 그 곳으로 가보니, 신발도 없어서 발이 찔려서 피투성이가 된 노승이 다 죽어가고 있었다. 그래서 이 양반이 백설기를 물과 함께 조금씩 먹여 주었더니, 백설기 서 되를 다 받아먹었다. 그런 후에 휴우 하고 숨을 내쉬더니,

"아이고, 누구시오?"

"지나가던 사람이오."

그 때, 그 양반은 성복제를 지내지 않아서 통천건을 쓰고 있었다.

"일을 당하신 것 같은데 산지는 구했소?"

"아직 못 구했습니다."

"내가 이 은혜로 산지나 구해주지."

노승은 자신이 봐 둔 데가 있는데, 그 곳에 묘를 쓰면 4대 후에 정승이 날 것이라고 하였다. 그래서 그 곳에 묘를 썼더니 4대 후에 권수한, 권상하가 나서 정승이 되었다는 이야기이다.

지팡이굽 박아주고 명당얻은 함안 조씨

과부 할머니가 아들 하나를 데리고 살았는데, 아주 살림이 어려워서 그 아들이 대장간에서 앞메꾼 노릇을 하며 근근이 생활을 꾸려가고 있었다.

그러던 어느 날, 어떤 지사(地師)가 대장간에 와서 대장장이에게 지팡이에 굽을 하나 박아 달라고 하였다. 옛날 노인들은 대개 지팡이를 짚고 다녔는데 지팡이 끝이 말려 올라가면 쇠굽을 새로 박아 넣었었다. 대장장이는 큰일을 하고 있는 중인데다, 그런 일은 몇 푼 받지도 못할 하찮은 일이라 생각하여 거절하였다. 그러나 노인은 떠나지 않고 오랫동안 머물렀다.

그날 점심때가 되어 대장장이는 점심 식사를 하러 집으로 들어갔다. 그러자 그 곳에서 앞메꾼 노릇하던 젊은이가 노인에게 말했다.

"그것 제가 하나 해 드리죠, 점심참이니. 저도 앞메꾼 노릇을 하고 있으니 그 정도는 만들 줄 압니다."

젊은이가 물건을 만들어 주자, 그것을 신세라고 생각한 지사는 젊은이에게 물었다.

"너의 부모가 다 계시냐?"

"어머님만 계시고 아버님은 돌아가셨어요."

"그럼 어디에 묏자리를 잡아서 모셨느냐?"

"아직 산소를 쓰지 못하고, 그저 집 근처에다 빈소(殯所)를 해두었습니다."

"그러냐? 그럼 가자. 내가 묏자리를 잡아 줄 테니, 나하고 둘이 가서 장사를 지내자."

지사와 젊은이는 둘이서 관을 운반해 산에 가서 자릴 잡아 묘를 세웠는데, 지관은 사시하관(巳時下棺) 오시발복(午時發福) 할 자리를 잡아주었다.

그렇게 하관을 해놓고서 분묘(墳墓)를 다하기 전에 영감은 떠나며 말했다.

"넌 빨리 내려가거라. 바삐 내려가야 된다."

젊은이는 이 말을 듣고,

"아니 어디로 가시려고 그러십니까? 누추하지만 집에 가서 그래도 하룻밤 주무시고 가셔야지, 그렇게 바로 가시려고 하십니까?"
라며 노인을 붙잡았으나, 노인은,

"난 갈 길이 바쁜 사람이어서 그렇게 할 수가 없다."
하고는 벌써 어디로 사라졌는지 보이지 않았다.

옛날에 축지법을 하는 사람들은 마음만 먹으면 한 발자국에 10리도 가고 100리도 갔다고 하는데, 노인도 축지법을 하는지 벌써 어디로 사라지고 말았다. 그래서 젊은이는 분묘를 다한 뒤, 노인의 말대로 빨리 내려오는데, 집에 도착하기 전에 비가 쏟아지기 시작했다. 집에 도착해 보니, 웬 처녀가 처마 아래에 서서 비가 그치기를 기다리고 있었다. 계속 비가 와서 처녀는 갈 수가 없었고 그 길로 젊은이는 그 처녀를 색시로 얻게 되었다. 그렇게 해서 사시 하관에 오시 발복 났다는 얘기가 나오게 되었고 그 일이 있은 후, 함안 조씨가 퍼졌다고 한다.

팥죽 얻어먹고 정승터 잡아준 도사

옛날 한 부자가 만득자를 두고 살았는데 말년에 재산을 거의 잃었다. 그러나 노비 중에 한 충직한 사람이 있어서 주인을 모시며 살았다. 그러다가 종도 늙어서 결국 헤어지게 되었는데, 훗날 정 힘들거든 자기가 사는 곳을 찾아오라고 했다. 부자의 아들은 나이가 예닐곱 살 정도로 밥을 빌어다 부모를 봉양하다가, 하루는 먼 길을 떠나 종을 찾아가니 늙은 종 부부는 도련님이 오셨다면서 극진히 대접하고 돈 삼천 냥을 주었다. 아들이 돌아오다 보니 소복한 두 여자가 물가에서 울고 있었다. 이상히 여겨 연유를 물어보니 두 여자는 고부간이었는데, 시아버지가 관가의 돈 삼천 냥을 쓰고 갚지 못해 아들과 함께 죽게 되었기에 그 전에 둘이 먼저 죽으려고 하는 것이었다. 아들은 자기가 종에게서 받은 삼천 냥을 주고는 이름도 가르쳐주지 않은 채 돌아왔다.

그리고 아들이 열 네 살 되어, 근처의 가난한 집 여자에게 장가를 들었다. 먹을 것이 없었기 때문에 부부가 함께 밥을 빌어 부모를 봉양했는데, 그러던 중 부친이 병들어 죽었다. 그 때 한 도사가 찾아와 팥죽을 달라고 하여, 부부는 하나 남은 엽전을 주면서 팥죽을 사 먹으라고 하였다. 그러자 도사는 부친의 묘터를 잡아주겠다면서 부부를 데리고 어느 산으로 들어가더니 한 제단에 걸터앉아서 이곳이 삼정승 육판서가 날 자리라고 하는 것이었다. 부부가 남의 제단에 묘를 쓸 수 없다고 거절하자 도사는 사라져 버렸다. 부부가 살펴보니 산 아래에 큰 기와집이 있었기에 그 집으로 찾아가 밥을 얻어먹었는데, 집주인이 이야기 듣는 것을 좋아하여 부부에게 이야기를 시키자 아들은 자기가 옛날 삼천 냥으로 남을 살린 이야기를 하였다. 그런데 그 기와집이 바로 옛날 아들이 살려준 그 집이었다. 그 집에서는 은인을 만나게 해 달라고 제단을 만들어 놓고 산제를 지내왔는데, 그 날 아침에 보니 부처의 입가에 팥죽이 묻어 있더라는 것이었다. 그래서 제단에 묘를 쓴 후, 재산을 똑같이 갈라 새로운 집을 짓고 두 가족이 살았는데, 아들의 집에서는 두 정승, 아들이 살려준 집에서는 한 정승이 나왔다.

친절 베풀어 얻은 명당

고종 때 어떤 부자가 앞뒤 각각 두 사람씩 네 사람이 메는 사인교 가마를 타고 올라가고 뒤에서는 담뱃대며 쌈지를 가지고 하인이 따르고 있었다. 어떤 노인이 내려오다가,

"담배 한 대만 주오."

하고 말하니 사인교 탄 사람이 확 밀어버리면서,

"바쁜 사람에게 무슨 담배를 달라고 하는가?"

하며 사람을 천하게 보며 말했다. 그러니 그 뒤에 따라가는 사람이 담배를 주며,

"이 아래로 내려가면 이러이러한 우리 집이 있소. 그러니 내가 저녁에 갈 터이니 그곳에서 쉬고 계시오."

노인이 그 집을 찾아가 쉬고 있는데, 저녁이 되어 그 사람이 돌아왔다. 그래서 아침저녁을 얻어먹고 있는데, 그 사람이 하는 행동

이 워낙 고마워 묏자리 하나를 해남 윤씨 선산에 잡아주는 것이었다.

"죽으면 죽었지 그곳에 어찌 쓰겠습니까?"

"평장을 하시오. 평장을 하면 곧 알 동정이 있을 것이다."

평장을 해 놓고 서울로 올라왔다. 그런데 고종대왕 아내가 민궁이었는데 민궁이 정변을 당하여 홀몸으로 나가서 하인들을 보고 명하였다.

"충청감영까지 갈 하인을 몇 구하라."

이 사람은 단발을 하고 신도 안 벗고 그냥 곤해서 자고 있었는데 그때 엽전 서 냥을 차고 있었다. 벌어둔 것을 가지고 따라 나서게 되었는데, 사인교를 메고 밤새도록 가다 보니 배고 고파졌다. 민궁이 급해서 뛰어나왔으니 패물하나 가지고 왔을 리가 없었다.

"너희들에게 돈이 없느냐?"

이 사람이,

"저에게 돈 서 냥이 있소."

하며 서 냥 어치를 사서 배부르게 먹고 민궁의 오빠가 사는 충청 감영으로 갔다가 평란이 된 후, 서울로 도로 올라왔다. 그러자 이 사람을 나주원님으로 내 보냈다.

그래서 일곱 고을 군수가 와서 묘를 파내서 다시 썼다. 지성이면 감천이어서 남을 업신여기지 않고 같은 사람으로 보면 복을 받는 것이다. 일곱 고을 군수가 와도 그 누구도 묘에 대해 말할 수 없다.

3형제 급제할 모터 잡아준 스님

이정운이란 사람의 조부가 젊은 시절, 절에 가서 독서하고 있었는데 엄동설한 추운 어느날 누더기 옷을 입은 한 떠돌이 스님이 나타났다. 절에서는 저녁을 대접하고 잠을 자게 한 다음, 이튿날 매서운 바람이 살을 에는 것 같은 추운 날씨인데도, 먹을 양식이 부족하다는 이유로 그 스님을 내쫓아버렸다.

이를 지켜본 이정운의 조부는 인정 없는 스님들을 향해,

"이렇게 추운 날 사람을 내쫓으면 얼어 죽게 되지 않습니까?"

라고 꾸짖고 자기의 양식을 주어서 추위가 풀릴 때까지 그 스님을 절에 머물게 하고, 또 자기의 옷을 주어 입게 했다.

며칠이 지나자 추위가 조금 풀렸다. 떠돌이 스님은 이정운의 조부에게 백배사례하고는 절을 떠나 어디론가 사라졌다. 그리고 얼마 후에 이정운의 조부도 독서를 마치고 절에서 내려왔다.

많은 세월이 흐른 후, 이정운의 조부가 부친상을 당해 장례 준비를 하고 있는데 한 스님이 나타나 문상하고는,

"소승은 옛날 아무 절에서 추운 날 은혜를 입은 그 떠돌이 중입니다. 그때의 은혜를 생각해 소승이 일찍이 좋은 묘지를 하나 보아둔 것이 있어서 왔습니다."

라고 이야기하고 의향을 묻는 것이었다. 그래서 좋다고 대답하니, 스님은 먼저 가서 다시 한번 살피고 오겠다고 하면서 나갔다.

며칠 후에 스님이 돌아와 함께 가보자고 했다. 이정운의 조부가 스님을 따라가서 보니, 그곳은 묘지의 기본적인 풍수 환경이 전혀 갖추어져 있지 않은 벌판이었다.

이정운의 조부는 불만스러웠지만, 은혜를 갚겠다는 스님의 말을 믿지 않을 수가 없어서 그 자리에 산소를 만들기로 하고 구덩이를 파놓았다. 그랬더니 집안 친척들이 모두 몰려와 일꾼들의 작업을 못하게 하면서 좋지 않은 곳이라며 반대했다.

그러자 난처해진 이정운의 조부가 스님을 붙잡고 상황을 설명하며 사정을 호소했다. 스님은 이해하겠다고 하면서 이렇게 말했다.

"그렇다면 어쩔 수 없이 좋은 묘지라는 것을 증명해 드리는 도리밖에 없군요. 파놓은 구덩이 속을 확인해 드리겠습니다."

스님은 이정운의 조부와 함께 등불을 가지고 구덩이 속에 들어가서 사람들에게 부탁하기를, 구덩이 위에 나무를 걸치고 판자를 덮은 다음, 그 위에 거적과 풀을 덮어서 외풍을 완전히 차단해 달라고 했다. 사람들이 그 말대로 구덩이를 덮어주었다. 그때 스님은 구덩이 속이 캄캄하자 등불을 비추고 땅 밑을 조금 더 파는 것이었다. 그러니까 돌 상자가 나왔는데, 그 상자의 뚜껑을 여니 상자 속에는 맑은 물이 고여 있고, 거기에 몇 마리의 금붕어가 놀고 있었다. 이정운의 조부에게 이것을 확인시키고는 급히 뚜껑을 다시 덮고, 그 위에 흙을 덮은 다음 구덩이에서 나왔다.

이정운의 조부가 친척들에게 그것을 설명하고 그 자리에 묘를 썼는데, 일이 끝나고 스님은 떠나면서 말했다.

"은혜를 갚기 위해 바로 복이 미치게 하려고 했는데, 돌 상자의 속을 열어보았기 때문에 정기가 발산되어 앞으로 40년이 지나야 다시 기운이 돌아옵니다. 그러니 그 전에는 효과가 나타나지 않으니 40년 후를 기다리십시오."

과연 이정운의 집안은 손자 대에 와서 형통하여, 3형제는 모두 과거에 급제했다. 3형제 중 이승운은 옥당 벼슬을 했고, 이정운과 이익운은 판서 자리에 올랐다.

두부 대접하고 명당얻은
현풍 곽씨

일찍이 부모가 죽어서 아주 천대를 많이 받는 집이 있었다. 그 집은 늘 가난했는데, 그 집에는 늙은 두 내외랑 아들 3형제가 있었다. 아버지는 아들에게 글을 가르쳐서 과거를 보아 남들과 같이 살았으면 하는 바람이 있었다. 그래서 지게를 지지 않고 노동을 하지 않았으면 하는 마음을 늘 가지고 살았다. 그 동네에 글 잘하는 사람이 있었다. 그래서 그 늙은이가 그 집에 가서 엎드려 있다가곤 했다. 하루는 그 집주인이 그런 모습을 보고 늙은이에게 들어오라 하여 그 이유를 물어보니 자식 놈 글을 가르쳐 주시면 그 은혜를 잊지 않겠다고 말하는 것이었다. 그렇게 하기로 했는데 봄에 그 3형제의 아버지가 죽었다.

그 늙은이의 성이 곽씨인데 죽은 후 재산이 없어 묏자리도 못 알아보고 있는 중에 손님이 한 분 왔는데 그 사람이 지리를 보는 풍수였다. 하루에 끼니때마다 두부 한 모씩을 석달 열흘 동안 그 양반에게 주면 좋은 묘터를 잡아 준다는 것이었다.

석달에 열흘이 다 되어 갈 무렵, 한 3일을 남겨놓았을 쯤에 풍수를 보는 사람이 화장실에 가 있는 동안 곽씨 부인이 끼니때마다 두부 한모씩을 만드는 것에 대해 투정을 하고 있었다.

그 때 풍수를 보는 사람이 들어와 그 이야기를 듣고는 옷을 갈아입고 간다고 하였다. 이에 상주 3명이 묘터라도 잡아주고 가라고 따라 나섰다. 그러자 그 풍수 보는 사람이 거름더미를 보고 하관터라고 하였다. 그런데 거기에 묘를 쓰면 하관시에는 맏상주가 죽고, 삼우 때에는 둘째 상주가 죽고, 제사 때에는 막내 상주가 죽으니 쓸라면 쓰고 말라면 마라고 하였다.

그 이야기를 듣고 3형제가 의논을 하여, 죽더라도 거기에 묏자리를 쓰자고 결정을 내렸다. 날을 받아서 묘를 쓰는데 봉분을 많이 하지 못해 놓고 갔는데 그 묘 쓰던 그 날 하관시에 맏상주가 죽었다. 맏상주와 둘째 상주는 결혼을 해서 딸이 하나씩 있었다. 그런 일이 있은 후, 삼우에 둘째 상주가 죽었다. 이런 일들을 그 어머니가 생각해보니 막내도 일년 후 제사 때 죽을 것이 틀림없는 일이었다. 그래서 새 옷을 입히고 보따리를 싸주어서 멀리 발 가는 대로 가라고 쫓았다.

집을 나온 막내는 서울로 올라갔다. 서울로 올라가 할 일 없이 변두리를 돌아다니다가 어떤 할머니가 떡장수를 하고 있는 것을 보았다. 막내는 방아 찧는 것도 도와주고 솥에 불도 지펴 주고 이래저래 도와주었다. 그 할머니는 고마워서 집이 어딘지 형제는 있는지 물어보니, 없다고 하자 같이 지내자고 하였다. 그렇게 같이 지내다가 아버지의 제사가 될 무렵 기가 허해져 먹는 것도 안 먹고, 일도 하는 둥 마는 둥 하면서 예전과 다른 모습을 보이므로 할머니가 '큰 근심이 있는 것 같다'면서 그 연유를 물었다. 그러자 곽씨의 막내아들이 사실대로 이야기를 해 주었다. 할머니가 그 이야기를 듣고 김대감 집에 몸종으로 가 있는 자기 딸에게 연락을 취해서

"네 아버지가 찾던 오빠가 찾아 왔는데 오늘밤에 제사니 오라"고 했다.

이렇게 해서 헛제사를 지내고 제사 음식을 한 상 차려 딸과 곽씨의 막내아들을 한방에 놓아두고 나왔다. 그래서 둘이는 부부의 연을 맺었는데 곽씨의 제삿날인 그 날 밤에 곽씨의 막내아들이 죽었다. 막내아들의 부인은 막내아들이 적어준 주소를 들고 집을 찾아 갔다. 시댁에 간지 일년 정도 지난 후에 자식을 세 쌍둥이 낳았는데 큰며느리와 둘째 며느리가 아들이 없어 하나씩 맡아 키웠다. 막내며느리가 글을 아니 두루마리에 기다랗게 편지를 써 두었다가 자식들이 일곱 살이 되었을 때 편지를 주면서 서울로 가서 아무 대감집을 찾아가라고 말했다. 그래서 세 아이들이 서울로 가서 대감을 찾아 어머니가 써 준 두루마리 편지를 주었다. 그 글을 본 대감이 자기 딸의 필체임을 보고 세 아이들이 자기의 외손자들이라는 것을 알고 울었다. 호랑이에게 잡혀먹힌 줄 알았던 딸이 아직 살아 있었던 것이다.

외손자들을 가르쳐 보니 이 아이들이 아주 똑똑했다. 대감이 상시관(上試官)의 자리에 있었으므로 큰 벼슬을 나누어주었다. 그 이후 그 집을 남촌집이라 하였다.

정성에 감동하여 묏자리
정해준 노승

심순문은 연산군 때 장령 벼슬을 하고 있었는데, 연산군의 어의(御衣)에 대해 그 크기가 맞지 않는다고 논의한 일이 있었다.

그러고 3, 4년 뒤에 갑자사화가 일어나니, 심순문은 앞서 임금 옷에 관해 논의한 것이 문제가 되어 개령현으로 귀양 갔다가, 거기에서 참형을 당해 죽었다. 심순문은 사망 당시 40세였고 아들들은 모두 어렸는데, 명종 때 영의정을 지낸 심연원이 그의 장남으로서 이때 겨우 14세였다.

심연원은 어린 몸으로 참형당한 부친의 시신을 수습하여 수레에 관을 싣고 운반해 오다가 통진 옹정리에 이르러 산 고개를 넘고 있었는데, 그만 수레의 축이 부러져 움직일 수가 없었다. 심연원은 어찌할 바를 몰라 길가에 주저앉아 통곡했다.

"아버지, 이 어린 자식이 어떻게 하면 좋겠습니까? 하늘도 너무나 무심합니다. 착하면 복을 받고 악한 행동을 하면 벌을 받는다는 하늘의 도리는 왜 맞지 않습니까? 이런 하늘을 누가 믿고 착한 행동을 하려고 노력하겠습니까? 하늘은 제발 시원하게 대답을 좀 해 주십시오."

그때 마침 한 늙은 스님이 어린 동자승을 데리고 그 앞을 지나가다가 길가에 쉬면서 이 모습을 보고 있었다. 심연원의 슬픈 울음소리를 들은 동자승이 눈물을 흘리면서 소매로 눈물을 씻고 노승에게 말하기를,

"스님, 저 어린 상주가 불쌍하지 않습니까? 저기 산중턱에서 보고 온 그 좋은 자리를 잡아주어 어린 상주를 좀 도와주시지요."
하면서 눈을 들어 저쪽 산을 가리키면서 말했다. 이 말을 들은 노승은 눈을 부릅뜨고 동자승을 내려다보며 화를 내고,

"허튼소리 하여 천기를 누설하지 말라."
고 말하면서 크게 꾸짖고 재촉하여 떠났다.

때마침 상주를 따라가던 여종이 숲 속에 들어가 소변을 보다가, 두 스님의 이야기를 엿듣고 달려와서 심연원에게 알렸다.

"방금 지나간 두 스님의 이야기를 들으니, 저 건너 산에 좋은 묏자리가 있는 것 같습니다. 급히 따라가 물어보시지요."

이렇게 말하고 두 스님에게서 들은 이야기를 자세히 전했다.

여종의 말을 들은 심연원은 울음을 그치고 급히 두 스님이 간 길로 좇아가니, 스님들은 벌써 사라지고 보이지 않았다. 얼른 말을 타고 달려가서 드디어 두 스님을 만났다.

심연원이 말에서 내려 노승 앞에 나아가 절하고 울면서,

"두 스님의 이야기를 우연히 제 여종이 들었습니다. 저를 불쌍하게 여기시고 부친의 묘지를 잡아주시기 바랍니다."
하고 엎드려 애원했다. 그러나 노승은 아무 이야기도 한 적이 없다

고 하면서, 묘지 같은 것은 알지도 못한다고 말했다.

이에 심연원은 다시 엎드려 울면서 애원하니, 동자승이 노승의 소매를 잡아끌며 쳐다보고 호소하는 듯한 몸짓을 했다. 그러니까 노승은 동자승을 보고,

"어린 것이 말을 함부로 해서 일이 어렵게 되었다. 말조심해야지."라고 말하고, 흐느끼는 심연원을 한참 동안 노려보고 있다가, 그를 일으켜 세워 길가의 산으로 올라갔다.

노승은 몇 군데를 돌아다녀 보더니, 한 곳을 지정해주면서 그 자리에 부친의 묘를 쓰라고 했다. 그래서 심연원은 그 자리에 부친의 묘를 썼는데, 뒤에 가문이 크게 번창했고 심연원은 영의정의 자리에까지 올랐다.

세마누라 덤으로 얻은 숯구이 총각

참으로 어렵게 살면서 장가도 못 가고 산중에서 숯만 구워서 피는 총각이 있었는데, 그만 홀어머니가 돌아갔다. 그래서 장사를 지내려는데 산중에 도와줄 사람이 없었다.

그런데 어떤 풍수가 강원도 금강산으로 가서 남의 묘터만 봐줄 것이 아니라 자기 묏자리도 하나 잡으려고 돌아다니다가 참으로 대명당을 발견하게 되었다. 그리하여 산에서 내려오다가 허기도 지고, 길도 잃게 되어 산중을 헤매다가 보니 캄캄한 밤중이 되었다. 그런데 저 멀리서 불빛이 보여서 엉금엉금 기다시피 하여 찾아갔더니 거기가 숯 굽는 총각 집이었다.

"배가 고파서 그러는데 밥 좀 주시오."

그러자 조밥밖에 없다는 것이었다.

"아무거나 주시오."

배고플 때는 시장이 반찬이라. 그래서 한술 얻어먹고, 거기서 잤다. 그러나 자면서 생각하니 그 총각에게 좋은 일을 해줘야겠다고 생각했다.

"삽을 하나 구해라. 멀리 가야하니 삽과 송장을 지고 가자."

그래서 자기가 봐둔 묏자리를 총각에게 주었다. 묏자리를 주면서 말했다.

"당대에 몇 천 석이나 하는 묏자리인줄 알아라."

그러고는 간다온다 말도 없이 그 노인 풍수는 가버렸다.

그래서 총각은 삼우를 지내기 위하여 나무 한 짐을 지고 장에 갔는데, 어두워지도록 아무도 안 사가는 것이었다. 나무를 팔아야 쌀이라도 한 사발 사고, 조기라도 한 마리 사서 내일 삼우를 지낼 수 있는데 걱정이 아니 될 수 없었다.

"얼마예요?"

"주고 싶은 대로 주시오."

이래서 파장이 다 되어서야 결국 나무를 팔았다. 그래서 쌀을 한 되 사고, 조그마한 조기도 한 마리 사서 지게에다 얹어 오는데 갑자기 비명소리가 들려 왔다.

"사람 살려요. 사람 살려요."

그래서 소리 나는 곳을 가만히 보니 달이 환한데 어떤 처녀가 목이 매달려서 있었다. 이 총각이 지게에다 처자를 짊어지고 집으로 와서 미음을 끓여 먹이니 처녀가 정신을 차렸다.

아침이 되어 처녀와 함께 밥을 해서 제사를 지냈다. 그래서 둘이 살게 되었는데 어느 날,

"여보, 여보."

"왜 그래?"

"이 야광주를 서울 시장에 가서 팔아 오시오."

"그래 값은 얼마를 받지?"

"제 값만 달라고 하세요."

그래서 서울 장안에 가서 펴놓고 파는데

"값이 얼마요?"

"값은 주고 싶은 대로 주시오."

"좋은 물건인데 돈이 없구려."

해는 저물어 가는데, 한사람이 오더니

"얼마요?"

"제값만 주시오."

"그러면 우리 집에 갑시다."

데리고 가더니만 총각을 다그치는 것이었다.

"이거 어디서 난 물건이냐?"

총각이 모든 사실을 말하자,

"어디 사느냐?"

하고 묻고는 가마를 가지고 가서 처녀를 데리려 왔다.

"그래 저 총각은 다른 데로 장가보내고, 너 역시 다른 데로 시집을 가거라."

"저분 아니면 저는 죽은 목숨이었습니다. 나 그 은혜를 갚아야 합니다."

그래서 결국 둘이 살게 되었다. 친정에서 날을 잡아서 혼례를 올리고, 집도 하나 사고 괜찮은 살림살이를 갖추어서 잘살게 되었다.

그런데 이 총각은 돈도 쓸 줄 모르고, 집에만 있으니까 아내가 돈을 쥐어 주며,

"당신도 서울 구경을 다녀오시오."

하고 내보냈다. 그런데 이 사람이 나가서는 길을 잃고 집에 들어오지 못했다. 그러다 어떤 부잣집 노인에게 잡히게 되었다. 그 노인은 마누라가 셋인데도 아들이 없었다. 그 노인이 어느 날 그 총각에게 저녁 잘 먹이고 자기 큰마누라 방에 들어가서 자게 하였다.

그 다음날은 둘째 마누라, 그 다음날은 셋째 마누라와 자게 하였다. 셋째 마누라와 동침을 하고 나니 그 여인이 말하기를,

"내일 아침 다섯 시가 되면 당신은 죽게 되니, 어서 도망가시오."

"그럼, 나갈 수 있소?"

하고 물으니,

"옷을 벗어서 날 주고 수채 구멍으로 빠져나가시오. 그러면 내가 돌멩이에다 옷을 묶어 던져 주겠어요."

그래서 주소를 묻기에 황급히 알려주고, 수채 구멍으로 빠져나가 옷을 주워 입고 도망을 쳤는데 길을 잃고 헤매다가 어떻게 하여 겨우 집을 찾아가게 되었다.

그리고 1년이 흘렀는데, 그 부자 영감이 죽자 이 세 마누라는 살림살이를 나누었다. 영감제사 지내라고 한몫 내놓고, 그 집에 살던 종들에게도 한몫을 주었다.

그러고는 세 번째 마누라가 총각의 이름과 사는 곳을 알아두었기 때문에 부잣집 노인의 세 마누라가 총각을 찾아가게 되었다.

세 마누라는 각자 아들하나씩 데리고 와서

"사정이 이러하여 당신과 자고 나서 자식을 낳았으니 당신 자식이요. 우리는 재산이 있으니까 당신더러 돈 달라는 소리도 안 할 테니 큰집을 하나 사서 같이 삽시다."

그래서 총각은 세 마누라를 덤으로 얻어 본 부인과 함께 부자가 되어서 잘 살았다고 한다.

아들 3형제 낳을 묏자리 잡아준 지관

풍수지리에 밝은 지관이 있었다. 하루는 어느 마을을 지나다가 보니까 한 집에서 초상이 나 장례 준비를 하고 있었다. 지관이 그 집으로 들어가 하룻밤 자고 갈 것을 요청하니, 상주가 나와서 맞고는 매우 극진히 대접하고 친절히 대했다.

지관은 이튿날도 떠나지 않고 머물러 있었으나 상주는 여전히 조금도 싫어하는 기색 없이 식사를 잘 대접하고 술도 수시로 내와 올렸다. 그래서 지관은 밤에 상주를 불러서 말했다.

"내 여러 곳을 다녀보았지만 주인처럼 타관 손님을 잘 대접하는 사람은 보지 못했습니다. 내 감사의 뜻으로 묘지를 잡아주려 하는데 주인의 뜻은 어떠하오?"

그 말을 듣고 상주는 고맙다고 절을 하면서 말했다.

"집안이 넉넉하여 사는데 별 어려움은 없지만, 내 나이 50이 지나도록 자식이 없으니 이왕이면 아들을 하나 얻을 장소를 구해주시면 고맙겠습니다."

이렇게 말하니, 지관은 상주를 데리고 산에 올라가 돌아다니다가 한 자리를 잡아주면서 설명했다.

"이 자리는 아들 3형제를 연속으로 얻을 자리입니다. 그러나 장례를 마치고 3일 후 새벽에 집을 나서 집 남쪽으로 백 리를 가면, 집 대문 앞에 말을 매어 놓은 집이 있을 테니 그 집에 들어가서 하룻밤을 자야 합니다. 그렇게 하지 않으면 묏자리의 효과가 나타나지 않습니다."

지관은 10년 후에 다시 들르겠다는 말을 남기고 떠났다. 그러자 상주는 지관이 지정해주는 자리에 묘를 썼다.

상주는 지관이 지시한 대로 묘를 쓴 3일 만에 새벽에 집을 나온 후 열심히 걸어서 남쪽으로 백 리를 갔다. 그랬더니 해가 지고 어두워질 무렵에 한 마을이 나타났다. 주위를 살펴보니 과연 대문에 말을 매어 놓은 집이 있었다.

상주는 그 집으로 들어가 하룻밤 신세지자고 말했다. 부인이 나와서 사랑방으로 안내하고, 저녁식사를 대접한 다음에 안으로 들어갔다. 상주가 사랑방을 살펴보니 사람이 오랫동안 거처하지 않은 것 같았고, 쓸쓸하여 이상했지만 새벽부터 백 리를 걸었으니 피곤하여 눕자마자 곧장 깊은 잠에 빠져들었다.

상주는 얼마나 잤는지 새벽녘에 소변이 마려워 일어났다가 다시 방으로 들어가 이불 속으로 들어가 보니 옆에 한 사람이 누워 있었다. 상주는 고단해 깊이 잠들어 옆에 사람이 있는 것도 모르고 잠을 잔 것이었다.

상주는 손을 뻗어 옆의 사람을 가만히 다듬어 가슴을 만져보니 여자였다. 상주는 찬찬히 생각해보았다.

'지관이 나에게 이렇게 지시한 것을 보면 이 여자를 얻게 하기 위한 것이 분명하다. 그렇다면 나에게는 아내가 있으니 이 여자를 첩으로 얻어 첩의 아들까지 합쳐 아들 3형제를 얻게 된다는 말이었구나!'

이렇게 생각한 상주는 옷을 벗고 옆의 여자를 껴안았다. 그리고 옷을 벗기고 살을 접하니 여자는 처녀가 아닌 듯, 받아들이는 태도가 약간 익숙해 있었다. 허리는 가만히 있었지만 제법 신음소리를 내고 중심부에 힘을 가할 줄 알았다.

상주가 능란한 솜씨로 몸을 놀려 감흥을 돋우어주니, 여인은 정감이 고조되어 몸을 떨면서 흡족해 하며 몸을 가누지 못했다. 일이 끝났다. 상주는 여인을 안고 누워 맨살의 등을 아래위로 문지르면서 귀에 대고 속삭이듯이 가만히 물었다.

"부인은 누구이며 왜 이 방에 들어오게 되었소?"

부인은 상주의 가슴에 흐르는 눈물을 문지르며 대답했다.

"저는 저녁에 손님을 안내해드린 이 집 주인입니다. 15세에 시집와서 19세에 과부가 되어 10여 년 동안 혼자 살았는데, 친정 오라버니께서 적극적으로 재혼을 하라고 강요했습니다. 제가 반대하고 있었는데, 오늘 아침 어떤 스님이 와서 저녁때 귀한 손님이 올 테니 대문에 말을 매어놓고 기다리라고 했습니다. 그래서 저녁에 손님을 맞아들이고는, '바로 이분과 재혼할 연분인가보다'라고 생각하고, 청상과부의 체면도 무시하고 손님 곁에 누워 잠깨시기만을 기다렸습니다. 손님께서 아내가 있으시면 저는 첩으로 살겠습니다. 이 집을 정리하려면 1년쯤 걸릴 테니 처분한 다음에 찾아가겠습니다. 사는 곳을 일러주시고 가십시오."

이러면서 계속 눈물을 흘리고 있었다. 상주는 아무 말 없이 힘주어 껴안는 것으로 대답을 대신했다. 그리고 다시 상주는 연장에 힘이 생기기에 한번 더 여인의 위에 엎드려 깊은 곳에 살을 넣고, 별로 움직이지 않고 가만히 시간을 보내면서, 은근하게 즐거움을 느

끼게 해주었다.

아침에 여인은 아침밥을 대접한 다음에 대문에 매어놓았던 말에 안장을 얹어 상주에게 타고 가라고 하면서, 사는 곳을 자세히 물은 다음 다시 만날 것을 다짐하고 작별했다.

상주는 집에 돌아와 지관이 말한 대로 아들을 낳기 위해 밤마다 아내의 맨몸을 타고 잉태되도록 하는 일에 열을 올렸다. 그런데 반 년쯤 지나니 갑자기 건강하던 아내가 병들어 누웠다. 그리고는 10여 일 후에 아내는 영영 일어나지 못하고 눈을 감았다.

그러자 상주는 지관을 한없이 원망하면서 땅을 치고 울었다.

"아들 3형제를 둔다던 묏자리가 아내마저 죽게 했으니 어떻게 아들을 둔단 말이냐? 내 그놈을 만나기만 하면 죽여 버리겠다."

이렇게 욕을 하면서 슬퍼했지만, 아내는 영원히 돌아오지 않았다. 상주가 아내의 장례를 마치고 슬픔에 잠겨 세월을 보내는데, 그 동안 까맣게 잊고 있었던 그 청상과부가 찾아왔다.

상주는 그 과부를 근처에 방을 마련해 거처하게 하여, 간혹 만나고 하다가 상복을 벗은 다음에 정식으로 재혼했다. 그러고는 그 여자와의 사이에서 아들 3형제를 낳았다.

그러는 동안 그럭저럭 10년이란 세월이 흘렀다. 그러던 어느 날 옛날의 그 지관이 다시 찾아왔다. 그는 지관을 보자마자 원망하면서 몽둥이를 들고는,

"어째 3형제를 낳게 해준다 해놓고, 1년도 안 되어 상처할 그런 묏자리를 잡아주었단 말이냐? 때려죽이려고 벼르고 있었다."
라고 위협하고 있는데, 부엌에서 후처가 내다보고는 왈칵 달려 나오면서 소리쳤다.

"오라버님, 왜 이렇게 늦게 찾아오셨어요? 이 누이동생 눈 빠졌어요! 여보, 그런데 몽둥이는 왜 들고 이래요? 제 오라버니께 인사 올려요. 제 오라버니예요."

이렇게 반가워하니, 남편은 멍하니 서 있다가 가만히 생각해보니 모두 이 후처의 오라비가 일을 꾸민 것 같았다. 생각에 잠겨 있을 때 지관이 손을 잡고 웃으면서 말했다.

"이 사람아 생각해보아. 자네의 본처는 그때 나이 50살도 넘었는데, 자네가 아무리 밤 일을 쉬지 않고 열심히 해도 어떻게 아이를 낳을 수 있단 말인가? 나이 많은 부인과 해로하면서 또 아들 3형제를 얻는다? 말이 안 되지 않아? 그래서 곧 죽게 될 묏자리를 내가 구해준 게야. 또 자네를 보니 너무 사람이 진실해 청상과부인 내 누이동생을 붙여주었지. 어때 새로운 맛이 있고 좋았지? 고맙다고나 해. 몽둥이는 왜 들어?"

이렇게 하여 서로 쳐다보며 한바탕 웃었고, 그 후 아들 3형제가 모두 출세하여 행복하게 잘 살았다.

즉시 발복할 터 잡아준
이승과 박승

이승과 박승 두 분은 서손들이었다. 한 분은 화순 도곡면 축석리 사람으로 광산 이씨이고 또 한 분은 밀양 박씨이다.

이 사람들이 나이가 칠팔 세를 지나고 십여 세가 되자 남의 눈치를 알만하게 되었다. 당시 원손(元孫)들은 크나 작으나 마루에 올라앉을 수 있었으나 나이가 더 먹은 서손(庶孫)들은 마루에 올라앉을 수가 없었다. 제사를 지내도 사당 참례를 못했다.

그래서 이승이 나이가 열 여섯 살쯤 되어 궁금해서 저녁에 어머니에게 가서,

"어머니는 어쩌다 이 곳에 들어와서, 나를 이런 곳에다 낳아 주셨습니까?"

"그래 말이다. 팔자가 기박해서 할 수 없었다. 나이가 젊어서 혼자 살수가 없었기 때문에 개가를 해서 네가 생겼구나. 그러니 날

원망한들 무슨 소용이 있겠느냐?"하니까

"아, 그래요." 하였다.

그리고 그대로 한 몇 년간 지내다가, 하루는 저녁에 어머니에게 가서,

"어머니, 저 내일 떠나겠습니다."

"떠나다니?"

"어머니, 옥체 보존하고 계시소서."

하고는 집을 나갔다. 그 다음날 이 사람이 걸식을 하며 돌아다니다가, 어느 양반 부잣집을 찾아가서, 그 집의 소꼴을 베다주는 꼴머슴으로 들어갔다. 낮에는 꼴을 베다가 소를 먹이고, 저녁에는 하인들이 자는 행랑채에서 잤다. 그 집주인은 돈이 많아서 훈장 선생을 별도로 집에 모셔두고 자기 자식들만 가르쳤다.

그런데, 부엌문에 소먹이는 가마솥이 붙어 있었는데, 그 곳에서 소죽을 쑤면서 훈장이 글 가르치는 소리를 들었다. 부엌에 앉아서 한자를 배웠던 것이다. 붓도 없고 종이도 없었다. 방에서 '하늘 천' 하면 '하늘 천(天)' 자를 머리에 집어넣었고 '따지' 하면 '따지(地)' 자를 머리에 집어넣었다. 이렇게 해서 한 몇 년을 살고 나니까, 20세가 되었다. 그렇게 살고 있었는데, 어느 날 중이 동냥을 하러 왔다. 동냥하러 와서 목탁을 툭툭 두드리면서, 동냥을 달라고 했다. 동냥을 달라고 하니까, 안주인이 동냥을 조금 갖다 주었다. 그러자 중이,

"배가 고파서 그러니, 밥을 한 술 갖다 주시오."

하니까, 안주인이 쏘아 붙었다.

"밥이 없소."

이승이 밥을 먹다가 이 말을 들었다. 그래서 나가서 그 중을 데려다가 자기가 먹던 밥을 대접했다.

"내가 먹던 밥이지만 시장하니, 무슨 상관이 있겠습니까? 맛이

있고 없는 것이 따로 있습니까? 배가 고프면 다 맛있습니다. 나는 조금 있으면 저녁을 먹으니 괜찮습니다."

중이 그 밥을 맛있게 먹고 나서는 가만히 생각을 해보니 이 사람을 무시할 수가 없었다. 나와서 보니 얼굴이 비상하고 준수하였다. 그래서 중이 이승을 데리고 가버렸다.

"너 이름이 무엇이냐?"

"아무개입니다."

"나를 따라 오너라. 나를 따라 와."

그리고는 절로 데리고 가버렸다. 절로 데리고 가서 공부를 하고 있는데, 자기와 같은 사람이 와서는 공부를 하고 있었다. 내력을 물어보니까, 자기와 같았다. 서로 이제 다정스럽게 열심히 공부를 했다. 공부를 열심히 하고 있는데, 데리고 갔던 중이 벼루를 하나 내주면서,

"이 먹을 갈아서 공부를 하다가 구멍이 나면 너는 공부를 그만 해야 한다."고 했다.

그 벼루를 사용하여 공부를 하는데, 글을 한 장이고 두 장이고 세 장이고 쓴 들, 벼루는 좀처럼 닳지 않았다. 그러나 벼루 닳는 생각은 안하고 그저 배울 생각만 했다. 중이 가르쳐보니 가르칠 것이 없었다. 재주가 아주 뛰어났다. 20년이라는 세월이 흘렀다. 그리고 벼루를 보니까 한 절반 정도 닳았다. 그래서 중이 천천히 벼루를 보면서 하는 말이,

"공부를 더 해야겠구나. 더 해라. 아직 멀었다. 공부를 한 만큼 더 해라. 그래야 이 다음에 출세를 한다."

그런데, 이 사람은 밖에 나가고 싶은 마음도 없고, 배울수록 모르는 것을 알게 되어, 드디어

"저 독 속에 뭐가 들어 있을까?"하고 생각만 해도 들어다 보지 않아도 그 속에 무엇이 들어 있는지 훤히 다 알게 되었다. 이렇게

한 30년 동안 절에서 공부를 하니까 벼루에 구멍이 뚫렸다. 그래서 중이,

"공부를 그만 해도 되겠구나. 이제는 하산을 해서 세상 물정도 알아야 하니까 절을 떠나라."

하였다. 그리고 자기와 같은 처지에 있었던 사람도 역시 그 해가 마지막이었다. 이 사람이 바로 박승이었는데 이승 그 사람과 같이 나왔다.

"너 공부 다 했냐?"

"하, 다 했다고? 오늘부터 나가라 하니까 어쩌겠냐? 오늘부터 나가야지."

"나도 역시 그렇다. 우리 나가자."

하고 둘이 나왔다. 둘이 나와서 보니까, 땅 속이 훤히 들여다 보이는 것이었다. 밖에서 나와서 하늘을 보고, 들을 보고, 사람 사는 곳을 보니까 속까지 훤히 다 보이는 것이었다. 저녁이 되어 하늘을 보면 모든 것이 다 보였다. 공부를 그렇게 많이 했기 때문이다. 그래서 이리 저리 걸식을 하면서 떠돌아 다녔다. 돌아다니면서 얻어먹기도 하고 잠도 잤다. 둘이 같이 과객행동을 하다가 한 명이 "이 산이 여기서 생겼다." 하면 다른 한 명이 "산맥이 이쪽으로 뻗어가고 있다." 말하고, 큰산을 보고 한 명이 "산맥이 저 방향에서 모두 이쪽으로 뻗었고, 밑의 한 줄기가 한 방향에서 모두 이쪽으로 뻗어서 명당이 되어 가고 있구나."라고 하면 다른 한 명이, "어디에 가서 큰 명당을 이루고 있다."

또 한 사람이,

"이 산맥이 어떻게 생겼냐?"

하고 물으면,

"이렇게 생겼는데, 여기서 뭐가 똑 졌는데, 어디가 졌는지 모르겠네."

다른 산 있는데서 또 구멍을 찾았다. 둘이서 이러고 다녔다. 둘이 다니면서 구멍을 들여다보면 명당 구멍이 여기 호박에 하나 있고, 저 산 속에 하나 또 있었다.

이제는 둘이 낮에 이러고 돌아다니지 않았다. 들판을 다니면 밥을 얻어먹고 산에 올라갈 수 있었다. 산에 올라가서 산맥이나 재고 이 산은 이렇게 생겼으니까 어떻게 지으면 되겠다고 하면 사람들이 그 곳을 찾아 들어갔다. 이렇게 산맥을 보고 다니던 두 사람이 나이가 많아져서 영감이 되었다. 나이가 들고 보니 자식도 없고, 집도 없고, 아내도 없고, 부모가 어디에 계신지도 몰랐다. 자기 마을을 떠난 지가 수십 년이 되었기 때문이다. 그렇게 되고 보니 나라 곳곳이 자기 집이었다. 어디든지 둘이서 자는 데가 자기 집이 되었다. 이렇게 생활을 하고 있는데 하루는 오전까지 산을 타고 내려오니까 어떤 아이가 지게를 거꾸로 두고 누워 잠을 자고 있었다.

이때 늙은 영감 둘이서 휘파람을 부니까, 이 아이가 깜짝 놀라서 일어났다.

"영감들이 여기를 어떻게 오셨어요?"

"우리가 길을 잃어버리고, 길을 찾느라고 산을 헤매고 다니다가 여기에 왔다."

"그래요, 어디로 가시는데요?"

"어디로 가는 데가 따로 있냐?"

그 때가 봄이었다.

"이 늙은이들이 길을 잃어버리고 산을 헤매고 다니니까 배가 고파서 못 견디겠는데, 너 혹시 밥이 있으면, 조금 얻어먹었으면 좋겠다."

"그러십시오. 여기 있습니다."

아이는 자기 도시락을 가져다 내놓고는 밥을 덜어 주면서,

"다 드세요."하고 또, 낫을 가지고 와서는 김치를 썰어 주면서,

"이것도 드세요." 했다. 그러자,

영감 둘이서 금방 먹었다. 그리고 담배를 피우면서,

"너 어디 사느냐?"

"어디에 살아요."

"부모님이 다 계시냐?"

"어머니하고 나하고 살고 있습니다."

"그래, 너희 아버지는 어디 계시냐?"

"아버지는 돌아가셨습니다."

"그래, 그러면 생계는 어떻게 하니? 나무를 해서 팔아먹고 사냐?"

"아닙니다. 어머니는 동네를 다니면서 품을 팔면서 사시고, 저는 남의 집에서 고입(雇入)해서 살고 있습니다."

"그렇구나. 고맙다. 우리는 간다."

그리고는 서로 헤어졌다.

이 동네에 머슴을 둘 데리고 사는 젊은 과부가 있었다. 이 아이가 그 집의 작은 머슴이었다. 이 집의 큰 머슴은 주인 과부에게 늘 말하였다.

"이 집에 머슴을 살면서, 마누라만 잘 만나면 내 신세를 고칠 것이다."

이렇게 큰 머슴은 욕심이 많았지만 작은 머슴은 어머니와 자기가 살 일을 생각하면서 일을 했다.

그런데 그 이튿날 또 나무를 하려고 산에 가서 가만히 생각해 보니까, '우리 아버지가 살았더라도 그 노인들과 비슷한 나이일 텐데, 저런 노인들은 아직 살아서 산천을 헤매고 다니는구나.' 하고 아버지 생각이 나서 탄식을 하느라고 나무를 못하고 앉아 있었다. 두 영감이 또 그 곳을 갔다. 그 아이가 있는 줄 알고 그 아이의 생각을 보기 위해서 또 갔던 것이다.

"어휴!"

하고 그 곳을 가니까,

"어! 노인들이 어쩐 일입니까? 여기가 어디라고, 여기를 오십니까?"

"글쎄다. 오다 보니까, 여기를 오게 되었다. 우리가 또 여기를 오다가 때가 늦어져서 점심도 못 먹었다."

"그럴 것입니다. 시장하시지요?"

"배가 아주 고프다. 하지만 자네 먹으려고 가져 온 밥을 우리가 먹고 가면, 너는 배가 고파서 나무를 어떻게 할 것이냐? 너 먹고 나무를 해 가지고 가거라."

"아닙니다."

도시락을 또 가져다가 내놓고는 밥을 덜어주면서,

"드십시오."

또 낫을 가지고 싸 온 통김치를 죽죽 썰어서 줬다. 그래서 또 두 영감이 밥을 잘 먹고는,

"너의 은혜를 우리가 갚지 않을 수가 없구나. 너희 아버지 엄토(掩土)를 했느냐, 하지 않았느냐?"

"엄토를 못했습니다."

"그래, 그러면 오늘 저녁에 너희 아버지 장사를 지내자."

"아이고, 못합니다. 제가 어떻게 합니까? 종이 한 장 살 돈도 없는데, 어떻게 합니까? 저는 못합니다."

"그래도, 은혜를 그것으로밖에 갚을 길이 없구나. 그러니까 오늘 저녁에 주인네 집에 가서 저녁을 먹고, 지게에 삽을 짊어지고 가자. 종이도 걱정하지 마라. 우리에게 다 있다."

마포(麻布) 안에 종이와 먹이 다 들어 있었다. 자기 집으로 영감님들을 모시고 갔는데, 저녁밥을 해 줄 것이 없었다.

아이가 새집 만한 나뭇짐을 짊어지고 주인집으로 들어가니까, 큰

머슴이 안주인 들으라고 작은 머슴을 나무라기를,

"너는 산에 가서 낮잠만 자고 나무도 안하고 이렇게 빈 지게를 지고 들어오는구나."

라고 말하니까, 안주인이 하는 말이,

"나무를 잘 하는 날도 있고, 못 하는 날도 있지. 날마다 잘 할 수 있는가?"

그래서 착한 안주인에게 가서 작은 머슴이 사정을 이야기했다.

"미안합니다. 예전에 우리 아버지하고 같이 지내던 두 어른이 찾아왔습니다. 우리 아버지가 죽었다는 말을 듣고 탄식을 하고 집에 와 계시는데, 저녁밥을 지을 양식이 없습니다. 양식을 좀 주십시오."

라고 하니까

"그러지요, 어머니에게 해달라고 그러시오."

하고는 양식 한 되를 퍼주었다. 그 양식을 가지고 와서 어머니에게 밥을 해 달라 해서 어머니가 밥을 해주니, 영감 둘이 맛있게 먹었다. 영감 둘이 상의를 하는데,

"묏자리를 주면 어디를 줘야 하지?"

"가운데 자리에 마련해 놓은 것이 3대째가 되면 복을 받게 된다는 묏자리입니다. 그 곳을 줍시다." 그러니까,

"아니, 3대 안에는 이 아이가 어떻게 살 것입니까?"

삼대라고 하면 저기 증손 때나 되어서 복을 받게 된다는 것이다.

"허, 그러니 이 아이는 그 동안 어떻게 살겠습니까? 그 늙은 어머니하고 하루 밥 세끼를 못 먹어서 헐떡이는데, 이 아이를 불쌍히 여겨서 내일 아침부터 잘 먹을 곳을 찾아서 묏자리를 줍시다."

라고 주장하였다.

"그럽시다, 내일 아침부터 잘 먹을 곳을 줍시다. 어디입니까?"

"어디를 가면, 정자나무 뒤가 학처(鶴處)일세."

그 산이 학처럼 생겼단 말이다.

"그 자리가 학처이고, 인시(寅時) 하관에 묘시(卯時) 발복할 자리입니다."

"그렇습니까?"

인시는 한밤중이 지나야 하고, 그 곳에 묘를 쓰면 해가 뜰 때 발복을 한다는 것이다.

"그러면 그렇게 하세."

둘이 약속을 해놓고, 이 작은 머슴이 주인네 집에서 밥을 먹고는 저녁에 와서,

"어떻게 할 것입니까?"

"가자. 지게 짊어지고 왔냐? 가래는 가지고 왔냐?"

"예."

"가자!"

이 머슴을 앞세우고 그 아버지 묘를 파서 도포에서 종이를 꺼내서 백골을 닦아 싸 가지고 묻을 자리를 찾아가는데, 여간 먼 것이 아니었다. 그 곳을 찾아가서 묘를 파니까 넙적한, 바위가 깔려 있었다. 그래서 이 아이가 바위를 가래로 탁 찔렀다. 바위를 깨면 큰 일이 나는데 다행이 깨어지지는 않았다. 그 바위 밑에는 물이 있어서 잉어가 들어 있었기 때문이다. 노인들이 외쳤다.

"바위 밑 물 속에서 잉어가 놀고 있는데, 바위가 깨지면 잉어가 죽어버린다. 잉어가 다쳐서는 안 된다."

그래서 그 곳에다 하관을 하고, 날이 새자 영감님들을 보고,

"집에 가서 주무시라."

고 시켜 놓고 주인네 집에 와서, 행랑채에서 잠을 자려고 누웠는데, 잠이 오지 않았다. 내일 아침에 노인들에게 밥 해줄 일이 걱정스러워서 잠이 안 왔다. 그만큼 가난하게 살았다. 이 사람이 새벽에 잠이 안 와서 일어나 물통을 가지고 물을 길어다가 부엌에 두

고는 안주인이 일어난 기색이 나면 또 안주인에게 이야기를 해서 쌀을 한 되 얻으려 했다. 그런데 하필이면 그날 아침에는 늦게까지 자는 것이었다.

젊은 과부는 일어나려다가 다시 누워서 잠이 살짝 들어 꿈을 꾸었는데, 갑자기 뇌성벽력이 치고 소나기가 퍼붓다가 장광에서 청룡이 여의주를 물고 희롱을 하며 하늘로 올라가는 것이었다. 깜짝 놀라 꿈을 깨어서 가만히 생각을 해보니,

"내게 남자가 생기거나, 큰 사람을 나을 꿈이다. 귀몽(貴夢)을 꾸었는데, 남자도 없으니 내가 좋은 꿈을 얻었어도 허사로구나."

하며 탄식을 하고 있었다. 혼자 탄식을 하고 있다가 문을 열어보니 비도 안 오고 작은 머슴이 서있었다. 그래서 문을 얼른 닫고는 생각해 보았다.

'아, 금방 내가 눈을 떴다 감은 사이에, 청룡이 여의주를 물고 하늘로 올라갔다. 작은 머슴이 그 곳에 서 있다.'

너무도 이상한 생각이 들어서 문을 다시 열어보니까, 보통 다른 때보다 작은 머슴의 얼굴과 태도가 다르게 보였다.

"안주인. 양식이나 한 되 주십시오. 아침이나 대접해서 보내야겠습니다."

"주고 말고, 줌세."

말을 하고는 다시 생각해보니, 마음이 돌아서는 것이었다. 안주인의 마음이 변해서 문을 열고는 들어오라고 하였다.

작은 머슴은 밤새도록 흙장을 지고 뗏장을 졌으므로 온통 흙이 묻고 더러워서 그 방에 들어갈 수가 없었다. 머슴이 못 들어오고 서 있으니까, 화문석을 깔고 누었던 안주인이 데리고 들어와서 운우(雲雨)의 정을 나누었다.

"양식을 줄 것이 뭐가 있는가, 주어봤자 자네 어머니가 무엇을 가지고 대접을 하겠는가. 내가 집에서 밥을 지어 낼 테니, 그 영감

님들 집으로 모셔 오소."

그래서 이 사람이 집에 가서,

"이 곳은 반찬이 없어서 대접을 못한다고 안주인이 집으로 모시고 오라고 합니다."하니,

"그렇지, 그렇다고 하지 않던가?"하며 두 영감들이 말했다.

"내일 아침부터 잘 먹을 때를 주자고 하지 않았던가."

그 영감들이 일부러 그렇게 했던 것인데, 틀림이 없었다. 그래서 영감님들이 사랑에 와서 앉으니까, 안주인이 들락날락하며 밥을 잘 지어서 맞상을 차려 가져다주었다. 가져다주는 것을 보니까 밥상이 푸짐했다.

"이만하면 안 되겠는가? 우리 이만하면 은혜를 갚았네."

그러고 영감님들이 가려고 하니까, 안주인이,

"술이라도 한 잔 드시고 가십시오."

라고 하면서 엽전 한 냥을 주었다. 그리고 담배를 가져다주면서 정중히 말했다.

"가다가 담배도 피우고, 목이 마르면 술도 한잔씩 잡수십시오."

영감들이 떠나고 작은 머슴이 안방을 자주 출입하니까, 큰 머슴은 질투가 났다. 같이 살아도 말 한마디 제대로 하지 못하고, 안주인 팔목 한 번 못 잡아 보고 있는데, 작은 머슴은 안방을 자주 드나들었기 때문이다.

"이놈 봐라!"

그러고 보니까, 작은 머슴이 사랑방에서 자는 줄 알았더니, 안방에서 자는 것이었다.

"속상해서 못 살겠다."

하고는 나무도 안하고 도망갔다. 그 당시에는 잘 살지 못했기 때문에 머슴노릇 할 사람이 많았다. 그래서 다른 머슴을 얻었다. 작은 머슴을 데리고 사니까 마을에 소문이 돌았다. 그래서 안주인은 작

은 머슴을 데리고 다니면서 장을 보고 떡을 해서 집안 어른들과 마을 사람들을 모시고 성대하게 대접하고는 안주인이,

"제가 개가를 하게 되었습니다. 이 정도는 다 이해를 해야 할 것입니다. 과부가 되어서 몇 년 살다보니, 도저히 혼자 살아갈 길이 막연했습니다. 다른 남자를 얻어 가면 이 재산을 뺏길 것 같아서 내 집에서 오도 가도 못하는 불쌍한 놈을 보듬고 살려고 내 작은 머슴을 들여앉혀 놨습니다. 그러니까 모두 다 그런 줄 아십시오."
라고 말하고 잔치를 베풀었다. 그리고 안주인은,

"나는 관복을 입고 머리를 올렸지만, 이 사람은 아직 총각입니다. 총각인 이 사람도 머리를 올려 줘야 할 것입니다."
라고 했다. 그러니 안주인 집안에서는 다 달아나 버리고, 동네 사람들만 남아서 머리를 올려줬다.

안주인과 머슴은 부부가 되어 그 곳에 살면서 3형제를 낳았다. 3형제를 모두 잘 가르쳐서 3형제가 모두 한양에 가 정승 판서를 했다고 한다.

명당 덕에 얻은 두 아내

한사람이 가난하게 살았는데, 성이 김해 김씨였다. 어려서 조실부모하고 그냥 얻어먹고 다니다, 화양리 큰 동네서 주인을 정해 심부름꾼이 되었다. 그 집주인은 광산 김씨인데 거기서 한 30년을 살았다. 그 옆 골목에 만석거부 최씨가 살았다. 최씨는 장가들어 얼마 지나지 않아 죽고 최씨 부인 혼자 살았다.

하루는 비가 많이 와 머슴더러 논 개울을 잘 치라 하였다. 그래 아침 일찍 가래를 메고 나오니, 그 최씨 부인이 주막에 가 사람을 살리라 하였다. 주막에서 가 보니 웬 중놈을 옷을 홀랑 벗기고 들고패고 있다. 사정을 알아보니 중이 술과 고기를 먹고는 일년이 가도록 돈을 갚지 않았다. 그래서 김도령이 새경을 받아 대신 식대를 치러 주니 중이 김도령의 아버지 어머니 장례를 모셔주겠다 하여 택일을 하고 장사를 치르게 되었다. 마침 김도령이 인심을 얻어두어 동네 사람들이 도와주었다. 중 덕분에 장사 모신 뒤, 중이 떠나면서 3년 후에 와 보겠다고 하였다.

그해 농사가 끝나고 추수도 끝날 무렵, 저녁을 먹고 집밖에 나오자 그 과부가 저녁에 다녀가라 하였다. 저녁때쯤 과부집에 가니, 과부가 자신의 의복을 입히면서 자기 대신 보쌈을 당해 줄 것을 부탁하였다. 그래서 이불을 뒤집어쓰고 드러누워 있으니까, 밖에서 두런두런 소리가 나더니 몇 놈이 들어와 김도령을 이불에 둘러 싸 가지고 갔다. 주인이 이불을 벗기려고 하였으나 김도령이 꼭 잡고 놓지 않으니 부끄러운가 보다 생각하고 자기의 딸과 함께 자게 하였다. 그래서 그 집 딸인 큰애기와 김도령이 보듬고 잤다.

주인이 일찍 일어나 가보니 머슴 놈하고 제 딸이 동침을 하고 있다. 그래서 어쩔 수 없이 예를 지내고는 내쫓았다. 과부는 다 그럴 줄 알고 자기 집으로 오라고 귀띔을 해 두었다. 과붓집에 들어가자, 제 하인들을 불러 동네 손님을 다 집으로 불러오고는 김도령과 부부의 연을 맺으니, 동네 사람들이 다 잘한 일이라고 하였다. 잔치를 마치고, 큰애기를 본처로 하고 자기는 작은댁이 되어 서로 이해하고 살자 약속하였다. 그렇게 최씨 부인에게서 2남 3녀를 낳고, 김씨 딸에게서 3남 2녀를 낳아 아이들을 잘 키우며 살았다.

그래서 큰댁 작은댁 다 반반이 아이들 교육을 잘 시켜 그 아들들이 과거를 보러 갔다. 그런데 큰댁 아들은 낙방을 하고 작은댁 아들은 급제를 했다. 장원급제를 하여 어사 벼슬을 하고 내려오면서 임금께.

"아버지가 김해 김씨이나 자기가 서자라 마음이 억울합니다."고 말씀을 올리자 임금님께서 도광 김씨를 하사하였다. 도광 김씨 시조가 그렇게 되었다는 이야기이다.

명당에 집짓고 부자 된 전주 최씨

최석천이라는 사람은 시골 토박이로 지금은 넉넉하게 살지만, 그의 7대조는 고개 너머의 작은 집에 방하나 부엌하나만 겨우 지어놓고 매우 어렵게 생활하였다. 어느 엄동설한에 바깥에서 누가 자꾸 찾아서 밖을 내다보니 수염이 덥수룩한 대사가 찾아와 하는 말이,

"눈도 오고 춥기도 하고, 해는 저물어 가니 하루만 묵어가게 해 주십시오."하였다.

주인은 방이 하나밖에 없다는 사정 얘기를 하고는, 대사를 방에 들어오게 하여 아랫목에 앉혔다. 손님에게 음식 대접할 게 없어서 간신히 나물이나 마련하여 마음으로나마 정성껏 대접을 했다. 주인 내외는 대사가 아랫목에 주무시라고 하고, 자기네들 덮는 이불 하나를 그에게 덮어 주고는 그들은 이불도 없이 윗목에서 잤다.

아침이 되어서도 죽을 조금 쑤어서 대접을 했다. 대사는 내외의 정성에 감사하며,

"소승을 이렇게 공손하게 대접하시니, 내가 집터를 하나 잡아 줄테니 제가 시키는 대로 하십시오."라고 말하고는 두 내외와 함께 길을 나섰다. 대사가 한 지점에 이르러,

"이전의 집을 뜯어버리고, 당장 여기에 집을 짓되, 그냥 우인처럼 해서 짓고 사십시오. 그러면 당대에 몇 천 석을 가지게 될 것입니다."라고 말하고는 사라져버렸다. 갑작스러운 일이라 믿어지지 않았지만, 대사의 말을 따랐다.

집을 그 집터에 새로 짓고, 몇 마리의 병아리를 키워 닭 몇 마리, 돼지 몇 마리를 먹이기 시작하였는데 가축들이 매일 조금씩 늘어갔다. 그것이 너무 신기해서 다시 땅을 좀 일구어 팥과 콩을 심고 수확을 하니 또 곡식 이삼십 말을 거두게 되었다. 두 내외는 이러한 일들이 좋았지만 이상스럽게 여겨져서 하루는 살펴보니, 대죽 같은 것을 쓴 사람이 밤마다 집으로 와서, 자루에서 무엇인가를 꺼내어 곡식에 뿌리는 것이었다. 그런 일이 계속되자, 몇 년 지나지 않아 근처 땅을 죄다 살 정도로 부자가 되었다.

그래서 최석천의 7대조는 아흔 아홉 칸의 집을 짓고, 이후에 자기 집 자손이 망하더라도 이 집은 팔지 못하게 짓는다며 굉장히 튼튼하게 지었다고 한다. 그리고 예로부터 구멍을 뚫지 않으면 역적이 난다는 백제고개라는 고개에 구멍을 뚫었다. 그 이후에 근방에 어디든지 자기집 논 아닌 곳이 없을 정도로 굉장히 큰 부자가 되었다.

그런데 7대 손에 와서 최석천이란 사람은 글씨도 잘 쓰고 문장과 시에도 능숙하며 주색잡기와 노름, 술도 잘 하며 기운도 천하장사이고, 또한 그런 유의 사람들을 부하로 거느리고 다녔다고 한다. 그런 사람이 난봉꾼이 되기 시작하면서 술 먹고 망나니짓도 하고,

술에 취하면 노름하며 지내던 어느 날이었다. 초라한 외모를 지닌, 관상과 사주를 보는 사람이 최석천을 찾아와,

"이 재산을 두면은 오사(誤死)하오. 그러니까 이 재산을 빨리 써 버려야 하오."라고 말하였다. 이 말을 듣고 최석천은 명월관이라는 일류 요리집에서 돈을 마구 써도 재산을 다 없애기가 여간 힘든 노릇이 아니었다. 그 정도가 어느 정도인가 하면 소 네 다섯 마리가 백원이었을 때에 그 정도의 요리를 먹으며 그곳의 기생과 하룻밤을 지내기 위해 논 열닷 섬지기를 팔아야 하는 것이었다. 그런데 최천식이 망할 때까지도 남에게 해를 안 끼치고 어려운 사람이 사정하면 논을 닷 섬지기이든 열 섬지기이든 그냥 내어주며 후하게 도와주었다고 한다.

풍수로 은혜갚은 여종의 아들

조선 영조 때, 한광근의 집안은 매우 넉넉하게 살면서 많은 노비들을 부리고 있었다. 그런데 한광근의 조부는 성격이 워낙 과격하고 엄격하여 종들이 조그마한 잘못만 저질러도 매를 치고 때려죽이기까지 했다.

종들 중에 특히 성질이 사나운 한 종이 있었는데, 한광근 조부가 종들에게 지나치게 엄하게 대하는 것에 대해 반감을 품고 있었다. 그러던 차에 어느 날 아침, 그 성질 사나운 종이 작은 일로 한광근의 조부로부터 야단을 맞게 되니, 종은 성질을 못 참고 노인에게 맞서 덤벼들었다.

"어른께서는 왜 우리들에게 벌을 못주어 안달이십니까? 죽으라고 일만 하는 우리들이 무슨 도깨비로 보이십니까?"

이렇게 소리치고 덤벼들며 모욕적인 행동을 서슴지 않았다. 이에 한광근의 조부는 끓어오르는 분을 억제하지 못하여 벌벌 떨면서 고함을 질렀다.

"이놈들아, 무엇 하느냐? 당장 저놈을 잡아 묶어 대령하라."하고 소리소리 지르며 다른 종들을 시켜 잡아 묶으라고 했다.

이와 같이 집안에 분란이 이는 동안 사나운 그 종은 담을 넘어 도망쳤다. 다른 종들이 잡으려고 따라가다가는, 일부러 놓치고, 그냥 돌아와서 잡지 못했다고 보고했다.

이렇게 되니, 한광근의 조부는 화가 풀리지 않아 도망친 그 종의 아내인 여종을 대신 죽이겠다며 묶어서 끌어내라 했다. 그러고 있는데 마침 그 날이 자부, 곧 한광근의 모친이 시집오는 날이어서 손님들이 모여들기 시작하니, 한광근의 조부는 그 여종을 묶은 채 광속에 가두어 두라고 했다.

자부가 시집온 첫날밤 방에서 들으니 어디선가 여인의 애처로운 울음소리가 바람결에 들려왔다. 그리고 이튿날 밤에도 들리고 사흘째 되는 날 밤에도 울음소리는 계속 들렸다.

그래서 자부는 사흘째 되는 밤에 그 울음소리가 나는 곳을 추적하여 찾아가니 한쪽 구석에 있는 광 안에서 여인이 힘이 빠져 울고 있었다. 자부는 따라온 여종을 시켜 자물쇠를 열라고 해 들어가 보니, 한 여자가 엎드려 울고 있었다.

자부는 여자를 일으켜 물으니 옆에 있는 다른 여종이, 이 집에 함께 일하는 여종이라 했다. 그래서 울고 있던 여종에게 우는 까닭을 말해보라 하니 다음과 같이 말했다.

"쇤네 남편이 대감마님께 죄를 지어 도망을 쳤는데, 쇤네를 대신 죽이기로 하고 이렇게 가두어 두었습니다. 아마도 새아씨 마님의 신행 잔치가 모두 끝나는 내일쯤 매를 쳐서 죽일 것 같습니다. 남편을 대신해 죽는 것은 섧지 않지만, 지금 태어난 지 보름밖에 안된 이 아들이 불쌍해 울음을 참지 못했습니다. 울음소리로 심려를

끼쳐드려 죄송하옵니다."이렇게 말하고 땅에 엎어져 더 이상 말을 못했다.

그 애기를 들은 자부는 다른 여종을 시켜 부엌에서 먹을 것을 가져와 먹게 하고, 자신이 그 집에 새로 시집 온 자부임을 분명히 확인시킨 다음에 이렇게 일렀다.

"내가 너를 놓아줄 테니 지금 바로 달아나도록 하라. 그리고 아마 네 남편이 멀리 가지 않고 집 주위에 숨어 있을 테니, 남편을 만나 될 수 있는 대로 멀리 가서 아들을 잘 키우면서 열심히 살도록 하라. 다만 이후로 우리 집 근처에는 절대로 가까이 오지 말아야 한다. 네가 이 근처에 나타나 눈에 뜨이면 다른 종들에게 문제가 생기기 때문이다. 꼭 명심하기 바란다."이렇게 말하고 빨리 달아날 것을 재촉하니 여종은,

"새아씨 마님, 쇤네 그냥 죽어도 그럴 수는 없습니다. 쇤네가 도망치고 나면 대감마님의 그 성질에 새아씨 마님께서 어떤 고초를 당하실지 모릅니다. 쇤네 목숨 건지겠다고 그렇게 할수는 없습니다. 이대로 내버려두시고 돌아가십시오."라고 말한 후 다시 말을 잇지 못하고 울기만 했다.

이에 자부는 목소리를 가다듬어 엄숙하게 말했다.

"내 일은 내가 알아서 할 테니 네가 걱정할 바가 못 된다. 나는 네 상전으로서 너에게 명령하는 것이니 다른 말 할 것 없이 속히 이 집을 떠나도록 하라."

이와 같이 엄명하고 다른 여종을 시켜 빨리 집을 빠져나가게 도와주라고 한 다음 방으로 돌아 왔다.

이튿날 한광근의 조부는 가두어 놓은 여종을 끌어내오라고 했다. 그때 자부가 시아버지에게 나아가 사람 생명을 함부로 죽게 할 수가 없어서 자기가 도망가게 했다고 아뢰니, 노인은 화를 참지 못하다가 할 수 없이 더 이상 말이 없었다.

많은 세월이 덧없이 흘러갔다.

그동안에 한광근의 조부는 사망했고, 가정 형편이 점점 어려워지는 사이에 자부에게서 두 아들이 태어났으니, 그 둘째아들이 한광근이었다.

세월이 흘러, 그때 시집왔던 새댁, 곧 한광근의 모친도 늙고 병들어 사망했다. 한광근이 형님과 함께 모친의 장례 준비를 하면서 묏자리 걱정을 하고 있는데, 마침 한 스님이 나타나서 영전에 엎드려 울면서 슬퍼했다.

한참 후에 한광근이 스님에게 슬피 우는 까닭을 물으니, 스님은 다음과 같이 대답했다.

"소승은 옛날 이댁 종 부부의 자식입니다. 소승은 지금 돌아가신 마님께서 처음 시집왔을 때 도망가게 해준 그 여종의 아들로서, 당시 태어난 지 두 이레밖에 안 되었던 그 아이입니다. 소승의 어머니는 항상 지금 돌아가신 마님의 은혜를 갚아야 한다고 이야기했기 때문에 소승은 어머니께서 돌아가신 후에 중이 되어 떠돌면서 풍수지리에 관한 지식을 쌓았습니다. 소승이 풍수지리를 익힌 것은 오로지 지금 돌아가신 마님의 좋은 묏자리를 정해 드리기 위한 것이었습니다."

이렇게 말하고 스님은 고인의 관이 안치된 안방 처마 밑에서 며칠 동안 지낸 다음에, 자기가 보아둔 묏자리를 보러 가자고 했다. 그래서 한광근이 형님과 함께 따라갔다. 도착한 곳은 황해 근처에 있는 산이었는데, 그 자리에는 이미 둥그런 묘가 놓여 있었다.

스님이 그 묘를 가리키면서 말하기를,

"이곳은 관이 들어 있는 묘가 아닙니다. 고려 때 누군가가 부모의 묘를 쓰기 위해 가묘(假墓)를 만들어 아무도 손대지 못하게 표시해 놓은 자리입니다."라고 말하고 인부를 시켜 파보게 하니, 과연 모래가 채워져 있는 거짓 무덤이기에 스님이 지시하는 대로 거기에 묘를 썼다. 그 후 스님이 예언한 대로 10여 년 뒤에 한광근이 문과에 급제했고, 그 후 집안 형편이 나아지기 시작했다.

한참 세월이 흘러, 한광근이 안동 고을 관장으로 부임해 가 있었다. 어느 날 한 지관이 나타나서 모친의 묏자리를 둘러보고 이야기하는데, 묘지의 정기가 다했으니 빨리 이장해야 한다고 말했다.

한광근이 그 지관의 말을 듣고 이장을 하기 위해 인부를 데리고 가서 묘를 파려고 하는데, 앞서의 그 스님이 산 위에서 소리치며 뛰어내려왔다. 그리고는 묘에 절대로 손을 대지 못하게 하고 막는 것이었다.

한광근이 지관의 말을 전하면서 이장을 하려고 한다는 말을 하니, 스님은 결코 정기가 다한 곳이 아니니 옮기지 못하게 하고는 영험을 보여주겠다고 말했다.

"만약 지금 이 묘의 옆에 구덩이를 파고 손을 넣어 훈훈하고 뜨거운 기운이 있으면 내말을 믿으시겠지요?"

이렇게 말하고는 묘 옆에 구덩이를 판 다음에 손을 넣어보라고 했다. 한광근이 형님과 함께 그 구덩이에 손을 넣으니 과연 훈훈한 온기가 있어서 좋았다. 그래서 이장을 하지 않기로 했다.

그때 스님은 한숨을 쉬면서 말했다.

"묘를 손대지 않았으면 그 음덕이 끝이 없었을 텐데, 지금 땅을 헐어서 운이 조금 새어나갔으므로 재앙이 닥칩니다. 모두 집안의 운수이니 어찌 하겠습니까? 금년 여름에 대감께서 눈이 멀고, 그리고 이후에는 특별히 바랄 것이 없습니다. 그러나 집안이 넉넉하게 잘살 수 있으니 다행으로 여기십시오."

스님은 그와 같이 한탄하고 떠났는데, 과연 한광근은 그해 가을에 눈이 멀었고, 얼마 후에 사망했다. 그러나 후손들은 넉넉하게 잘 살았다.

명당 잡아 주고 삼천냥 녹지 받은 이석우

이석우가 새 쫓을 칠팔월이 되어서 삿갓을 들고 들에 나갔는데, 그 때 박문수(朴文秀) 어사가 순찰을 돌려고 나왔다. 이석우는 그때 벌써 박문수가 어사인 줄 알고 함께 동행을 하는데, 이석우가 늘 좋은 곳에서 자고 좋은 음식을 먹으려 하니 박문수가 이상하게 생각하는데 이석우는 먹고 나면 또 생기니 괜찮다고 하였다.

하루는 이석우가 어디를 급하게 가야한다고 하여 둘이 나서니 이석우가 축지법을 써 박문수가 따라갔다. 한 산골짜기에 가니 기와집이 있어 하룻밤 묵기를 청하니 그 집 사람이 나와 삼대 외동 아들이 다 죽게 생겨 정신이 없어 안 된다고 하였다.

그러자 이석우가 그 병을 자기가 한 번 보자고 하며 기둥에 사람을 갖다 줄로 매라고 시켰다. 그리고 호통을 치며 나가라 하니 귀신이 원수를 갚아야 나가겠다 하여 그 사연을 들으니 그 집에 신기(新基)를 잡아서 집을 지으면서 그 고총(古塚)이 있었는데 자신들이 누워 있는 위에다 마굿간을 만들어서 똥을 싸고 오줌을 싸고 찌린 내가 나서 살 수가 없으니 원수를 갚으려고 한다는 것이었다. 그래서 이석우가 호령을 하며 이장을 해 줄 테니 오늘 저녁에 나가라 하였다.

귀신을 쫓아내고 그 집 사람에게 집 지을 때 무덤이 있던 것을 이야기해 주며 이장하라고 시켰다. 그 후 아들의 병이 나아 많은 돈을 받았다. 박문수가 보니 이석우는 그런 돈으로 좋은 곳에서 자고 잘 먹고 하였다.

또 돈이 떨어질 때가 되었는데 한 동네 어귀에 들어가다 어떤 젊은 여자를 만났다. 이석우가 그 여자를 부르며 오늘 저녁에 죽을 것이라 일러준다. 여자가 겁이 나서 그 까닭을 물으니 지금 친정에서 얻어오는 돈을 자기에게 주어야 살 수 있다고 하자 여자가 그 사람이 귀신같이 아는 것을 보고 할 수 없이 돈을 내주니 이석우가 여자에게 지금 해 있을 적에 저녁을 해 먹고 문 잠가 놓고 닭 울 때까지 숨도 인 쉬고 문을 안 열어야 살 수 있다고 일러주었다.

사실은 그 여자가 다른 남자와 눈이 맞았는데 남편이 그 단서를 잡아서 그 둘을 죽이려고 하였던 것이다. 그래서 볼일이 있다며 남편이 그 여자를 두고 나가자 저녁에 새서방이 문열라고 여자를 불러도 여자가 숨소리도 내지 않고 문을 닫고 있어서 남편이 결국 단서를 잡지 못하고 날이 새었다. 그 남편이 돌아와 칼을 방바닥에 갖다 놓고 사실대로 말하니 그 여자가 그 뒤로는 그런 버릇이 없었다.

박문수가 어찌 그렇게 알아보았는지 물으니 그 여자의 상이 그렇다 하고 그 돈을 쓰고 가다가 어떤 남자를 만났다. 그러자 그 사람에게 부친 약 지으러 가는 길인 것 같은데 돈 서너 냥 주면 자기가 약을 지어주겠다고 하였다. 박문수가 그가 또 맞추는 것을 보고 신기하여 물으니 그 사람 상이 그렇다하며 효성이 지극해서 자기를 만나 잘 살도록 했다는 것이다.

그래서 그 돈을 또 다 쓰고 돈이 떨어져 어느 산비탈을 보니, 장사를 지내는데 부자라 사람들이 꼭 차 있었다. 이석우가 그 부잣집에 박문수를 데리고 갔다. 그런데 이석우가 보니 시체도 없는데 장사를 지내는 것이었다. 그 집 사람에게 그 사실을 말하니 상주가 믿지 않고 그를 잡아 죽이려 하니 이석우가 가서 확인해 보라 하였다.

그런데 관을 열어보니 정말 시체가 없어서 상주들이 큰돈을 주기로 하고 시체를 찾아달라고 하였다. 이석우가 그 밑에 몇 발 내려가서 파 보라 하니 거기서 시체가 나왔다. 그래서 묏자리를 새로 잡아주고 대접을 잘 받게 되었다. 그리고 삼천 냥 녹지를 받아 그 집을 나와 가다가 산 고개 바위에 앉아서 좀 쉬며 이석우가 부탁을 하기를 자기가 아무 때 죽을 것이니 그 때 시체를 거두어 뒤를 돌봐달라고 하고는 그 자리에 책 한 권을 두고 사라졌다.

저녁거리를 연구한 이지함

옛 날에 어떤 사람이 어머니를 모시고 살다가 어머니가 돌아갔다. 그러자 이 사람은 자기 어머니를 명당에 장사지내고 싶다고 백일기도를 드렸다.

'명풍수를 만나서 우리 어머님의 산소를 좋은 명당에 쓰도록 해 드려야지.'

백일 정도 기도를 다 마쳐갈 무렵 우연히 두 스님이 그 집에 가게 되었다. 총각이 두 사람을 대접하고 다시 밖으로 나가 청수를 떠놓고 기도를 드렸다.

"성지 도승이나 이지함이라는 사람과 같은 명풍수를 만나서 우리 어머님 명당에 장사지내게 해 주십시오."

마침 풍수 이지함이 길을 가다 우연히 이 총각의 기도하는 소리를 듣게 되어 총각 집에 머무르게 되었다.

이지함이 총각에게

"총각, 내가 시장기가 있으니 어떻게 해서든 밥을 좀 먹게 해 주게."

손님이 자기 집에 온 것을 보고 총각은 손님을 잘 대접해 주고 싶었지만, 이들을 대접할 양식이 총각에게는 없었다. 할 수 없이 기도드릴 양식으로 밥을 해놓았는데 이 집에 머무르는 사람 세 명이 먹어야 할 판이었다. 밥을 먹는데 이지함이

"그러나 저러나 우리 의논 좀 해 봅시다. 이 집 총각이 상주인 듯한데 혼자 기도를 드리는데 좋은 터를 잡기를 원하는 것 같습니다. 저는 아는 것이 없는데 혹시 스님 네는 어디 좋은 터라도 잡아 두셨습니까?"

"밥을 먹었으면 대가를 지불해야지."

성지와 도선이 이야기를 나누는데

"저기를 내려오다 보니까 터가 하나 있는데, 자향(子向)으로 묘를 쓰면 아들을 여럿 낳을 것이고 한 10년 후에 오백 석 살림이 생기고 아들은 급제를 할 것입니다. 우리는 그곳을 마음에 두고 있습니다. 이에 이지함이

"오늘 저녁 당장 먹고 살 것은?"

하면서 당장 묘를 옮기자고 했다.

"총각, 나는 지금 당장 배고파서 못 살겠네. 지금 당장 묘를 옮기세."

이윽고 세 명이 묘를 파서 이지함이 시키는 대로 묘를 썼다.

이지함이 총각에게

"오늘 저녁에 당신이 오백 석을 벌 것이니 그리 알게."

"총각, 이 마을에 과부가 하나 있지?"

"예, 있다고 합니다."

"그 집에 가서 양식 좀 구해 오게."

총각이 시키는 대로 그 집을 찾아갔다. 그 집에서 젊은 과부가 하나 나오더니

"총각 어떻게 왔는가?"

"아이고, 오늘 저녁에 저희 집에 손님이 왔는데 우리 어머님 안장을 도와 주셨습니다."

"아, 총각이 백일기도 드린다는 그 총각이구먼. 내가 소문을 들었지. 그래 그 손님들이 총각이 원하던 분들이 맞는가?"

"잘은 모르겠고요. 중 세 명이 모여서 안장을 했습니다. 저녁에 먹을거리가 없으니 쌀 좀 빌려주세요."

"쌀, 여기 있네"

하면서 젊은 과부가 쌀을 한 말 담아 주었다. 그러면서 총각에게 말하기를

"총각, 인제는 그만 나하고 같이 사세."

그 말을 들은 총각이 확답을 하지 않자 과부는 더욱 그를 붙잡으며 확답을 요구했다. 총각은 할 수 없이 허락을 하고 집으로 돌아와 저녁을 지었다. 그 때 총각을 보며 이지함이

"총사, 내 밀이 맞지? 총각 장가가겠네."

그래서 총각은 그 날 저녁 장가를 들게 되었고, 이 지함은 두 스님에게 이렇게 말하는 것이었다.

"여보 스님네들, 산서는 뭐 하려고 배웁니까? 배고플 때 금방 먹으러 배우지. 뭐 10년 뒤에 급제하고 3년 뒤에 백석하고 하는 그런 문서는 집어치우세요. 나는 오늘 저녁 배가 고파서 저녁 먹을 연구를 했을 뿐입니다."

제 2 장 발복을 예견한 명풍수

- 임금이 내임할 것을 예견한 허풍수
- 호랑이에게 물려갈 것을 예언한 김풍수
- 임금의 왕림을 예견하고 판서가 된 지관
- 어사가 갱장(更葬)할 것을 예견한 지관
- 어림지지임을 미리 알고 있는 이생원
- 일산이 꽂힐 자리임을 예견한 박생원
- 사시(巳時) 하관에 오시(午時) 발복하는 명당
- 사망일까지 알고 묏자리 정해준 스님
- 즉시 천냥이 생길 것을 예견한 지관
- 10년 후면 임금이 좌정할 터
- 왕이 장비(葬費)까지 주실 자리

임금이 내임할 것을 예견한 허풍수

조선시대에 한 임금이 민심을 살피고자 심복 하나를 데리고 도포에 큰 갓을 쓰고는 전대를 차고 궐 밖으로 나왔다. 경상도의 어느 평평한 산에 이르자 영장을 지내느라 몇 백 명이 모여 있는 것이 보였다. 마침 그 산 밑에 막걸리 파는 할머니가 있어서 그 집에 들렀다. 막걸리 한 되를 시켜 대작하면서 임금이 그 심복에게 조용히 말했다.

"내가 임금이라는 걸 절대 발설하면 안 된다. 우리는 지금 민심을 보러 나왔으니 민간인 행세를 해야 한다. 도포에 갓 쓴 차림이니 양반 행세를 하면 했지 신분을 밝혀서는 절대 안 된다."

그러고 나서는 술파는 노파에게 말을 붙였다.

"저 산에서 영장 지내는 이들은 뉘 집 사람들이오?"

"김 아무개씬데 서울로 시골로 다니며 큰 장사를 벌이던 사람이오. 그가 어딜 가든지 바둑과 장기를 즐겨 친구가 많은 모양인데 지금 그 아들 3형제가 장사를 크게 지내고 있지요. 근데 저기 저 산 밑에 허풍수가 자릴 잡았는데 삼정승 육판서가 날 자리라오."

그 말을 듣고는 임금이 심복더러 그 산자리를 구경하러 가자고 길을 재촉했다. 도포에 큰 갓을 쓴 두 사람이 쉬엄쉬엄 산을 오르자 이를 3형제가 돌아가신 아버지의 친구분이라 생각하고는 미처 알지 못하고 부고하지 못한 것에 대해 사과했다. 그리고는 3형제가 약주며 떡이며 많이 대접했다.

"아, 우린 먹을 만큼 먹었다. 난 네 아버지 친구라 여기까지 오다 보니 알게 되었구나. 근데 산자리를 누가 잡았느냐?"

"저 아래 오막살이가 허풍수네인데 그 분 말씀이 이 산자릴 잡으면 삼정승 육판서가 나고, 거기다 일국의 황후까지 난다고 합디다."

두 사람이 산을 내려오면서 허풍수를 찾아가기로 했다. 그 집 문턱에 가서 사람을 찾았다.

"주인양반 계십니까? 우린 지나가는 사람인데 담뱃불 좀 얻읍시다."

"불, 여기 있으니 들어오시오."

"그러면 당신이 허풍수요?"

"예, 그렇습니다."

"도대체 뭘 보고 거기다 산을 쓰면 황후가 나고 정승 판서가 난다는 거요?"

"이 나라 상감이 와서 낙루를 해야만 그렇게 됩니다. 낙루하지 않으면 안 됩니다."

임금이 가만히 생각해 보니 아까 조상(弔喪)했던 게 떠올랐다.

"당신이 그런 명풍수라면 왜 이런 오막살이에서 살고 있는 거요? 부자로 살 집자리를 잡지 않고?"

"이 집이 남으로 만 석, 동으로 팔천 석, 북으로 칠천 석, 해서 만 오천 석 받을 집터랍니다. 그런데 언제든 상감이 우리 안방에 들어와 앉아야만 되거든요. 나는 안 되지만 내 아들이나 손자 대에 부자가 될 겁니다."

임금이 가만히 들어보니 알긴 아는 지관이었다.

"아, 정확한 시기까지는 모르죠. 그 산자리도 임금이 가서 눈물을 흘려야만 딸을 낳으면 황후요 아들을 낳으며 정승 판서가 되지, 그렇지 않으면 안 됩니다. 이 집터도 마찬가지로 임금님이 와 앉으셔야지 만 오천 석 부자가 됩니다."

"그러면 여기에 임금이 와 앉을 날이 멀지 않은 모양이오."

그리고는 상감이 일어서니, 허풍수가 얼른 앞뜰에 나가 엎드리는 것이다.

"엎드리지 말고 가만 있거라. 우리는 민심을 보러 나왔는데 너는 진짜 풍수로구나. 저 집에서 황후가 나는지 어떨지는 모르나 네 집 안방에 상감이 와 앉은 건 사실이다."

그렇게 상감이 왔다간 후, 풍수의 아들이 만 오천 석 허부자가 되었다. 또 그 산 쓴 사람은 안동 김씨인데 그 집에서 황후가 나고 정승판서가 났다.

호랑이에게 물려갈 것을 예언한 김풍수

전라도 함평에서 넉넉하게 사는 이씨는 이웃에 사는 김씨와 친분이 두터웠는데, 김씨는 가난했지만 천문 지리에 매우 밝았다. 그런데 이씨는 나이가 많도록 아들이 없어서, 하루는 지관 김씨에게 이렇게 사정했다.

"아들을 낳을 수 있는 묘지를 하나 물색해주면 부모 산소를 이장하여 아들을 낳을 수 있을까 하는데, 자네가 내 부탁을 들어주겠나?"

부탁을 받은 김씨는 묘지를 한 곳 정해주면서 말했다.

"이곳으로 부모 묘를 이장하면 아들은 낳지마는 자네의 운수가 워낙 좋지 않아 아들이 10세가 되면 자네가 죽게 되네. 그래도 좋다면 알아서 이장을 하게."

"아, 무슨 소리인가? 아들만 낳는다면 10년 후에 죽는 것은 상관

없고말고. 그 때 내가 죽거든 자네가 우리 가족을 돌봐주게."

이렇게 말하고, 이씨는 그 자리로 부모 묘를 이장했다. 그랬더니 과연 아들을 낳았고, 이름을 '장업'이라 지었다.

아들 장업이 10세가 되니, 김씨가 예언한 대로 부친은 병이 나 자리에 누웠다. 병이 깊어 사망하려는 순간 이씨는 아들에게 유언 하기를,

"모든 장례 문제는 김씨와 상의하여 시키는 대로 하여라."하고서 운명했다. 그래서 이장업은 김씨에게 부친 묏자리를 물으니, 김씨 는 한 곳을 지정해주면서 안타까워했다.

"여기에 묘를 쓰면 네가 15세에 장가를 가게 되고, 첫날밤에 호 랑이에게 물려 가게 되어 있다. 하지만 고생은 되더라도 죽지는 않 는다. 그것 외에는 매우 좋은 자리이다."

이장업은 김씨의 말에 따라 그 자리에 부친 묘를 썼다.

그 후 이장업이 15세 때에 장가를 가게 되었는데, 장가가는 날 김씨가 와서 당부하기를,

"첫날밤에 신방에 들면 곧 바로 신부와 잠자리를 해야 한다. 그 리고 밤중에 호랑이가 물고 어디로 가게 되면, 거기에서 15년 동안 있다가 돌아와야 액을 면하게 된다."라고 신신당부하며 돌아갔다.

곧 이장업이 장가가서 혼례식을 올리고 밤이 되어 신방에 들었 다. 이장업은 신부가 들어와 앉자말자 바로 껴안아 치마와 바지를 벗기니, 신부가 치마끈을 움켜쥐고 몸을 움츠리면서 말했다.

"첫날밤에 왜 이렇게 무례하게 하십니까? 족두리를 풀고 버선을 벗겨주고, 그리고 술잔을 나눈 다음에 저고리 고름부터 차차 풀어 주셔야지요. 부모님에게 그렇게 배웠습니다."

이 말에 이장업은 웃으면서 다 이유가 있다고 말하고, 잠시 후에 설명하겠다고 하면서 급히 신부의 옷을 벗긴 다음에 신부의 배 위 로 올라갔다. 이렇게 해 신혼 초야의 일을 끝마친 다음에 신부를

부둥켜안고 울면서 말했다.

"내 운명에 오늘밤 호랑이에게 물려가게 되어 있으니, 내가 돌아올 때까지 시집으로 가서 어머니를 모시고 잘 살아요. 혹시 아이가 태어나면 아이도 잘 키우시오."

이렇게 당부하는데, 벌써 방 밖에서 호랑이의 으르렁대는 소리가 들렸다. 이장업이 곧 문을 열고 나가니 호랑이는 덤벼들어 이장업을 물고 가서, 아주 먼 어느 곳에 이르러 내려놓고 가버렸다.

이장업이 산속을 헤매다가 길을 찾아 내려오니 날이 새고 아침이 되었는데, 마침 아침 일찍 밭에 나온 노파를 만났다. 노파는 이른 아침에 젊은 사람이 산에서 내려오는 것을 보고, 얼굴이 누구를 닮은 것 같다고 하면서 성명을 물었다.

"어디 사는 누구 댁 도련님이십니까? 어찌 이른 아침에 산에서 내려오십니까? 얼굴이 낯설지가 않으니 말씀을 해보십시오."

이렇게 묻는 노파의 말에 이장업은 여기까지 오게 된 내력을 모두 말하고, 사는 곳과 집안 내력도 이야기해 주었다. 이야기를 들은 노파는 크게 놀라면서 이렇게 설명했다.

"도련님, 살 오셨습니다. 저는 옛날 도련님의 어머니께서 시집올 때에 따라온 계집종이었습니다. 어떤 남자가 꾀어서 함께 도망쳐 이곳에 와서 살고 있습니다. 나를 꾀어 온 남자가 죽은 이후로 혼자 살면서 항상 마님에게 죄를 짓고 있다는 생각에 편할 날이 없었는데, 도련님을 만나니 이제 마님의 은혜에 보답할 길이 생긴 것 같습니다. 도련님 운수가 15년간 있다가 돌아가야 한다고 하니, 저의 집에서 15년간 독서하다가 돌아가십시오."

이렇게 해 이장업은 모친의 교전비를 만나 15년 동안 그 집에 살면서 독서했다.

세월이 흘러 15년이 지난 후에 고향으로 돌아왔다. 먼저 동네 어귀 주막에 들러서 자기 집의 사정을 물어보니 주막 노파는 크게 칭찬을 하는 것이었다.

"그 집 부인이 첫날밤에 신랑을 호랑이에게 잃었지만, 유복자 쌍둥이 아들을 낳아 길렀지요. 그 쌍둥이 두 아들이 이번에 함께 진사 급제하여 오늘 돌아온답니다. 그리고 오늘 또 쌍둥이가 함께 혼례식도 올린다고 합니다. 매우 큰 영광이지요."

그 말을 듣고 이장업이 집으로 들어가니, 옛날 부친 친구였던 김 씨 노인이 먼저와 있었다.

노인은 이장업을 붙잡고 기뻐하면서,

"나는 오늘 네가 올 줄 미리 알고 있었다."라고 말하고 크게 소리쳐 집안에 주인이 왔음을 알렸다.

이야기를 들은 부인이 믿지 못하겠다고 하면서 무슨 증거를 대라고 했다. 그래서 이장업은 종이에 한글로 다음과 같이 써서 부인에게 전했다.

"여보, 첫날밤 잠자리 때 내가 급히 서둔다고 당신이 무어라 불평한 말 기억나지요. 그리고 그날 밤 내가 너무 긴장하여 내 연장이 꼿꼿하지 못해 잘 들어가지 않아 고생했지요. 그래서 내가 손가락으로 연장을 받쳐 억지로 당신 샘에 넣으니 당신이 아프다고 했지 않아요. 그때 내 손가락이 당신 사타구니 사이에 있는 도토리만한 혹에 닿아, 내가 놀라니까 당신이 어릴 때부터 있던 혹이라고 했지요. 그 혹 아직 있겠지요?"

이 편지를 본 부인은 버선발로 뛰어내려와, 외마디 소리를 지르고 팔을 벌려 얼싸안았다.

그렇게 해 온 집안이 즐겁고 행복하게 잘 살았다고 한다.

임금의 왕림을 예견하고
판서가 된 지관

옛날에 숙종 대왕은 민간인 복장을 하고 자주 미행을 하였다. 어느 날 큰 강에 이르니 강 건너편에 수백 명의 사람들이 모여 있었다. 자세히 살펴보니 부잣집에서 장사를 지내는 것 같은 데 금방 망할 자리에 묘를 쓰는 것이었다. 숙종은 자칫하면 자신도 간신의 말을 잘못 듣고 잘못된 정치를 시행을 할 수 있는 것처럼 저 사람들도 나쁜 지관을 만나 큰일을 당하겠구나 생각하며 눈물을 흘렸다. 숙종은 차마 그냥 지나칠 수 없어 거기로 갔다.

"참 묏자리가 좋소. 이런 좋은 자리를 어떤 지관이 잡으셨소?"

그러자 때 묻은 두루마기에 형편없는 갓을 쓴 사람이 쑥 나서며 말했다.

"이 자리는 하관하기 전에는 아홉 마리 뱀이 한 마리의 개구리를 놓고 다투는 구사쟁와혈(九蛇爭蛙穴)이지만 하관시 임금의 눈물이 땅에 떨어지면 아홉 마리 용이 여의주를 희롱하는 구룡농주혈(九龍

弄珠穴)이 됩니다."

방금 전에 숙종이 눈물을 흘리던 그 때가 마침 하관을 하던 때였다. 그래서 숙종은 '참으로 용한 지관이구나'라고 생각했다.

장례가 끝나자 지관은 숙종에게 자기 집에서 쉬었다 가기를 권하였다. 숙종은 사양했으나 지관의 간곡한 권유에 이끌리어 그의 집으로 따라갔다. 지관의 집은 매우 가난하였다. 숙종이 단칸방에 먼저 들어간 후, 지관은 부인에게 손님을 대접해야 하겠으니 쌀을 좀 빌려와 밥을 짓고 돈을 얼마간 꾸어 술 한 되를 사오게 하였다. 한참 후에 부인은 빈손으로 돌아왔다. 화가 난 지관은 분통을 터뜨리며 말하였다.

"이 고얀 놈들 같으니, 제 놈들이 누구 덕에 밥술이나 먹는 줄 알고. 쌀되나 꿔 달라니까 또 안꿔줘?"

이 말을 들은 숙종은 지관에게 말했다.

"아, 여보. 그만 두시오. 나는 아직 배고프지 않소. 그리고 그렇게 분하면 그 사람들만 밥술 먹게 하지 말고, 당신 자신의 운도 좋아지도록 하면 될 것 아니오?"

"그것은 손님이 모르시는 말씀입니다. 저는 임시로 여기서 겨우 밥술이나 먹지만 집 자리는 제 집 자리가 더 좋습니다."

"아, 좋은데 왜 남의 집에 쌀을 꾸러 가시오?"

"제 집 자리는 언제든지 임금님께서 내임(來臨)하시면 백의판서(白衣判書)가 날 자리입니다. 그러니 저들의 집 자리보다 훨씬 낫지 않습니까?"

이 말에 정신이 번쩍 든 숙종은 '저 놈이 나를 알고 저러는가, 모르고 저러는가.' 하고 의아하게 생각했다. 그래서 바쁘다는 핑계로 그 집을 나와 버렸다. 그러면서 지관에게 자신은 서울에 있는 이 아무개이니, 모월 모일에 어디로 찾아오라고 했다. 그리고는 나중에 그 지관이 대궐로 찾아오자 정말로 판서를 시켰다고 한다.

어사가 갱장(更葬)할 것을 예견한 지관

옛 날에 지관 한 사람과, 그 지관의 친구 한 사람 있었다. 그 둘은 아주 절친하게 지내는 사이였는데, 어느 날 지관의 친구가 병이 들어 죽을 때 즈음하여 아들을 불러 말했다.

"내가 이제 죽겠으니, 내가 죽거든 나의 친구인 지관양반에게 가서 묏자리를 봐 달라고 그래라. 그러면 묏자리를 구해 줄 테니, 그 양반이 그저 물에다 갖다 넣어라 하거든 물에다 갖다 넣고, 산에다 파묻어라 하거든 산에다 묻고, 자리를 어디로 하든지 그 양반 말대로 해라."

"예, 그렇게 하기로 하겠습니다."

아버지가 죽은 후, 그의 아들이 지관에게 찾아가서 인사를 하고 말했다.

"아버님이 돌아가셔서 장사를 모셔야 할 텐데, 산자리를 하나 구해 주십시오."

"하 그러냐? 안됐구나. 자네 먼저 가게나. 내가 잠시 후 뒤를 따라 가지."

상제가 먼저 제 집으로 와 있자 곧 지관이 찾아 왔다.

"염해서 입관했느냐?"

"지금 입관하는 중입니다."

"그래? 그러면 붓을 가져오게."

관에다 관상명정(棺上銘旌)을 쓰는데 '행봉신어사(行逢新御史)' '갱장화계산지하(更葬花溪山之下)'라고 쓰고 장삿날이 되어 장사 지내는데, 지금으로 말하자면 냇가 모래 틈을 가리키며

"여기가 대지(大地)니 여기다 세워라."라고 말하는 것이다. 장마가 지면 떠내려갈지도 모르지만 아버지의 유언이니 그 지관의 말은 듣지 않을 수 없어 할 수 없이 광중에 모래를 파고 그 곳에 장사를 지냈다고 한다. 그 때가 봄이었지만 이듬해 여름에 장마가 져서 상제들이 걱정이 되어 가보니, 산소도 없고 다 파져 드러나 있었다고 한다. 널까지 없어져 버렸으니 장사를 지낼 수 없어 맏상제가 동생들을 보고,

"동생들, 뭐 지팡이나 단단한 것을 짚고 냇물을 좇아서 아버님의 관을 찾으러 가세."라고 하며, 함께 길을 나섰다. 하루 종일 내려가도 찾지 못하고 저녁이 되어 해는 넘어가고 어두워져 더 갈 수도 없어서 3형제는 어느 주막에 들어가 쉬는데 때마침 어사가 3형제가 걱정하는 것을 듣고 방문을 열고 물어 보았다.

"당신들 보아하니 상제님들인가 본데 무슨 얘기를 그렇게 하오?"

"다름이 아니라 이번 장마에 우리 아버님 산소가 떠내려갔습니다. 그래서 관을 찾으러 지금 나섰는데, 이렇게 셋이 온종일 찾아도 못 찾고 주막에 들러 쉬고 있습니다. 어떻게 해야 할지 모르겠습니다."

그러자 어사는 기다렸다는 듯이 여기 오다가 본 얘기를 하기 시작하였다. 어사가 암행어사로 역졸을 데리고 내려오는데 어느 큰 냇가를 가다보니 널이 떠내려 오는 것을 보고 역졸을 시켜 널을 건져 보니, '행봉신어사 갱장화계산지하'라고 관상명정이 써 놓았더라는 것이다. 자기가 어사인데 '가다가 어사를 만나서 화계산 밑에다 다시 장사 지내 달라'는 관 위의 명정(銘旌)을 보고는,

"어떤 위인이 묏자리 못 잡고 나에게 화계산 밑에 장사지내 달라고 부탁하는 관상명정이니 이걸 들어줘야겠다."하고서는 널을 건져 두었다는 것이었다. 그러고는 3형제에게

"그럼 내일 일찍 날 따라가자."라고 하고서는 다음날 아침에 상제들을 데리고 얼마만큼 가더니,

"이게 당신 아버지 관이냐?"라며 3형제의 아버지의 관을 확인하고는 전라도 화계산 밑의 어느 고을에 도임하여

"여기 화계산이란 산이 어디 있느냐?"라고 물었다. 바로 그 관청 바로 뒷산이 화계산이라고 하자,

"그러하냐? 여기 용한 지사(地師)가 있거든 좀 데려 오라."

어사의 명령이니 그 근처 용하다는 지사를 불러왔다.

"여기 이 산 밑에 좋은 자리가 있으면 한 자리 구하라."고 명하니, 지관이 한참 산을 둘러보더니

"여쭙기 황송하나 이 옆에 있는 집을 뜯고 여기다 모셔야 금시발복도 되며 다른 곳은 쓸 곳이 없습니다."

"그러하냐?"

역군을 들여 그 집을 뜯어내고서는 거기다 광중을 짓고 묘를 잘 세워 주고는

"여기 잘 모셨으니 이제 상제들은 가거라."고 하였다. 그래서 그 지관이 관상명정 써준 것으로 인하여 자신의 수단으로는 할 수 없는 화계산 밑에 좋은 자리를 구할 수 있었다고 한다.

어림지지임을 미리
알고 있는 이생원

정종은 풍수를 잘 알았다고 한다. 하루는 젊은 시자(侍者)를 데리고 산천 구경을 한다며 용인 땅에 가게 되었다. 용인에서 이생원이라는 이가 살기 어려워 개울가 모래 속을 파고 거기다 움막을 지어 살면서 짚신을 삼았다. 이생원은 동네사람에게 택일을 해 주곤 했는데, 하루는 동네 머슴아이가 어머니가 돌아가셔서 묏자리를 어디에 써야하느냐고 물었다. 이생원은,

"저기에 묘를 쓰려면 그렇게 해라. 저기에 쓰면 돈 댓냥이 생긴다"라고 하였다. 그래서 그 아이가 어머니 시체를 지게에 지고 그곳에 가서 괭이로 득득 긁었다. 그 때 정종이 시자를 데리고 산천 구경을 하다가 그것을 보고는 좋아가서 말했다.

"애 너, 여기에 묘를 쓰지 마라."

"여기 쓰지 말라니요, 지금은 돈도 없고 해서 아무 데나 묘를 쓰

려고 합니다. 돈이나 있으면 몰라도……"

"안되겠다, 여기 있다. 너 돈 댓냥 줄 테니 저기에 묘를 써라."

정종이 이렇게 알려주니, 아이가 말하기를,

"저도 그렇게 하려고 했어요."라고 하였다. 정종이 그 뜻을 묻자,

"이 아래 내려가면 이생원이라는 사람이 있는데, 그가 여기서 이렇게 하면 돈 댓냥이 생긴다고 해서 그렇게 했습니다."라고 아이가 대답하였다. 이 말을 들은 정종은 '그렇게 잘 아는 이가 어떻게 자신은 모래사장 개울 바닥에 움을 짓고 사는고.'라 생각하며 이생원을 찾아갔다. 정종은 자신의 신분을 드러내지 않고 평민처럼 이야기를 하였다.

"당신이 그렇게 했다지요?"

"아, 그렇습니다."

"그러면 그렇게 잘 아는 사람이 왜 좋은 자리에 집터를 잡고 살지 못하고 이런 데에 사시오?"

"어림지지(御臨之地) 올시다."

갑자기 이 사람이 후다닥 튀어 나오더니 엎드려 절하면서,

"황공하옵니다."라고 말하는 깃이었다. 그래서 정종은 이런 사람을 야지에 묻혀두기 아깝다 생각하고는 벼슬자리를 만들어 주었다.

일산이 꽂힐 자리임을 예견한 박생원

사도세자의 아들인 세손이 자신의 아버지가 원통하게 죽었다는 것을 알고 아버지의 능인 수원 건릉을 하루에 한 번씩은 다녔다고 한다. 하루는 지지대 고개를 넘어 별관을 하나 데리고 당나귀를 타고 가던 중, 한 총각이 지게에다 송장을 받쳐놓고 땅을 파고 있는 것을 보았다. 소문에 의하면 세손은 풍수도 잘 보았다고 하는데, 그가 가만히 보니 그 자리는 하관을 한 뒤 곧 죽을 자리였다. 그러자 그 세손이 총각을 불러

"너 그곳을 왜 파니?"라고 물으니, 총각이

"우리 아버지 여기다 파묻으려고 합니다."라고 대답하였다.

"얘 거기는 못쓰는 자리다. 다른 곳에 가서 마련해 보거라. 그런데 그 곳을 누가 잡아 주더냐?"

"저 용인 사시는 박 생원이라는 분이 잡아 주셨어요."

세손이 그 때 돈 백냥을 꺼내 주면서,

"너, 이 정도 비용이면 장사를 지낼 거니 다른 데 가서 묘를 세우거라. 이 자리는 묘를 쓰면 당장 네가 죽을 자리다."

그래서 세손은 '박생원이라는 사람이 참 고약한 사람이구나. 사람이 죽을 자리를 잡아 주다니.'라고 생각하고, 별감을 데리고 그 사람을 찾아 가 보니 조그만 오막살이에서 짚신 삼는 걸 허리춤에 차고 나와서는 세손을 보고 허리를 굽혔다.

"댁이 박생원이라는 사람이오?"

"예. 그렇습니다."

"무슨 연유로 그런 고개에다가 자리를 잡아 주었느냐?"

"그것은 모르시는 말씀입니다. 그곳은 하관 전에 돈 백냥 생길 자리입니다."

"그렇게 잘 아는 사람이 이렇게 오막살이에 사느냐?"

"아니옵니다. 언제 꽂힐지 모르나 일산(日傘)이 꽂힐 자리입니다."

다시 말하자면 그곳이 임금이 올 자리라는 말이다. 너무나 용해 성종은 박생원에게 그 자리에서 벼락감투를 줬다는 이야기이다.

사시(巳時) 하관에 오시(午時) 발복하는 명당

조선 숙종조는 세화연풍하고 국태민안 하는 요순시절이었다. 하루는 숙종대왕께서 조선 두루마기 입고 모자 쓰고 산간벽지 심산유곡을 찾아다니는데, 어디를 가다보니 산 중허리에 장사를 지내는 사람이 있었다. 그 장사를 지내는 장지를 보니 도무지 되지를 않았다. 그래서 장사를 지내는 사람에게 물었다.

"어떤 연유로 지내는 장사냐?"

"예, 경상도 대구 달성이라고 하는 곳에서 올라온 사람이 있었는데 7세 난 아들을 데리고 종을 살게 되었습니다. 그래 저 애가 14살이 된 지금 그 아버지가 죽어 이렇게 장사를 지내고 있습니다."

"그러면 이 장사에 주인이 장사(葬事) 밥이나 상사(喪事) 밥은 대주느냐?"

"그 주인이 노랭이라 술 한 말, 돈 한 닢 없는데 장삿밥이 무엇입니까. 점심도 없습니다. 그래서 굶고서 장사를 지내는 길입니다."

"참으로 딱하구나. 내가 그냥은 둘 수 없으니까, 쌀 두 가마니를 줄 테니 그것으로 점심도 해먹고 술도 해먹도록 하여라. 그리고 이 장지는 누가 잡아준 것이냐?"라고 물으니 그 동자가

"저기 저 산 끄트머리 집에 사는 양반이 와서 장지를 잡아주었습니다."라고 하였다.

"내 산 지리를 모르는 바가 없는데 이런 자리를 잡아주었다는 것이냐?"

대왕이 분개하여 그 양반의 집으로 찾아갔다. 어떻게나 분이 났던지 들어서자 말자 대뜸

"아니 네가 저 앞산에 장사 지내는 데 그 자리를 잡아 주었느냐?"라고 호통을 쳤다.

"예, 제가 잡아주었습니다."

그 양반이 대답을 하였다. 그리고 신 삼던 것을 밀어놓고는 일어나 떡 절을 네 번을 하였다.

사자(死者)에게는 두 번의 절을 하고 임금에게는 네 번의 절을 한다. 숙종대왕이 이 모습을 보고,

"네 이놈, 그렇게 아는 놈이 어찌 집터를 여기다 잡았느냐?"

"예 나라님 모실 자리입니다."

"그래 너, 저 묏자리는 어떻게 저렇게 잡아주었느냐?"

"사시 하관에 오시 발복할 자리입니다."

하관을 할 때가 사시였고 이 모습을 보고 대왕이 대번 쌀 두 가마니를 주었으니 오시에 발복을 한 것이었다. 그러니까 사시 하관 오시 발복이 되었다. 대왕은 금방 그 양반이 자기보다 선생님이라는 것을 알았다. 그래서 물었다

"그래 저걸 어떻게 할 작정이요?"

"오늘 장사 지내고 내일 면례합니다."

쌀 두 가마니 얻고, 술 열 말 얻었으니 면례도 아주 훌륭히 할 수 있었다.

사망일까지 알고 묏자리 정해준 스님

청백리로 이름이 높았던 이태중이란 이가 평안감사가 되어 부임했다. 감영에 들어가서 관청 창고의 장부를 내놓고 현재 보관되어 있는 현물과 대조하니, 한 관리가 창고 책임을 맡아 있으면서, 관청의 곡식을 수백 석 빼돌린 사실이 밝혀졌다. 그래서 감사는 관청 곡식을 축낸 관리에게 죄를 물어 매를 쳐서 장살(杖殺)하려 했다. 이때 많은 백성이 몰려와 호소했다.

"감사 어른, 그 관리가 축낸 곡식은 개인이 횡령한 것이 아니라, 지난해 흉년이 들어 우리 백성들이 굶어죽는 것을 막기 위해, 관청 창고의 곡식을 풀어 우리들의 생명을 구제한 것이옵니다. 개인 착복이 아니오니 선처해주시면 저희들이 추수를 하여 갚겠습니다."

감사는 화를 내면서 이렇게 꾸짖었다.

"흉년에 백성을 구제하는 일은 관장에게 알려 공식적으로 곡식이 나가도록 해야 하는데, 왜 그 관리는 제 마음대로 관청 창고를 열어 선심을 썼단 말이냐? 그 죄 또한 무겁다는 것을 어찌 모르느냐?

이와 같이 엄중하게 따져 말했다. 백성들은 수차에 걸쳐 관장에게 호소했으나, 관장이 들어주지 않고 벌을 가하려 했기 때문에, 관리는 자기가 벌을 받겠다고 하면서 자의로 창고의 곡식을 푼 것이었다고 아뢰었다. 그래서 감사는 사정을 참작해 그 관리를 살려주고, 그 대신 감사 자신이 3000냥을 낼 테니, 나머지는 곡식을 가져가 먹은 백성들이 추수하여 변상해 놓으라고 명령했다. 그리고 그 관리에게 다시 창고의 책임을 맡겨 빠른 시일 내에 장부와 현물이 맞게 해놓으라고 지시했다. 이렇게 해결하니, 그 관리와 백성들은 감사의 은혜에 감사하며 행운을 축원하면서 물러갔다. 그 후 1년이 지나니 창고의 축난 곡식은 모두 채워졌고, 그 관리도 생활이 안정되었다.

세월이 흘러, 이태중은 여러 관직을 거친 다음 관직에서 물러나 삼산(三山) 지방에 나가서 은거하고 있었다.

그러던 어느 날 한 스님이 찾아와서 인사를 올리는 것이었다. 그래서 이태중이 누구냐고 물으니 스님은,

"대감께서는 옛날 평안 감사 시절에 창고 곡식을 축낸 한 관리를 살려주신 일이 생각나십니까? 소인은 그 관리의 아들입니다."라고 말하고 공손하게 감사 인사를 올리는 것이었다.

이태중은 옛날 일을 되새기면서 말했다.

"당시 스님 부친의 일은 백성들을 위한 일이었으니 죄를 면할 만했소. 그런데 지금은 왜 나를 찾아왔는고?"

그 말에 스님은 정중하게 다음과 같이 아뢰었다.

"소인은 어려서 집을 나가 여러 절을 돌아다니면서 사는 동안 풍수지리에 관한 지식을 얻었습니다. 부친을 살려주신 대감의 은혜에

보답하는 뜻에서 대감의 묏자리를 보아드리고 싶습니다. 허락해주
옵소서."이렇게 제의했다. 이태중은 쾌히 승낙하고, 그 스님과 함께
산에 올라 스님이 지정해주는 한 자리를 정했다.

그리고 스님은 다시 품속에서 책 한 권을 꺼내 주면서,

"보관하고 계시다가 병이 위독하실 때에 펴보시기 바랍니다."하
면서 작별 인사를 하고 떠나갔다.

뒤에 이태중이 죽음에 임박하여 그 책을 펴보니, 책 속에는 이태
중이 사망할 날짜와 장례일 등이 소상하게 기록되어 있었다. 또 그
묏자리는 자손 9명이 급제하여 출세할 자리라는 내용도 함께 적혀
있었다.

이태중이 사망하여 그 자리에 묻혔는데, 뒤에 이태중의 아들과
손자들 중 9명이 정말로 대과에 급제하고, 각기 높은 관직을 역임
했다.

즉시 천냥이 생길 것을
예견한 지관

효종대왕이 명당을 잡으러 다닐 때는 항상 선전관을 데리고 변복을 하고서 산세를 두루두루 보고 다녔다. 그 때, 한 총각이 있었는데 삼십까지 장가를 못간 채 어머니가 죽었다. 어머니를 장사 지내려고 땅을 파고 있는데, 효종대왕이 가만히 보니까 하관하면 바로 총각이 죽는 자리였다. 그대로 둘 수 없었던 효종대왕은 총각에게 그 옆에 하관 즉시 돈 천냥이 생기는 천금지지에 묘를 쓰라고 일러주었다. 그래도 총각이 고집을 부리자 돈 천냥을 줄 테니 자기가 가르쳐 준 자리에 묘를 쓰라고 했다. 그래서 총각은 거기에 묘를 썼다.

그 후, 효종대왕은 총각에게 어떤 경위로 그 자리에 묘를 쓰게 되었는지 물었다. 총각은 자기 동네 노인이 가르쳐 주어서 그랬다고 대답했다. 효종대왕은 그 노인을 괘씸하게 생각하여 선전관을 데리고 노인의 오두막을 찾아갔다. 오두막에는 노인이 짚신을 삼고 있었다.

효종대왕은 노인에게 왜 하관 즉시 멸망지지인 곳에 총각 어머니의 묏자리를 써 주었느냐고 물었다. 그러자 노인은

"허허, 거기는 백의군행이 반금지지요. 거기를 가면은 그 날 백의군행 하게 생겨서……"

라고 대답했다. 그러니까 그 노인은 하관 즉시 멸망지지가 아니라 하관 즉시 천금지지인 것을 알고 거기다 쓰라고 한 것이었다. 그리고는 노인은 뜰방으로 내려가더니 하단례를 하며

"천하직으로 장어태산이면 천하지중을 개금지하랴. 임금이 높은 산 꼭대기에다 묘를 써 놓으면 백성들에게 다 어떻게 금할 수가 있습니까? 그러니 다니시지 마십시오."

라고 했다. 그래서 그 뒤로부터는 효종대왕은 터 잡으러 다니지 않았다고 한다.

10년 후면 임금이 좌정할 터

숙종대왕이 워낙 성군(聖君)이다 보니 수문을 많이 하였다. 그래서 하루는 수문을 나시 어느 산골을 지나가다가 소나기를 만나게 되었다. 피신할 곳을 찾다가 어느 오막살이에 들어갔는데 방이 단 칸이어서 들어갈 곳이 없었다. 또 그 방에는 부인이 있어서 처마 끝에 비를 피하고 있으니 바깥주인이

"이쪽으로 들어오십시오."

"안주인이 방에 계신데 어찌 들어갈 수 있겠습니까?"하니 바깥주인이

"그렇지 않습니다. 집이야 아무리 누추하여도 행인이 비를 피하시는데."

그래서 안주인은 부엌으로 나가고 숙종대왕은 방안으로 들어가게 되었다. 들어가 보니 첩첩 산골에 인가라고는 그 집뿐이고 또

날은 저물고, 비는 계속 퍼붓는데 이 집에는 저녁거리가 없었다.

주인도 굶을 판이니 손님에게 대접할 것이 없었다. 그래서 바깥주인이 안주인을 불러 뭐라고 시키니 안주인이 비를 맞고 어디를 갔다가 와서는 바깥주인에게 하는 소리가

"그 집에 가니까 쌀을 꿔주지 않더군요."하니 바깥주인이 아주 괘씸해하며

"나쁜 놈, 자기가 누구 덕에 산다고."

하기에, 숙종대왕이 가만히 생각해 보니 '자기는 이렇게 못 살면서 도움을 주기는 했는 모양인데 쌀을 꿔주지 않는 것을 어찌 저렇게 책망을 하는가?' 하고 다소 의아하게 여겼다.

날은 저물고 끼니도 없고 하니 미안해서 천장에 굵직한 봉지를 풀어서 나가더니 물을 떠다가 싹 씻어서 칼과 함께 상을 차려왔다. 그리고는 갓을 쓰고 도포를 입고 북쪽을 보고 절을 하였다. 숙종대왕이 가만히 보니 대추였다. 그렇게 북향 사배를 한 후,

"우리 집에는 대접할 것은 이 대추뿐인데 이걸 잡수십시오."하니 숙종대왕이 하시는 말씀이

"이것을 보니 대추는 맞는데 어찌 이렇게 첩첩이 싸 났다가 북향배를 하고 나에게 주느냐?"하니 주인이,

"내가 이 집에 이사 온 후에 그 대추나무를 하나 심었더니 10년 만에 올해 하나가 열었는데 저 대추 하나가 너무 소중해서 나라에 진상하려고 싸놓았더니 참 없는 처지에 서울 갈 형편이 안돼서 두었소. 그러나 막상 귀객이 오셨는데 저녁을 굶길 형편이 되니 이것을 나라에 고하고 손님께 대접한다오."

숙종대왕이 생각하니 참으로 충신이었다. 그래서 감사하다고 인사를 하고는

"아까 부인이 아무 집에 가서 식량을 좀 꾸어오라고 했는데, 못 얻어 오니 바깥주인이 하시는 말씀이 내가 듣기 이상하던데. 무슨

애기인고?"

"예. 그 사람이 아주 못 살았는데, 집터를 구하기에 제가 터를 봐서 '네가 이 터에 집만 지어 살면 아마도 미구에 천석득명을 할 것이다'해서 그가 집을 세워 그만큼 잘 사는데 하는 짓이 괘씸해서 하는 소리였다오."

"그러면 당신이 그 터에 집을 지어 천석득명하지 왜 이렇게 사느냐?"

"허, 그 터보다 내 터가 더 낫지요. 내 터는 십 년 후면 왕이 좌정할 터요."

그래서 숙종대왕이 내가 임금이라고는 못하고 한양으로 올라가시면서

"아무 때 과거가 있을 모양이니 그 때 한번 올라와 과거를 보라."

그렇게 이야기를 하고 올라갔는데 정말 과거를 본다는 방이 붙었다. 그래서 그 사람이 올라가 별과를 보았는데, 임금이 특별히 시제도 알기 쉬운 것을 내어 급제를 하고 높은 벼슬을 해서 나중에 살 살았다.

왕이 장비(葬費)까지 주실 자리

숙종대왕 시절에 아주 불쌍한 사람이 있었는데 풍수를 찾아가서,

"우리 아버지 묏자리 하나만 잡아주오."하고는 올해 새경을 받으면 받은 새경 한 말을 주고, 명년에 또 말을 해서 새경을 주면서 10년을 보냈다. 10년이나 정성을 다해 오니, 풍수가

"너희 아버지 묏자리를 여기에 만들어라."

그래서 묏자리를 쓰려고 하는데, 숙종대왕이 순회를 돌다가 보니 어떤 사람이 위에 명당을 두고 아무 것도 아닌 곳에 묘를 쓰고 있는 것이었다.

"너 이놈, 그러지 말고 위에다 묘를 써라. 내가 가르쳐 주는 이곳에 묏자리를 만들어라."

"그렇게는 안 하렵니다. 내가 이곳을 잡아 얻으려고 10년 공을

들였는데, 10년 산 새경을 모두 주었는데 저기에 쓰려면 또 10년을 살아야 될 것 아니오? 그러니 그냥 여기에 쓸랍니다."

"거기는 아무 것도 못 쓸 자리다."

그리고는 위에 가서 패철로 침말을 박아주면서,

"여기에 천광을 내어 이곳에 쓰면 내가 장비(葬費)를 백 오십 냥 주마."

"백 오십 냥을 줄 터이니 저곳에 묘를 만들어라."

가만히 생각해 보니 몇 해를 남의 집을 살아도 모을 수 없는 돈이었다.

"그렇다면 저기에 묘를 쓰지요.'

그러고 묘를 쓰고 난 뒤에,

"이 자리는 누가 잡아 주었느냐?"

"저 건너 마을의 신 삼는 노인이 잡아 주었소."

"내가 평복을 하고 가서 이놈을 혼쭐을 내어 주어야겠다."

그 당시에 숙종대왕은 원통한 사람이 있으면 살려 주려고 순회를 돌았다. 다음날 옷을 깨끗하게 입고 일부러 그곳을 찾아갔다. 노인은 토방에서 신을 삼다가 짚으로 요리조리 쓸고 나서,

"여기 앉으십시오."

"그대가 저 건너 아무 곳에 사는 놈의 묏자리를 잡아 주었느냐?"

"예, 그랬습니다."

"그렇다면 그대는 왜 위에 명당을 놔두고 밑에 못쓰는 자리를 잡아주었는가?"

"그런 것이 아닙니다. 그 못 쓸 곳을 파놓으면 임금님이 와서 장비까지 주실 자리가 바로 그곳입니다. 임금님이 장비까지 줄 자리는 거기밖에 없어 그런 것이오."

그 위의 집에는 천석꾼이 사는데, 살림이 풍족하고 아주 사람들도 북적대는 곳이었다.

"그러면 저런 자리에 집터를 잡아 집을 짓고 살 것이지, 왜 이런 오막살이에서 사느냐?"

"그 집은 저의 오막살이만큼 가망이 없소이다. 저의 오막살이집을 왜 당할 수 없는가 하면 이것이 오막살이인지는 몰라도 백의군왕(白衣君王) 좌정지지(坐定之地)요."

숙종이 거기에 와서 쉬어갈 줄을 미리 알고 그렇게 사는 것이었다.

"부하고 귀한 것은 다 때가 있고 제 사주에 있는 것이지 억지로는 귀할 수 없는 것이오."

그래서 뒷날 말년에 의지하라고 진사자리 벼슬을 하나 주었다. 그렇게 잘 아는 사람도 스스로 돌아가는 길흉화복의 운수가 닿지 않으면 별 수가 없는 것이었다.

제3장 악행을 응징한 명풍수

- 학정봉에 묘쓰고 망한 최씨 부자
- 중에게 행악하고 명당 잃은 금씨
- 용맥 끊고 망한 월성 이씨
- 진학장의 눈을 멀게 한 초립동이
- 제비혈에 못을 파고 망한 부자
- 중을 괄시하다 망한 황골 봉곡리
- 배혈의 바닥을 파서 거부를 망하게 한 도승
- 행악하는 영천이씨를 파멸시킨 성지대사
- 망지가 길지로 변한 묏자리 잡은 성지
- 학 두 마리가 날아간 명당
- 호혈(虎穴)에 묘쓰고 망한 달성 서씨
- 마을에 못 파고 망한 밀양 손씨
- 벌통혈에 이장하고 망한 운강 천씨
- 청운리의 갈마음수형(渴馬飮水形) 명당

학정봉에 묘 쓰고 망한
최씨 부자

학정골에 최씨라는 사람이 아주 부자로 살고 있었다. 부자로 살면서도 대단히 인색해서 마을 사람들이 그 부자를 미워했다. 마을 재산이 그 사람 손에 들어가니까 마을 사람들은 가난해졌다. 어느 날 동자승 하나가 동냥을 왔다. 그래서 이 마을을 싹 돌아서 그 집으로 가서 대문을 두드리니까 종들이 못 들어오게 했다. 그래서 시비가 벌어졌다.

"들어가겠다."

"못 들어간다."

안에서 들으니까 시끄러웠다.

"여봐라. 왜 이렇게 시끄러우냐?" 그러니까,

"어떤 동냥중이 와서 떠들고 있습니다."라고 하니까 들여보내라고 했다.

"어째서 왔느냐."고 하니까,

"시주를 해 주시오." 조금 주니까 더 달라고 했다.

"한말만 더 주시오."라고 했다. 다른 사람보다 많이 달라고 울면서 하소연 했다. 이 동냥승이 그냥 막 달려들어 삿대질을 하다가 눈을 다쳐서 눈이 멀어졌다. 그러자 이 동냥승을 잡아다가 고을 밖으로 내다버렸다. 그러나 이 동냥승은 살아서 돌아가고, 몇 년이 지나 복수를 하러 왔다. 이제는 스승으로 절 주지가 되어서, 그 집 문 앞에서 일부러 얼쩡거렸다. 그리고, 그 부자의 선산을 가리키면서 아주 좋다고 하며 조금만 올렸으면 아주 큰 정승이 날 자리인데 내려썼다고 했다. 일부러 알아들으라고 했는데,

"그것이 무슨 소리냐?"고 부자가 관심을 표하자, 그러니까 모르는 척하며 시치미를 뚝 떼고 있었다. 막 사정을 하니까,

"저 산의 정상에 가 있으면 점지를 해주겠다."

그러고는 그 묏자리로 갔다. 가서는,

"이리 옮기시오. 이리로 옮기면 아주 훌륭한 자리입니다."고 했다. 이 사람은 욕심쟁이였다. 그 자리가 사실은 좋은 자리인데, 그 중의 말을 듣고는 그리로 자리를 옮겼다. 자리를 옮기려고 하는데 학 세 마리가 날았다. 날아서 한 마리는 서남쪽 2km쯤 되는 지점에 학정이라는 근방의 밭으로 가고, 한 마리를 남동쪽 한 2km쯤 가서 학림이라는 마을 나무에 앉고, 한 마리는 동북쪽으로 한 2km남짓 가서 고랑에 앉았다. 그래서 고랑에 앉은 데가 학동, 나무에 앉은 데가 학림, 밭에 앉은 데가 학전, 그래서 그 후에 마을이 형성되어서 지금은 다 잘 살고 있다. 그리고 그 사람은 망했다. 중에게 잘못했기 때문에 망한 것이다.

중에게 행악하고 명당 잃은 금씨

경북 봉화군 물야면 근처에 거북 모양의 바위가 있어 그곳을 구산리(龜山里)라고 한다. 구산리는 지형이 빼어나 왕기가 서려 있는 곳이었다. 그 마을에는 금(琴)씨가 살고 있었는데 금씨 성이 임금 자리를 서로 다투는 모양이라 왕이 되지는 못하고 부유한 마을을 이루고 살았다. 그런데 그 마을에 퇴계의 외가가 있었는데 그 집만 가난하였다. 그래서 퇴계가 어릴 때 외갓집에 오면 가난하다고 괄시를 받았다. 또한 중을 싫어하여 마을에 중이 시주를 오면 몽둥이로 때려 내쫓거나 나무에 묶어두었다. 어느 날 서산대사가 그 말을 듣고, '금씨의 운이 다 되었군…'하며 중을 시켜 금씨 마을을 찾아가게 하였다. 가서 비둘 고개에 지름길을 만들고 논 가운데 있는 선돌(立石)을 깨뜨리도록 시켰다. 중이 마을에 들어서자 마을 사람들은 중을 또 때리려고 하였다. 그러자 중은,

"이 마을에서 큰 벼슬이 나오지 않고, 재산이 더 이상 늘지 않는 까닭이 무엇인지 아는가?"하고 물었다. 사람들은 그렇지 않아도 그 점을 궁금히 여기던 터라,

"그 까닭을 알려주면 놓아주겠다."고 하였다. 중은,

"이 마을 북쪽에 있는 비둘고개 가운데 지름길을 내고 논 가운데 있는 선돌을 없애버리면 큰 인물이 날 것이다."

라고 하였다.

마을에서는 비둘 고개를 가로질러 지름길을 만들고 논 가운데 있는 선돌을 뽑았다. 그러자 그 속에서 학이 세 마리가 나와 날아 갔다. 그 후, 구산리에는 우물이 마르는 등 재난이 끊이지를 않았 다. 그리고 학이 날아간 곳에서 퇴계 등 큰 인물이 나왔다.

용맥 끊고 망한 월성 이씨

경북 월성군에 월성 이씨가 많이 살았다. 마을 전체가 부촌(富村)이라 하인도 많이 거느렸는데 하인을 몹시 학대했다. 하루는 월성 이씨가 아침밥을 먹고 계집종에게 물을 가져오라고 했는데 물을 늦게 가져왔다. 월성 이씨가 크게 화를 내며,

"왜 이렇게 늦게 가져오느냐!"하고 호통을 치자 계집종은,

"어린애가 젖을 먹는데 떼어 놓으려니까 하도 울어서 늦었습니다."하였다. 그러자 월성 이씨는,

"그러면 젖을 없애면 되겠구나."하며 계집종의 젖을 잘라버렸다. 계집종은 그 자리에서 죽고 말았다.

젖먹이 어린애는 남의 집으로 이리저리 옮겨져 얻어먹어 가며 자랐다. 자라면서 자기 어머니가 어떻게 죽었는지를 알게 된 아들은 복수심에 불타올라 절에 들어가 지리 공부를 했다. 10년이 지나

풍수지리에 대해서 웬만큼 알게 되자 상전의 집을 찾았다. 가서 지세를 살펴보니 월성 이씨가 용머리에 터를 잡아 기세를 부리고 사는 형국이었다. 아무도 알아보는 사람이 없는 옛 상전의 집에 중의 신분으로 찾아가 산수(山水)에 대해 이런저런 아는 얘기를 하자 월성 이씨는 관심을 보이며,

"어떻게 하면 자손 대대로 잘 살 수 있겠는가?"하고 물었다. 계집종의 아들은,

"이곳의 지세가 용의 형국인데 용은 물이 있어야 하니 못을 하나 만들면 대대로 만석꾼도 나고 과거가 끊이지 않을 것입니다."라고 하였다.

월성 이씨는 그럴 듯하게 여겨 많은 일꾼을 불러 못을 팠다. 그런데 용의 머리 부분을 파내자 피가 솟구치고 그 후로 월성 이씨네는 몰락하고 말았다.

용의 목을 끊어 용이 죽어버린 형국이 된 것이다.

진학장의 눈을 멀게 한 초립동이

청주에 피좌수가 있었는데 백성들로부터 재물을 많이 긁어모아 재산이 많았다.

하루는 피좌수의 아들이 가만히 생각해보니 재산만 많은 것은 소용이 없고 높은 벼슬을 하는 것이 세상에서 제일 좋은 것 같았다. 그 때 함경도에는 진학장이 있었는데 유명한 풍수로 이름이 높았다. 마침 피좌수가 죽어 묏자리를 구하게 되었다. 피좌수의 아들은 사람을 시켜 많은 재물을 실어 진학장에게 보내고 꼭 와주기를 청하였다. 진학장은 피좌수가 몇 백 리 길에 사람을 보낸 정성이 갸륵하여 기꺼이 따라나서기로 했다. 길이 하도 멀어 중간 중간 주막에서 잠을 자고 며칠이나 걸려 거의 청주 근처까지 왔다. 당나귀를 타고 가던 진학장은 몸이 고단하여 잠시 내려서 담배를 태우고 있는데 웬 초립동이가 하나 오더니 갑자기 진학장의 눈을 찌르는 것이었다. 진학장이 깜짝 놀라며 괘씸한 생각에 주위를 둘러보았으나 초립동은 간 곳이 없었고 저쪽에 삼상팔판지지(三相八判之地), 즉 정승이 셋 나오고 판서가 여덟 나올 명당이 눈에 띄는 것이었다. 진학장은 명당을 발견한 기쁨에 눈이 아픈 것도 잊은 채 다시 당나귀를 타고 피좌수의 집에 도착했다. 피좌수의 집에서는 기가 막히게 좋은 음식으로 대접을 했다. 급히 산자리를 잡으라는 말도 없이 최고의 음식과 옷으로 석 달을 한결같이 칙사 대접을 했다.

석 달째가 되자 피좌수의 아들은 진학장에게 자기의 소원을 말했다.

"실은 벼슬을 하고 싶어서 고관대작이 나올 명당을 꼭 잡아달라고 모셔왔으니 좋은 자리를 부탁합니다."

진학장은 이미 삼상팔판지지를 보고 온 터라 곧 그 자리를 쓰게 하였다. 자리를 잡아주고 집으로 돌아오는데 똑같은 자리에서 또 초립동이가 나타나더니 이번에는 진학장의 눈을 쓰다듬고 사라져 버렸다. 진학장은 화도 나고 기이하다고 생각도 하며 집에 돌아왔다. 그 후 7년이 지나 진학장이 청주 지방을 지나게 되었다. 진학장은 피좌수네가 궁금하여 근처 사람에게 물어보았다. 그런데 피좌수네가 변고를 당하여 모두 죽고 완전히 망해버렸다는 것이었다.

이상히 여기며 진학장이 자기가 잡아준 묘터에 가 보니 그 자리는 3년 안에 망할 자리였다. 진학장이 가슴을 치며 통탄을 하자 그때의 초립동이가 또 나타나더니,

"피좌수가 생전에 고을 사람들을 못살게 굴고 재산을 빼앗아 명당에 들지 못하도록 네 눈을 찔렀었다."하고는 사라져 버리는 것이었다.

제비혈에 못을 파고 망한 부자

옛날에 한 총각이 살고 있었는데 부친상을 당하였다. 그 때 한 중이 와서 동냥을 하기에 동냥을 주었다. 그러자 중이 감사하게 생각하고 아버지 묘를 어디다 썼는지 물었다. 그래서 어디다 썼다라고 대답을 하니 중이 가보자고 하였다. 그래서 중이 가보니 아주 하찮은 곳에다 묻어두었다. 그래서 그 아들을 데리고 가서 제비혈이라는 곳에 묏자리를 잡아주었다. 그래서 이 아들이 금시발복을 하여 떵떵거리고 살게 되었다. 몇 년이 지나자 이 아들은 큰 부자가 되어있었다. 한 10년 지나 이 중이 자기가 자리를 잡아준 사람이 어떻게 사는지 궁금해서 그 아들을 찾아가 보기로 하였다. 그래서 그 대문 앞에 가서 동냥을 하는데 아주 괄시를 하였다. 그래서 중이 자신이 이 집의 묏자리를 잡아준 사람이라고 하고 하룻밤 유할 것을 청했는데 그 아들이 중을 종의 방에 재우면서 괄시가 아주 심하게 하였다. 그래서 중이 앙심을 품고 아들에게 말하였다.

"그 자리가 금시발복은 문제가 없지만 큰 벼슬할 운은 없소. 그러니 내가 다시 묏자리를 잡아 경상감사 날 자리를 알려주리다."
라고 하였다. 그래서 중이 하는 말이 제비의 날개에다 못을 파라고 하였다. 제비가 물이 있어야 목마르지 않다는 것이었다. 그래서 그 아들이 그곳에다 못을 팠는데 그 아들은 얼마 지나지 않아 폭삭 망하고 말았다.

중을 괄시하다 망한
황골 봉곡리

양산팔경의 하나인 강선대의 봉오리는 황골 봉곡리라고 한다. 옛날에 그곳에 부호가 많이 살았다. 그래서 시주를 하면 후하게 나온다하여 중들이 몰리자 나중에는 주민들이 시주 하기를 꺼리게 되었다. 그래서 마을 사람들이 단결하기를,

"중들이 오면 앞으로 붙잡아 매자."하고 중들이 시주를 오면 철사로 코를 꿰어 대추나무에 매달고는 하였다. 한편 절의 주지는 나간 중들이 돌아오지 않고 들리는 소문에 의하면 사람들이 중의 코를 꿰어 달아놓는다고 하므로 복수하기로 하였다. 그래서 도사라고도 하는 그 주지가 직접 마을을 둘러보게 되었다. 대추나무에 걸려죽거나, 허덕이는 중을 보고 사람들에게 사연을 물으니, 자주 동냥오는 것이 귀찮아서 그랬다고 했다. 그러자 도사는,

"여보시오. 다 끌러 놔라. 지금 당신네 부락이 참 좋은 명당자리

니 현재도 잘 살고 있지만 앞으로도 좀더 잘 살게 하기 위해서 당신네들을 내가 이렇게 찾아왔노라."

그러자 귀가 솔깃해진 마을사람들이 그 방법을 물었다. 중은 지금 당장 산맥을 끊으면 틀림없이 산 사람도 잘 살게 될 것이라고 했다. 동네사람들은 그 말을 듣고 좋아라하고 삽과 괭이로 산을 끊기 시작했다. 그렇게 며칠을 파자 그 산 동맥에서 보름동안이나 피가 흘렀다. 그제서야 마을 사람들은

"이거 망했다."하고 가만히 보니, 아까 산을 끊어라고 한 도사 중은 간 곳이 없었다. 그래 황골 동네사람들은 며칠 안에 다 망하고, 동네는 폐허가 되었다는 전설이 있다.

행악하는 영천 이씨를 파멸시킨 성지대사

성지가 중이 되어 방방곡곡을 다 다니며 동냥을 해서 먹고 살았다. 하루는 의성 산원, 금성산 부근에 갔다. 거기에는 영천 이씨가 많이 사는데, 영천 이씨에서 교리 벼슬이 났다. 그런데 그 집에서는 중이 오면 머슴을 시켜 동냥을 주는 척 하며 중의 목을 매달아 죽여 버리곤 했다. 성지가 소문을 듣고는

"그래, 내가 가서 한번 혼을 내 줄 테다."라고 하며 그 산원에 바랑을 둘러메고 교리 집으로 갔다.

"소승 동냥 왔습니다."하며 문을 열었다. 그러니 그 집 종놈들이 막 몰려와서 그의 목을 매달려 했다. 그러자 성지가

"예, 제가 죽을 때가 되었습니다. 죽기는 하되 죽기 전에 할 말씀이 있습니다. 한번 들어나 보시오."

"음. 할 말 있으면 죽기 전에 한 번 해 봐라."

집주인이 그를 풀어 주게 하니 종들이 그를 묶었던 줄을 풀어 주었다.

"제 이름은 성지라고 합니다. 제가 오늘 대감 집에 올 때 대감께서 저에게 대접을 잘 해 주시면 좋은 터라도 하나 잡아 드리려고 했는데, 이렇게 오자마자 죽이려 하시니 참 안타깝습니다. 만일 이번에 살려 주신다면 은공을 갚겠습니다."

"음 그래, 그렇다면 이리로 한 번 와 보아라."

집주인은 그를 데리고 들어가 차차 얘기를 듣더니 대접을 융성이 하였다. 그래서 사나흘 정도 푹 쉬게 한 후,

"자네가 지리를 잘 안다고 하니 우리 선대 묘에 기안을 한 번 해 보면 어떨까?"

"예, 그렇게 하겠습니다."

그러자 성지는 가단이라는 산으로 가서는 좋은 터를 하나 발견했는데, 그 터의 형세가 옥녀산발형이었다. 즉 옥녀가 하늘에서 내려와서 머리를 감는 형상인데, 그 연유로 좌청룡 우백호로 생긴 천하 명당이었다. 그러나 성지가 생각하되 '에라 이놈, 우리 동료를 많이 죽인 놈에게 이렇게 좋은 터를 줄 수 없다.'하고는 주인에게 말하기를

"대감님, 들어보십시오. 여기서 이렇게 보니, 저기 도리원에서 나오는 물이 흘러가는 것이 보이지 않습니까? 저 물이 이렇게 치고 저렇게 치고 들어오니 얼마나 보기가 좋습니까? 이렇게 좋으니 저기 있는 봉만 조금 낮추면 얼마나 더 좋겠습니까? 봉을 낮추면 정말 좋은 터가 될 것입니다. 그러니 저 봉을 조금만 낮추어 보십시오."

그 말을 들은 주인은

"아! 그래. 그렇게 하자."

집주인이 지세가 좋다는 말에 역꾼들을 데려와서 저 옥녀산발형

뒤의 주령으로 가서 그만 도리원의 물이 들어오는 것을 보이도록 그만 봉을 쳐 버렸다. 그 후 성지는 대접을 잘 받고 어디론가 떠났다.

그 일이 있은 후, 한 달 정도 지나고 나니, 그 집안에 어린 아이가 죽어버렸다. 그제서야 주인은 '아, 이거 내가 성지에게 속았구나. 내가 중을 너무 많이 죽였더니 성지가 나를 속였구나. 큰일 났구나'라고 생각하였다. 그리고는 역꾼들을 다시 모아서 전에 판 곳을 전부 메우고 다시 원래대로 되돌렸으나 효험이 없었다.

망지가 길지로 변한 묏자리 잡은 성지

인동골 솔미에 가면 옥산 장씨들 묘가 있다. 그 옥산 장씨의 아들들이 부모가 돌아가시 줄곧 토감을 채 놓고 있었는데, 성지를 만나는 것을 소원으로 생각하였으나 도저히 만날 기회가 없었다. 성지가 언제 어디에 있는지를 알 수가 없었다. 그래서 하루는 집안 청년들에게 의논을 했다.

"성지가 이곳으로 다니기는 많이 다니는데 너희들이 보거든 성지를 꼭 붙들어라. 붙들어서 뺨을 때리든 몽둥이를 치든 붙들어서 정신을 잃게 해라. 그러면 그가 바른 말을 할 것이다."라고 말하고 기다리는데, 아니나 다를까 마침 성지가 그곳을 지나치고 있었다. 집안 청년들은 곧바로 성지를 잡아 땅바닥에 내팽개쳤다.

"아이, 여보시오. 사람 살리시오. 나는 성지라는 사람이오."

그때 성지를 간절히 기다리던 아들 중 한 사람이 그 곳으로 달려

와서는

"야, 이놈들아, 너희는 왜 길가는 손님을 그렇게 치느냐?"라고 집안 청년들을 야단을 치며 성지를 일으켜 세우며

"아이, 오늘 성지대사께서 봉변을 당하셨습니다. 저희 집으로 들어 가시지요."하면서 자기 집의 사랑방으로 데려가 고기와 술을 대접을 하였다. 그러나 성지는 그들의 계략을 이미 알아채고 있었다.

'에라, 이놈들 망하게 할 사람은 나밖에 없다.'라고 생각하고 한 며칠 지내다가, 어느 날 주인에게

"은혜를 갚을 겸 내가 좋은 터를 하나 잡아드리겠습니다."하며 나와서 그 집 뒷산으로 갔다. 뒷산을 보니 모두가 당대에 망할 자리였다.

'에라! 이놈들 여기에 터를 잡아 주어야겠다.'라고 생각하고는 그 터에 표시를 해 놓고 내려왔다. 그리고는 아들에게

"저는 이만 갈 길을 가보겠습니다."하고는 짐을 지고 나가버렸다.

아들은 그곳에 묘를 썼다. 그러나 시간이 흐른 뒤에 거기가 전부 메밀꽃이 하얗게 핀 명당으로 변해 버렸다. 성지가 나중에 그곳을 지나다가 이 모습을 보고는 '흥! 복이 복이라 하더니 될 사람은 아무리 망하게 하려고 해도 안 된다. 터가 천하명산이 되어 버렸구나!' 생각했다.

그래서 지금 인동 장씨들이 그렇게 잘 되었다는 것이다.

학 두 마리가 날아간 명당

보성 도선산의 증손으로 동암공이라는 사람이 있었는데 만석꾼이었다. 남사고 지학으로 유명한 남사고가 그와는 이종남매간이었고 서출이었다. 하루는 찾아온 남사고를 동암공이 탐탁히 대접하지 않자 남사고가 생각하기를

"아무리 서출일지언정 이렇게 대접할 수 있는가. 이것을 망하게 해 버려야겠다."

그래서 대화 끝에

"좋은 묘터를 구해 줄 테니 기왕의 묘를 옮기자."라고 하였다. 남사고가 풍수에 능한 것을 아는 터라 그렇게 하기로 하고 택일을 하여 묘를 파헤쳤더니, 묘 속에서 학 두 마리가 나와서 날아가 버렸다. 그 중 한 마리가 떨어진 곳이 동암리와 우산리의 경계선이었다. 학이 머물렀다고 하여 그 마을을 학정리라고

부른다. 그리고 또 한 마리는 동암리 2구에 떨어졌다가 날아갔다.

　남사고가 그 후, 남매간인 윤씨에게 가서 자리를 잡고 살았는데, 그 곳의 지형이 미인이 머리를 빗는 옥녀산발 형국이었다. 윤씨 부인이 오빠인 남사고를 잘 대접하자 남사고는

　"내가 너에게 자리를 주마."

　그래서 옥녀산발형 자리에 복내 윤씨들이 묘를 쓰게 되었다.

호혈(虎穴)에 묘 쓰고
망한 달성 서씨

옛날에 달성 서씨들이 아주 부자로 잘 살았다. 그들은 하루 세 번 옷을 갈아입을 만큼 호사를 했다고 한다. 그런데 한 번은 한 도사 중이 그곳을 지나가다 그들이 어떻게 그리 세력이 좋은지를 알고 싶어 그들의 집을 들러봤다. 그때는 마침 서씨네가 조상의 묘터를 명지에 쓰기 위해 찾고 있던 중, 정승 판서도 나오고 한다는 곳을 찾아놓고 있는 중이었다. 그런데 그 중이 자신들의 집을 방문하자, 그들은

"야, 이놈 좋은 자리를 잡아 주지 않으면 네 놈을 죽여 버릴 테다."하고 야단을 치는 것이었다. 화가 난 중은 그들을 좀 괴롭혀주어야겠다고 생각했다. 그래서 하동읍 내 심부천 뒤에 그들이 잡아놓은 묘터에 가보니 정말 몇 해 안 가 정승판서가 나고 할 그런 명당이었다. 하지만 그는

"아이고, 이 묘는 못 쓰겠습니다."하면서

"저 동네 뒤에 호혈(虎穴)이 있는데, 거기에 묘를 쓰면 큰 부자도 나고 정승 판서도 나옵니다. 이 묘는 오래 두면 자손이 모두 문둥이가 되고 마는 곳입니다."라고 했다. 서씨네는 이 말을 듣고 그곳에 썼던 묘를 파 버렸다. 그런데 그 곳은 사실은 호랑이가 무릎을 꿇고 있다 곧 일어나려고 했던 곳이었다. 그 호랑이가 일어만 났으면 큰 대호가 되었을 텐데, 이장을 하여 그만 시체를 들어내어 버리니 그 위에 큰 돌이 굴러 들어와 묘 구멍에 탁 박혀버려 사람들이 아무리 들어도 움직일 수 없게 되어버렸다.

한편 묘를 파낸 서씨네는 그 묘를 동네 뒤에 가서 다시 썼는데, 그 후로는 자손에 자꾸 문둥이가 나왔다. 그래서 그 고동골이라는 것은 마을의 생김이 고동의 창자를 닮았다고 해서 붙여진 것인데, 그 고동은 황새봉 옆에 있다. 황새와 고동은 격이 맞지 않을 뿐 아니라, 황새는 고동을 까먹으려 하고 고동은 안 먹히려고 힘을 불끈 써서 껍질을 오므리고 있어야 되는 그런 형국이었다. 그래서 중이 동네 아이들에게 돈을 주면서

"이걸 피배이라 해라"하자 동네 아이들은

"아이구 이걸 피배이라 하란다, 피배이라 하란다"하고 소리치고 다녀 그 곳이 피배이가 되었다고 한다. 그러자 그 동네에 있던 서씨들은 망해버렸다. 그러므로 사람이 너무 세력과시를 하고 그러면 안 되는 것이다.

마을에 못 파고 망한 밀양 손씨

경남 산청군 단성면에는 밀양 손씨들이 많이 살고 있었는데, 거기가 여덟 용이 난 디었다. 그래서인지 그 곳에 사는 여덟 사람들이 모두 대소과를 봐서 크고 작은 벼슬을 다 해 떵떵거리며 지냈다. 그런데 이들이 이렇게 떵떵거리며 그 세력을 하늘 높은 줄 모르고 뻗치자, 지나가던 중들이 시주하러 갈 때마다 괄시했던 것이다. 이 이야기를 들은 어느 이름난 중이 어느 날 그 손씨네 집을 찾아갔다. 가 보니 과연 소문에 듣던 대로 그들은 중을 괄시를 했다. 그래서 그 중이 주인 손씨를 보고

"아 여보시오, 이렇게 좋은 터에 동네 앞에다 못을 하나 파면 더 번창할 텐데, 왜 못을 파지 않습니까?"하고 말했다. 그러자 손씨는 그 감언이설에 귀가 솔깃해졌다.

"아! 그래요?"했다.

"만일 여기에 못을 파면 지금의 권세와 재력보다 더 크게 될 겁니다."고 중은 말했다. 당시는 매우 어려운 시대였고, 그런 못을 판다는 것은 대단히 크고 어려운 공사이긴 했지만 이 부자의 세력으로는 얼마든지 동네 앞에 못을 팔 수 있었다. 그리고 그 동네는 산 중허리에서부터 흘러내린 물이 동네 앞을 둘러서 흘러 경치가 아주 좋은 곳이었다.

그래서 손씨는 공사를 시작해 산으로부터 물을 끌어들여 동네 앞에 큰 못을 만들었다. 그런데 못을 만들자 손씨들 집안이 자꾸 망해가기 시작했다. 사람도 죽고, 재물도 없어지고 하는 것이었다. 하지만 이미 파 놓은 못을 메울 수는 없었다.

결국 그 곳 손씨들은 모두 망해버려 원개라는 곳으로 옮겨갔다. 그리고 그들이 살던 집은 하씨들에게 팔았지만 그 집터만은 팔지 않아 지금까지 텃세를 받아오고는 있다. 하지만 대신 그 곳에 살게 된 하씨들에게서는 만석거부도 났다고 한다.

벌통혈에 이장하고 망한 운강 천씨

산 외면 운강리라는 곳이 있는데 예전에는 거기에 일 천 천자 (千字) 천씨네들이 득세하면서 많이 살았다. 거기 묵은 묘라 하는 묘는 전부 천씨네들 묘이다.

예전에는 좀 잘 살았다 하면 종을 데리고 살았다. 그런데 종 부인이 예뻐서 주인이 종을 잡아 없애버리려고 했는데 어떤 모의를 꾸미지 않으면 못 없애지 싶어서,

"네가 석 달 기한을 줄 모양이니, 등허리 세 치, 꼬리 세 자 세 치인 그런 말(馬)을 구해 와야 되지, 안 구해 오면 너를 죽인다." 고 했다.

옛날에는 샌님 명령대로 움직일 수밖에 없었기 때문에 엉터리없는 말로 자꾸 억지를 부려도

"예" 하고 충분히 주는 돈을 갖고 석 달 동안을 찾아 다녔으나 못

구했다.

그러니까 상전이

"그럼 너는 가야 안 되겠나?"

"예, 죽여주시오."하니, 죽여 버렸다.

예전에 샌님들이 사람 하나 죽이는 것은 제삿밥 먹듯이 쉬웠다. 그런데 그 종의 슬하에 애가 하나 태어났는데, 그 아이가 열 한 댓 살 되니,

"어머님, 우리 아버지는 와 죽었습니까?"

"너는 알 바가 아니나 이렇고 저렇고 하여, 즉 우리가 못살아서 죽은 것이지 하면서 모자가 굉장히 애통해 했다.

"그래요? 10년 뒤 오늘 어머님께서 이 자리서 만나 줄 수가 있습니까?"

"네가 원한다면 할 수 있지."

그래 이 사람이 어디 가서 공부를 했는지, 머리가 비상해서 심지어 날개까지 돋쳤다는 말이 있었다.

10년 뒤 그 날에 거기에 자기 어머니가 집에 오니 집이 없어서 찾으니 아무데 거기 있어서 만나고 그 길로,

"비밀로 해 주시오. 저를 자식이라고는 전혀 생각하지 마시오." 하면서 바로 천가들 종손집을 찾아가서 전에 배운 산서법(山書法) 을 내 놓았다. 묘를 잘 쓰면 부자가 되니 옛날 양반들은 산서법을 아주 좋아했다.

이 자가 서적을 내놓으니 얼마나 호감을 느꼈든지 종손이 칙사 대접을 했다.

그 날 저녁에 이 사람이 수잠을 자고 밖으로 나가 이 집 담장 안을 돌아보니 개도 짖지 않았다.

그래서 들어와서 한숨을 휴우 내쉬면서 성냥불을 켜 가지고 호롱에다 붙이니

"지사님, 어찌 그리 한숨을 쉽니까?"

"아, 예, 샌님." 하면서 자기 어머니에게 듣기도 하고 자신도 좀 알고 있는 이 가문의 내려오는 역사를 쭉 얘기 하고.

"종을 죽였기에 마가 붙었고 이것이 해로운 짓을 굉장히 하는데, 이것을 없애려면 무슨 방도를 써야 된다."하니 정말 용하다고 했다. 그래서 그 이튿날 그 자를 자기들 산소마다 데리고 가서 보이니,

"이 묘 쓰고는 어떻게 되어 문관 나고 무관 나고, 이 묘 쓰고는 장자가 떨어지고, 차자가 잘 되고"하며 산서법에 나와 있는 것을 외어 옥석을 구별하여 가려내면서 운강 천씨네들 벌통혈에 묘 쓴 것을 보고는

"이 묘 쓰고 나서 몇 대로 어떻게 잘 됐다."
하면서 너무 잘 맞혔다. 그리고는

"이 묘는 벌통혈(穴)이라 벌이 새끼를 치고 나가면 망하는 법인데, 지금이 그러하니 이 묘는 이장해야 된다."고 하였다.

이장을 하려고 하니, 최고 중시조 묘라서 종회(宗會)를 붙이니 이장을 하자고 히는 사람도 있고 하지 말자는 사람도 있었다. 결국은 종손이 하자고 해서 그렇게 하기로 했으나 다들 의아해하며 마지 못해 다른 묘터를 잡아 놓자 그 자가 하는 말이,

"만일 조금이라도 의아스러움이 있으면 나를 밧줄로 꽁꽁 묶어 놓고 파면되지 않습니까?"했다.

다음 날 아침에 이장을 하려고 묘를 파니, 묘터에서 김이 둥근 시루 같이 올라왔다. 파묘해서 김이 올라오면 명당이라는 것을 알고 있었기 때문에

"저 놈 잡아라."하니 그 사람이 도인이라 뱀 허물 벗듯이 벗어 놓고 빨리 가지도 않고 살금살금 넘어가는데, 결국 어디까지 갔나 하니 단장면 어느 고개까지 넘어갔다.

이 사람이 고개를 넘어갈 때 둥덕둥덕 넘어간다고 그 고개 이름을 둥딩이 고개라고 부르게 되었다.

그 뒤 천씨네들은 손도 없이 다 망해 버렸다.

객반으로 들어온 손가들이 그 자리에 묘를 쓰고는 부자가 되었다고 한다.

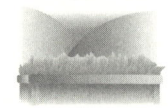

청운리의
갈마음수형(渴馬飮水形)
명당

오래 전에 부북면 청운(靑雲)이라는 곳에 허가(許哥)들이 많이 모여 잘 살고 있었는데 그들이 씨 놓은 묘가 갈마음수형(渴馬飮水形) 즉 목마른 말이 물을 먹는 형국이라서 득세해 잘 살았다.

그들에게 종이 있었는데 이 자가 힘이 좋아 무슨 심부름을 시키든지 잘 하고 서울 같은 곳에 갔다 오라 하면 너무 빨리 다녀와 의심을 할 정도였는데, 갔다 온 증거를 내보이니 의심할 수도 없었다.

그래서 허가들이 가만히 생각하니, 이놈을 놔 뒀다가는 집안이 망할 것 같아서 남의 집 머슴살이하는 사람을 동원시켜 멍석말이를 하였다. 아무리 때려도 멍석은 찢어지는데 이 놈은 괜찮았고, 죽었는가 싶어서 보면 몸을 털고 나오면서,

"내가 오늘 저녁에 죽기는 죽나보다."하면서 죽어가면서 웃통을

벗는데 보니 겨드랑에 날개가 나 있었다.

그런데 죽은 자의 후손이 있었는데 이 자도 장사(壯士)였으나 자기 아버지가 그렇게 죽는 걸 보고 도망을 갔다. 이 사람은 기운만 세었다 뿐이지 무슨 도술을 부리지도 못했고 날개도 없었다. 도망 와서 약 2년간 살면서 생각해 보니 자기 힘으로서는 도저히 원수를 갚을 수 없었으나, 마음 속에 앙심을 품고 있었다.

그리고는 허가들의 묘지에 왔다. 묘를 잘 썼는지 자신은 모르지만 듣기에 이 묘를 잘 썼다 하니 묘를 가지고 일을 꾸몄다. 유명한 지사와 내통하여 그 집안의 신임을 받게 해서 묘를 이장시키니 그 길로 허가들은 망하였다.

제4장 실수한 명풍수

- 제왕지지 잡다가 망신당한 도선
- 7대조가 살인한 자에게 명당 잡아준 도선
- 불효자에게 명당잡아준 도선
- 벽절 짓다 체념한 도선
- 호식 당할 묏자리 잡아준 도선
- 황새봉에 개구리혈 잡아준 도선
- 당대 망지 잡은 남사고
- 황새봉이 있는 줄 모른 지관
- 죽은 계혈에 묘쓰고도 부자된 양반
- 닭 똥 누는 자리 잡아준 무학대사
- 황소뿔 자리에 묘를 쓴 박상의

제왕지지 잡다가 망신당한 도선

도선대사는 김씨인데 과도선(瓜道詵)이라고도 한다. 도선의 어머니 고씨가 빨래를 하는데 오이가 떠내려가기에 그걸 주워 먹고 도선을 낳았다 한다. 이에 외 과(瓜) 자를 써서 과도선(瓜道詵)이라 한다.

도선이 중국에 가서 공부를 했는데 천문지리를 통달하다시피 하며 글방을 다녔다. 그런데 도선의 얼굴이 자꾸 노랗게 떠서 선생이 그 이유를 물었다. 이유인 즉, 도선이 밤에 글을 읽으러 오려면 고개를 하나 넘어야 하는데, 그 고개마루턱에서 한 여자가 나타나서 구슬을 물고 있다가 도선의 입에 넣었다, 다시 자신의 입에 넣었다 하며 유혹하였다고 하였다. 이 말을 들은 선생이

"그것이 여우로구나. 그 구슬이 여의주이니 구슬을 달라고 할 때 네가 삼켜 버려라. 그리고 하늘을 쳐다보고 땅을 내려다보면 천문

지리를 통달할 것이다."

이에 도선이 시키는 대로 했는데 급하게 신을 찾느라 땅부터 내려다 봐서 지리에 통달하게 되었다고 한다. 중국에서 산천을 다 답사하고 압록강을 건너 왔는데 지리를 통달하니 아는 만큼 또 욕심이 났다. 임금 날 자리에다 어머니 묘를 모시고 싶은 생각이 자꾸 드는 것이었다.

상제 한 사람이 나무하는 것을 보고는 누구 상을 입었는지 장례는 치렀는지 묻고는 자리 얘기를 꺼냈다.

"내가 오다 본 자리가 있는데 거기 모시면 좋을 테니 갖다 모셔라."

"그런 자릴랑은 벌써 모셨겠다."

하므로 또 한 자리를 이야기했다.

"그만한 자리에다 모시려면 벌써 모셨겠다."고 하였다.

그러다 나중에는 제왕지지(帝王之地)에 가서 얘기를 했더니 불호령이 떨어졌다.

"천장지비(天藏地秘)에서 대길복(大吉福)인데, 산신령님이 다 비장(秘藏)을 시켜서 복 있는 사람을 기다리고 있느니라. 네가 천지를 두고 함부로 아무 데를 점령해? 고얀 놈 같으니라고. 너 다시 그따위 짓을 할거냐? 안 할거냐?"

그래서 결국 논두렁에다가 청개구리 모양으로 어머니 장례를 모셔 놓고 농부에게 이렇게 말했다.

" 들에 나와서 밥을 먹으면 밥 한 숟갈 정도 던져 주시게."

이후로 '고씨네, 고씨네, 물러나라, 퇴, 고씨네' 하는 풍습이 생겼다.

7대조가 살인한 자에게 명당잡아준 도선

명풍 도선이 여기저기 산길을 다니다가 어느 고개 마루에서 밤을 맞게 되었다. 마침 저 멀리 반짝이는 불빛이 있어 다가가니 조그만 초막집이 있었다.

도선은 그 집 문을 두드려 하룻밤 묵고 가기를 청하였다. 들어가 보니 젊은 부부가 살고 있었는데 몹시 가난해 보이는 살림인데도 하얀 쌀밥을 정성스럽게 차려다 주는 것이었다.

도선은 마음속으로 감복하여 맛있게 저녁을 먹었다. 저녁은 먹었으나 일간초옥(一間草屋)이라 방도 없는 것 같아 도선이 잠잘 걱정을 하고 있는데 부부는 방에다 깔끔하게 잠자리를 봐주고 부엌에서 잔다고 나가는 것이었다.

도선은 또 한번 놀라며 잠을 청했다. 그런데 밖에서 도란도란 사람 소리가 들렸다. 무슨 소리인가 귀를 기울이니 부인의 목소리였다.

"조선의 명풍 이도선 같은 분을 불러 우리 아버님 엄토하게 해주십사……."

도선이 내다보니 부인이 칠성단을 차려놓고 비는 것이었다. 도선은 '이 부인의 정성으로 내가 이 집에 왔구나' 생각하며 다음날 아침 부부에게 사정을 물었다.

자기 집에서 묵은 손님이 뜻밖에도 그렇게 기다리던 도선임을 알고 부부는 놀라고 감동하여 이야기를 했다. 아버지 상을 당한 지가 삼 년이 되어도 산자리를 구하지 못해, 도선을 만나게 해달라고 백일 불공을 드렸는데 그날이 꼭 백일째 되는 날이라는 것이다. 도선은 이 부부에게 금방 부자가 될 수 있는 좋은 자리를 잡아주겠다고 마음먹고 주변 산을 둘러보았다. 그러다 마침 자식도 낳고 3년만에 부자가 될 자리가 있어 그 자리를 잡아주었다.

부인은 도선에게 줄 것이 없으니 버선이라도 새 것으로 갈아 신고 가라며 성의껏 만든 버선 한 켤레를 내주었다.

도선은 흡족한 마음으로 그 집을 떠났다. 그 후 삼 년이 지나 도선은 그 부부가 얼마나 부자가 되었을까 생각하며 다시 그 집을 찾았다.

그런데 집이 바뀌지도 않고 옛날 그대로 초막이었다. 도선이 주인을 찾으니 웬 낯선 여자가 나와,

"전에 살던 주인이 죽고 그 집이 다 망했다."고 하는 것이었다.

도선은 깜짝 놀라 그럴 리가 없다며 다시 묏자리에 가 보았다. 다시 보아도 틀림없이 명당으로 보였다. 도선은 그 착한 부부에게 못할 짓을 했다고 가슴을 치며, 홍당도 구분 못하는 눈은 없애버려야 한다고 자기 눈을 찌르려 하였다.

그 때 공중에서 소리가 나는데,

"그 자리는 명당이 틀림없다. 그런데 7대 조상이 살인을 한 적이 있어 명당에 써도 화를 입는 것이다."라고 하는 것이었다.

불효자에게 명당 잡아준 도선

옛날 도선이라는 풍수가 있었는데, 이 사람이 벼슬자리를 잡아주면 벼슬을 하고, 부자 될 자리를 잡아주면 부자가 될 만큼 용했다.

어느 가난한 집에 아들 3형제가 있었다. 그들이 의논하기를,

"도선이 묏자리를 잘 잡는다고 하니, 아버지가 돌아가시거든 부탁하자."라며, 아버지가 얼른 죽으라고 굶겨서 죽게 하였다.

그러고 나서 도선에게 가서 부자 될 묏자리를 잡아달라고 하였다. 도선이 자리를 잡아주자 산자리를 파고 있는데, 웬 노인이 다가와서,

"이 산자리를 누가 잡았느냐?"라고 물었다. 3형제가 도선을 가리키며,

"저 대사가 잡았소."라고 하였다. 노인은 도선에게,

"너는 어째서 여기를 묏자리고 잡았느냐?"고 하니, 도선은 3형제가 부자 될 자리를 잡아달라고 해서 그리했다고 말했다.

노인은 다시 도선에게 말했다.

"그래, 네가 이 아래 우물에 금붕어 세 마리가 노는 것을 보고 여기를 묏자리로 잡았지만, 금붕어의 눈깔이 부옇게 멀었다. 이 묘를 쓰면 잘 살게 될지는 모르지만 3형제가 모두 소경이 될 것이다."

3형제가 곧이듣지 않고 가보니, 정말로 금붕어의 눈깔이 부옇게 멀어서 움직이지 못했다.

그것을 보고 3형제는 도선을 탓하며 몽둥이질을 하였다.

도선은 질겁을 하고 높은 산으로 도망을 갔다. 바윗돌에 쇠를 놓고는,

"내가 이 놈을 가졌다가는 내 명에 못살겠다."고 하며 돌멩이로 깨뜨리려고 하였다. 그러자 뒤따라온 노인이 도선을 말렸다. 도선이 이유를 묻자 노인이 말했다.

"네가 산자리를 잡아 주려면, 그 상제 되는 사람의 내력을 알고 집아 주어라. 그곳은 지극한 효자가 쓸 자리다. 그놈들은 자기 아비를 굶겨 죽인 불효자식이다. 그래서 내가 도술을 부려 붕어의 눈깔을 잠시 멀게 한 것이다. 그러니 앞으로는 상제의 사람됨을 살펴 네 좋은 재주를 쓰도록 하여라."

벽절 짓다 체념한 도선

여주 신륵사에 벽절을 짓고 있었다. 목수가 수천 개의 재목을 모두 다듬어 놓았는데, 이것을 맞추니 나무토막 하나가 없었다. 목수는, '에라, 내가 이렇게 정신이 없어서야 어떻게 큰 대궐을 지을 수 있겠는가. 나는 가야겠다.'고 생각하고 절을 나섰다. 그 나무토막은 어느 도사가 감춘 것이었다. 도사는 목수에게,

"당신이 벽절을 짓는데 내가 당신의 마음을 알아보기 위해 나무토막을 감추었소."라고 말하였다.

당시에는 벽을 만들 때 외를 엮고 흙을 발랐다. 벽절을 짓기 위해 수천 명의 사람들이 외를 엮고 있었는데, 강 건너에서 한 사람이 혼자서 새끼를 꼬고 있었다. 밤중에 집을 다 짓고 나니 지푸라기를 이어서 외를 엮어 놓은 것이었다. 지푸라기를 얼마나 빨리 이었던지, 수천 명이 엮을 것을 혼자 다 해 놓은 것이다.

"이걸 누가 이렇게 했느냐?"

"누군 누구겠소. 도선이 기술이지. 도선이가 아니면 누가 그걸 하겠소."

그런데 절을 짓는데 집이 한쪽으로 기울었다. 도선은 자신이 그만큼 열심히 했는데도 절이 기우니, 체념을 하고 절을 떠났다. 길을 한참 가다 보니, 어떤 사람이 소를 몰며 말하기를,

"이러 이러. 에이 미친놈의 소. 도선이 보다 더 미련한 소로구나."라고 하는 것이었다. 이 말을 들은 도선은 깜짝 놀라서, 그 사람을 쫓아갔다.

"선생님. 지나가다 들으니 소에게 도선이보다 미련한 놈이라고 하시는데, 무슨 말씀이십니까?"

"여주 벽절을 짓는데, 학의 등허리에 지으니 그렇게 절이 기우는 것이다. 날개부터 눌러 놓아야 하는데, 등허리에 갖다 놓으니 날개만 치면 쓰러지는 것이다."

이 말을 듣고 도선은 다시 돌아와 학의 날개 부분에 먼저 탑을 쌓고 절을 지으니 절이 끄떡없었다.

호식 당할 묏자리 잡아준 도선

도선이라는 이가 지술에 매우 뛰어났다. 한번은 어느 산골로 가는데, 신이 다 떨어져 맨발로 갈 지경이 되었다. 어떤 총각이 나무지게를 지고 오는데, 헌 신을 신고 새 신을 지게에 달아매고는 나무를 하러 오는 것이었다. 그래서 도선이 총각을 불러 부탁을 하였다.

"내 신이 다 떨어졌으니, 그 새 신을 자네가 신고, 헌 신을 나에게 주게. 그러면 내가 마을까지 갈 수 있겠으니 그렇게 해 주게."

도선이 사정을 얘기하니, 총각이,

"별말씀을 다 하십니다. 이왕이면 새 신을 신으십시오."라며 신을 선뜻 내 주었다. 도선이 가만히 보니 총각이 상중(喪中)이었다.

"모친상인가, 부친상인가. 자네 상제로군."

"예, 상제입니다. 부친이 돌아가셨는데, 사는 게 어려워서 나무가 떨어져 지금 나무하러 왔습니다."

"장사를 지냈는가?"

"장사 지내지 못했습니다."

"자네 집이 어디인가?"

"고개 넘어가면 바로 첫 집입니다. 오막살이에 살림이 형편없어서 집이라고 할 것도 없습니다."

"그래, 자네는 나무 해 오게. 자네 집에 가서 기다려서, 아버지 모실 자리 하나 봐 주겠네."

이렇게 이야기가 오가니, 총각이 고마워하며 얼른 가서 나무를 해 왔다. 도선이 둘러보니 마침 좋은 자리가 하나 있어서 그 곳에 묘를 쓰게 하였다.

한 3년이 지난 후, 도선은 총각의 집으로 다시 찾아갔다. 살기가 좀 나아졌는지 보려고 그 곳에 가니, 오막살이집도 없고 묏자리도 묵어 있었다. 이상하게 여긴 도선이 패철을 내놓고 보니, 자리는 분명한 자리인데 이상한 일이었다. 마을에 내려와서 오막살이집에 살던 사람이 어떻게 되었냐고 물어 보았다.

"어떤 미친 놈이 와서 그 사람 아버지를 장사지내주고 가더니, 바로 그 날 저녁에 호랑이가 물어갔다."

이 말을 들은 도선은 큰일났다 싶어서 다시 묏자리에 가서 살펴보았지만, 영락없는 좋은 자리였다. '이거 안 되겠다. 내가 이러고 다니다가는 남의 집안을 망하게 하겠구나.' 생각하고 도선이 패철을 꺼내어 돌멩이로 부수려고 하니, 뒤에서 누군가가 팔을 꽉 붙잡았다. 돌아보니 백발노인이 있었다.

"네가 자리를 보기는 잘 보았다. 그런데 그 놈의 할애비가 살인을 하고 야반도주해서 여기 와 산 것이다. 그런 못된 사람의 자손을 잘 되게 할 수는 없다."

노인은 산신령이었던 것이다.

남에게 악행을 저지르지 않아야 좋은 자리에 묘를 쓸 수 있다고 한다. 그래서 묏자리에도 임자가 있다는 이야기이다.

황새봉에 개구리혈 잡아준 도선

이것은 도선이 이야기로, 도선이가 10년을 공부하고 나서는 '이만했으면 됐다.' 싶어서 뫼를 쓰기로 하고 나갔다. 어떤 동네에 참으로 가난한 사람이 상주가 됐는데 뫼를 안산에 썼었다. 마침 도선이 거기를 지나다 보니까 3일만에 맏상주가 죽을 땅이라. 그 집에 들어가 상주를 찾아서

"여기는 삼 일만에 맏상주가 죽을 땅이니 뫼를 고쳐 써라."하니까,

"아이고, 그것도 집이 가난하여 겨우 했는데, 나는 고칠 수가 없습니다. 돈이 없으니 뭐 어떻게 해 볼 도리가 없습니다."

"그러면 내 청낭 녹기를 줄 테니까 해라."

그래 청낭 녹기를 주니까 그 뫼를 새로 고쳐 놨다.

"대관절 누가 시켜서 이렇게 했느냐?"

"요 아래 부락에 노인 내외분이 계시는데 그 어른이 와서 쇠를 놔주고 이렇게 했습니다."

"그래?"

가만히 생각하니까 얼마나 괘씸하든지 '내가 그 영감을 좀 시정할 밖에 없다.'고 내려가니,

내외분이 앉아있었다. 그래서,

"보시오."하면서 인사를 극진히 하고는,

"에헴, 보시오, 요 건너 산소를 노인이 써 주었다면서요?"

"내가 했지."

"아무 자를 놨으면 괜찮을 건데 무엇 때문에 그 자를 놓아서 3일 만에 상주가 죽도록 만들었소?"하면서 잘못됐다고 항의를 하니까,

"내가 왜 잘못해? 잘 했지. 그 사람이 워낙 가난한 사람이라 그 자리를 놔 줌으로 해서 3일 만에 청낭 녹기를 받고 그 본 자리로 들어가면 부귀 겸할 자리인데, 거기서 얼마나 더하라고?"

하니, 도선이 10년을 공부해도 그 노인만큼도 못하다는 것을 알았다. 그래서 여기서 그만 둘 수는 없다고 생각하고 중국에 들어가서 다시 공부를 했는데 혹자는 중국 가서 일행대사에게 배웠다고 하는 사람도 있고 또 혹자는 김유신에게 배웠다 하는 사람도 있다.

중국 가서 10년 정도 공부를 하고 우리나라에 도로 나와서 백두산에 가서 산의 가지들을 세어 보니 보통 떠돌기는 쉰 네 가진데 지금으로 봐서는 서른여섯 가지라. 그 서른여섯 가지 상을 조사를 하다보니 그만 날이 저물어버렸다. 그래서 오지도 가지도 못하고 한참을 있다 보니 한 군데 조그마한 초옥이 있어서 거기를 들어가니 나이 많은 노인이 있었다.

"좀 자고 갑시다." 하니까

그 노인이,

"자고 가기는 어렵잖은데 잘 곳이 없습니다."

"이 태산 중에 이 집 외엔 다른 집이 없으니 저 부엌에 자더라도 자야 됩니다."

"그러면 방으로 들어갑시다. 우리하고 앉아서 밤을 새우더라도 같이 세야지."해서 방으로 들어갔다.

조금 있으니까 총각이 숯을 구워 와서 한 짐 내리니 부엌에서 밖을 향하여

"우리 집에 손님이 오셨다."하니

"이 산간벽지에 손님이 오시다니! 어머니, 그러면 술 좀 드리시오."

"내가 저녁 하느라고 바빠서 그만 술을 못 드렸다."

"저녁은 천천히 잡수셔도 되니 술부터 먼저 드려야지."

그래서 술을 갖다 주므로 먹고, 자고 나니까, 총각이 흰 댕기를 드렸으므로

"부친 음토를 했느냐."고 하니까

"이 숯 구워서 먹고사는 놈이 어이 그런 것까지 돌 볼 수가 있습니까?"했다. 그래 가만히 생각을 해 보니까 미관(未冠)이라,

"그러면 내가 오다가 묘를 잡아 놓은 데가 있는데 하겠는가?"

"손님이 해 주시면 하겠습니다."

그들이 워낙 가난하니까 부자 될 자리를 써 주었다

그런데 한 3일 가량 같이 있다 보니까 총각이 더욱 욕심이 나서 말했다.

"이보다 더 큰 자리가 있습니까?"

"그래, 왕후정승 날 데가 있지."하며 그 이튿날 왕후정승 날 데를 보러 가는데 도중에 초립동이가 하나 나서더니마는,

"이놈, 네가 공부를 그만큼 했는데 묏자리를 함부로 그렇게 써 주고 다니면 안 된다. 지금 임금이 임금 노릇을 하고 있는데다가 그 사람에게 왕후정승 날 터를 잡아 주면 세상이 요란해서 안 되

니 너 같은 놈은 이 세상에 살려서는 안 된다. 죽여야겠다."하니까,

"아이고 내가 세상에 나가서 다시는 뫼 안 써주겠습니다."하면서 죽는 시늉을 하면서 비니까,

"그래, 그러면 다시는 하지 마라."

그런 일이 있은 후, 세상에 나와서 팔도를 돌아다니다가 한 군데 가니까, 그 때가 한 4월쯤 됐는데 동네 앞에 큰 냇물이 내려가는 곳이 있어 거기서 누워 자는데 밤에 비가 와서 황토수가 흘러 내리므로 물 속 깊이를 모르니 건너가기도 어려웠다. 그런데 가만히 보니 도랑 가에 총각 아이 하나가 머리끝에 흰 댕기를 드리고 얼찐얼찐 하고 있어서

"총각, 날 좀 업어 건네 줄 수 없겠느냐?"하니까,

"예, 업어서 건너 드리겠습니다."

하고는 업고 건너가는데 한복판에 들어가서는 돌에 미끄러지는 체하고 그만 물에 처박아 버렸다. 그러고는 선생님을 이렇게 처박았으니 정말로 미안하다고 하면서 도로 업고 나와서 본집에 들어가서 옷을 씻어 입혀 주었다.

그 이튿날 도선이 가면시 가만히 생각을 해 보니까, 이놈이 너무 괘씸하여 그곳에 가니 또 얼찐얼찐하고 있었다. 그래서

"날 좀 업어 건널 수 있느냐?"

"예, 업어 건너 드리지요."하면서 업고 건너는데,

"나에게 수고가 이렇게 많으니 내가 그 은공을 갚고 가야 되겠다. 내가 뫼를 하나 봐 주고 가마."

그래 보니까 뱀 아홉 마리가 개구리를 잡아먹는 터가 있었다. 거기에 뫼를 써 주면 3일만에 그 사람이 죽을 곳이라. 그래서 그 자리에 뫼를 써 주고 갔다.

그 총각 아이가 워낙 가난하여 사람 서너 명과 아이들을 데리고 뫼를 쓰는데 하관해 놓고는 술이라도 한 잔 받아야 될 판이라, 주

점에 술 받아주러 가니까 주모가

"술은 뒤에 드릴 테니까 방으로 들어가자."고 해서 방에 들어가니 주육을 잘 차려주어 한 상 먹고는 거기서 나락 백 석을 얻었다. 돌아와서는 장례 치루는 사람들을 잘 갈무리해서 돌려보내고 헤어졌다.

도선이가 10년을 돌아다니다가 '이 놈이 필시 죽었을 게다.'라고 생각하며 그 지방에 들어서 보니 성분(成墳)을 아주 호화스럽게 해 놨다. '그것 참 별일이다. 이 놈이 죽었을 건데 이것이 무슨 일이고?'생각했다.

이 총각 아이는 또 웬 노인이 와서 뫼를 써 주고 간 후로 하관해 놓고 백 석을 얻었고 그 이듬해 남의 집을 사다가 심부름을 하는데,

"너, 저 누구에게 가서 돈 삼백 냥을 받아서 오너라."해서 받으러 가니 삼백 냥 주었다. 삼백 냥을 받아가지고 오다가 보니까 노름을 하는 데가 있어

"이 돈 잃어버리면 도망갈 것이고 따면 주인 줄 것이다."하면서 그 돈을 판돈으로 써버렸다.

그런데 처음에 3명이 앉아 했는데 한 사람 돈 구하러 가고, 두 사람 돈 구하러 가고, 세 사람 돈 구하러 모두 가버리니 이 사람이 그만 거기 있는 돈을 다 짊어지고 집으로 돌아와서는 돈 받으러 보낸 주인에게,

"주인 돈 갖고 땄으니 이 모두를 주인이 하시오."하니 주인이

"내 돈 받았으면 그만이지, 나머지는 네 돈이니 너 해라."

서로 이렇게 밀었다 당겼다 하다가 주인이 하는 말이,

"아래 마을에서 삼백 석 고광을 사라고 했는데 그게 있는가 없는가 내가 물어 보마."

가서 물어 보니 있다 해서 총각 아이는 나머지 딴 돈을 가지고

삼백 석 고광을 사서 석 달 만에 사백 석을 벌었다.

이제 잘 살게 되어 이 사람은 소 두 마리와 주육을 준비해 놓고, 그 노인을 만나면 잔치를 하려고 생각하고 있었으나 만날 수가 없었다.

어느 날 점심 때 보니까 웬 낯선 노인이 부친의 뫼에 와서 쇠를 빼놓고 있었다.

그래서 그 노인에게 가서,

"웬 어르신입니까?" 하니

"내가 10여 년 전에 여기 뫼를 써 주고 갔는데 내가 잘못 봤는가 싶어서 지금 쇠를 놓고 보는 중이다."

"그러십니까?"하면서 자기 집으로 인도해서는 대접을 잘하고 잔치할 준비를 하는데 도선이 그 이튿날 아침에 일찍이 일어나서 시를 빼 봐도 참 그 대중이었다.

그리해서 3일째 아침 일찍 가서 쇠를 빼놓고 있으니 동네 아이들이 지게를 지고 아침 일하러 가면서 공을 톡 탁탁 치면서 한 아이가 하는 말이,

"오늘 아침은 늦있다. 지 건너 황새봉에 해 들었네."

"그래, 해 들었네."하고는 가버렸다.

황새봉이 있어서 개구리는 살아 있고 뱀 아홉 마리는 죽어 버렸던 것이다. 그래서 10년 만에 저 사람이 천 석을 봤다.

도선이 이 사실을 깨닫고 돌아오니 주인은 소 두 마리 잡아 놓고 잔치를 호화스럽게 베풀어 도선은 잔치 잘 얻어먹고 떠났다.

당대망지 잡은 남사고

지관 노릇하는 사람 가운데 천하 명사로 알려진 남사고 선생의 이야기이다. 남사고 선생이 자신의 부모를 아홉 번 장사 지내고 묏자리를 열 번이나 옮겨 다녔다. 그렇게 수차례 옮긴 후에야 더 이상 원 없이 만족해했다. 그렇게 해서 얻은 장소는 구룡쟁주혈(九龍爭珠穴) 즉, 아홉 마리의 용이 구슬을 다투는 혈을 말한다. 남사고 선생이 아주 만족해하며 하관을 하려는데 난데없이 의복이 남루한 한 노인네가 나타났다.

"내, 너에게 쓴소리 좀 하겠다."하고는 막걸리를 먹은 후에 이렇게 말했다.

"남사고가 천하명사, 남사고가 천하명사라 하더니 당대 망지를 왜 몰랐더냐? 너 당대 망하는 거 몰랐더냐? 그 곳은 용의 혈이 아니고 지렁이 혈이다."

구룡쟁주혈이 아니라 구인(지렁이蚓) 쟁록혈이라는 것이다. 하관하는 마당에 그런 쓴소리를 들었으니 남사고 선생은 기가 막히고 간담이 서늘해 졌다. 그렇기는 하나 상제이므로 그저 가만히 듣고만 있었다.

"당대 망지임을 왜 몰랐단 말이냐?"

상제인 선생은 그저 듣고만 있으니 노인네가 계속해서 말하는 것이다. 그러더니 마침내 이렇게 말했다.

"팔대방성(八代方盛)이네. 이백 사십 년 후에는 개봉춘(改逢春)이라."

선생이 죽은 뒤 팔대 후면 무려 삼백 년 후에 발복이 일어난다는 것이고 그 안에는 아무 소용이 없다는 말이다. 그 말을 하고 나서 두 발자국 나갔을 뿐인데 선생이 뒤따라 가보니 이미 간 곳 없이 사라졌다. 그 노인네가 바로 산신령이었던 것이다. 이 말을 곧이곧대로 들을 사람이 없으니 누구에게 호소할 수도 없었다.

'팔대방성 개봉춘'이라고 하니 그냥 내버려 둔 채로 세월이 흘렀다. 남사고도 죽고 얼마 있다가 아예 이름까지 남구만이라 전하기도 했다. 남사고의 손이 다시 손자를 고쳐 놓으며 한 삼백 년의 세월이 흘렀다. 그런 뒤에 마침내 그의 자손이 그 고을 원으로 부임하게 되어 지석을 해서 자기네 대대로 전설처럼 내려가게 했다. 남사고 선생이 몇 대 할아버지 묏자리를 썼는데 남구만이 난 다음에는 그 봉분이 크게 살아났다고 한다.

그렇게 해 놓고서는 남구만이라고 이름 지어서 원 노릇을 했다고 한다. 족보에 있는 그대로 결국 그 고을로 내려가서 원으로 도임한 것이다. 후에 산소가 오래 되어 평지로 변했는데 쇠양을 쌓게 되었다. 말하자면 옹진군 군수가 와서 도랑을 파니까 거기에 이렇게 씌어져 있었다는 것이다. '남구만이 개봉춘'이라. 이것이 유명해져서 그 남구만이 아주 역사적 명인이 되었다는 얘기다.

황새봉이 있는 줄 모른 지관

운봉에 황새봉이 있다. 하루는 웬 노인이 지나는 행인들에게, "야, 이놈들아, 묘 써라! 묘 써라!"하니 지나가는 행인이 다 미친놈이라고 손가락질을 했다. 그런데 3형제가 지나다 이 광경을 보고 노인에게 '좋은 자리가 있냐?'고 묻고는 노인을 집으로 모셔서 갖은 술과 밥에 정성을 다해 모셨다.

그러기를 한 달이 되고 두 달이 되어도 노인은 아무 소리가 없었다. 드디어 막내가 부아가 나서 노인을 쫓아냈다. 노인이 어찌나 분하던지 주위를 마구 살피는데 마침 딱 망하기 좋은 자리가 있었다. 그래서 '이놈의 집구석 확 망해버려라' 하고는 그 자리를 명당이라 거짓말을 하고 그 집을 떠났다. 그 자리는 개구리자리인데, 바로 곁에 뱀이 있어 뱀이 개구리를 물어 죽이는 형상이었다.

한 10년 지나 그 노인이 다시 나타나 그 집이 망했는가 알아보니

대궐 같은 집을 지어 놓고 살고 있었다. 의아하게 생각하며 다시
지세를 살펴보니 바로 위에 황새봉이 있는 것이었다. 뱀이 개구리
를 물어 죽이려는데 황새가 있어 개구리는 마음껏 뛰노는 것이었
다. 그러니 그 집 살림이 부쩍부쩍 일어났던 것이다. 마침 3형제가
노인을 알아보고 대접을 융숭히 하자 노인은 원망이 풀려, 개구리
혈이라 비석을 세우면 안 된다는 충고를 해주었다. 그래서 3형제가
명당을 얻어 잘 살았다는 이야기다.

죽은 계혈에 모쓰고도 부자된 양반

복길자(福吉者) 복인(福人)이라 하는 말은 '복 있는 사람이 복을 받는다' 라는 말인데 이 말은 '왕대밭에 왕대 나고, 소대밭에 소대 난다.' 하는 말과도 통한다.

어떤 동네에 양반들이 많이 살고 있었는데 어느 날 아주 못사는 지리박사가 홀로 그 동네에 살려고 들어왔다. 풍수가 남의 묘터는 잡아 주면서 자기 묘터는 잘못 잡아서 못 살았던 모양이었다.

남의 동네에 들어와 사니 어찌 학대가 심한지 나이 차이가 많이 남에도 불구하고 저 놈도 잡아서 치고 이 놈도 잡아서 치고 부를 때도 우대를 하는 게 아니라

"이 사람 저 사람"

하니 이 지리박사가 속으로 '너희들 죽거든 한 번 보자.' 했다. 그런데 동네 어른 양반이 죽으면서 하는 말이,

"내가 죽거든 어떤 지사도 쓰지 말고 동네에 들어온 이 사람을 써라. 너희들이 가서 호령을 하라."했다.

그래서 상주가 가서,

"대가 가문에 상례가 났는데, 당돌하게 안 오고 이렇게 있느냐." 하면서 호령을 하니,

"예, 가겠습니다."

하면서도 그 속이야 오죽했겠는가? 그러나 택일하여 묏자리를 잡으러 갔는데 어디 한 강변에 가서 보니 그곳은 게가 죽은 형국인데, 이곳에 묘를 쓰면 3년 이내에 쑥대밭이 되는 곳이었다. 학대받은 일을 생각하면서

"내가 이집을 망하게 할 수 밖에 없다."고 했다.

장례날이 되어 그 곳을 파고 하관을 하고는 맞아 죽을까 보아 도망을 갔다. 3년을 지내고, 그 집에서는 그 지사(地師)를 대접 하려고 상주들이 찾으니 지사가 보이지 않았다.

3년 뒤에 풍수가 그 동네에 들어가면서 '그집이 쑥대밭이 됐으리라' 고 생각했는데 망두석과 석물(石物)을 아주 잘 해 놨다.

"하아"하면시 힌숨을 쉬고 있는데, 강 앞에 뱃사공이 노를 저어 나가면서 하는 말이,

"저 묘가 과연 명산이라 하더라. 게가 죽은 형국인데, 이 경물이 비치어 그렇게나 좋다고 하더라."했다. 지사가 무릎을 탁 치면서,

"내가 게가 죽은 형국은 많이 봤는데, 경물이 비치어 좋다 하는 것은 몰랐구나."하면서 그 자리 앉아서,

"아, 복길자 복인이구나. 복이 있는 사람은 망치려 해도 안 되는구나. 왕대밭에 왕대 나고, 소대 밭에 소대 나는 것이라. 못 사는 놈은 이왕 못 사는 거고, 잘 사는 놈은 이렇게 망하게 하려고 해도 잘 된다."고 푸념하였다.

닭 똥 누는 자리 잡아준 무학대사

산 서(山書)를 열심히 공부한 무학대사가 돌아다니다가 초상난 곳에 갔는데, 그 집 생활이 너무 곤란해서 이를 불쌍히 여긴 대사는 3년 이내에 몇 백 석 할 자리를 잡아주었다. 그 자리는 장닭이 횃대에 올라가는 자리였다.

"네가 3년 만에 몇 백 석 할거다."라고 말하고 청국으로 갔다. 만주땅 벌판을 지나는데 아이들이 작대기를 가지고 이리 저리 그림을 그리면서,

"야, 이놈아, 미련하기가 꼭 조선 땅에 무학이 한 가지다. 야 이 자석아. 산서라 하는 것이 산이 이리 생기고 이래 생겼제. 산이 무슨 혈맥으로서 무슨 자 나와 가지고 여기 떨어지는 것인데, 아이 미련한 놈아, 네가 똑 무학 같다."라는 것이었다. 무학대사가 깜짝 놀라 이렇게 물었다.

"그래, 이 아이들아, 무슨 뜻으로 그런 소리를 하느냐? 무학이가 조선서 그래도 유명한 선사인데, 그 무슨."

"들어 보이소, 산이 원래 이렇게 생겼으면 무슨 형국으로 내려와 가지고 어떻게 되는 건데, 이거 뭐 이리 미련한 놈이."

그 모래밭에 그림을 그리면서 설명을 하는데, 무학대사가 절복을 하면서, '아이구야, 나도 바보짓을 했구나!' 싶어서 딱 돌아서니까 아이들이 보이지 않는 것이었다. 아이들은 사람이 아니었다. 그 길로 다시 조선으로 돌아와서 3년 만에 부자 될 거라던 집에 가니까 문둥이가 되어서 산에다 움막을 짓고 있는 것이었다. 가슴을 두드리면서 무학대사는 지난 번 묏자리 잡아준 자리에 가보니 석자 올려야 하는데 석자로 내려썼니 닭이 똥 누는 자리였던 것이다.

그래서 무학이 돈을 내어 인부를 사가지고 다시 묘를 파서 석자를 올려 주었다. 그 뒤 문둥병 걸린 상제는 병이 깨끗이 나았는데 어떻게 인물이 좋아졌든지 서기가 빛난다는 소문이 났다. 몇 백 석 하는 과부가 상제에게 반해서 혼인했다고 한다.

황소뿔 자리에 묘를 쓴 박상의

박상의라는 사람이 경상도 땅을 돌아다니다가 황소가 강을 건너는 혈, 즉 황우도강이라는 명당자리를 발견하였다. 누구에게 명당을 알려줄까 고민하다 어느 동네에 있는 기와집을 찾아갔다.

그 주인이 박세원이라는 사람이었는데 같은 종씨를 만났다고 반가워하며 식사를 잘 대접해주었다. 박상의는 숙식을 제공받은 후, 자신이 풍수공부를 했다는 것을 토로하고 오다가 명당자리를 발견하였다고 하며 그곳으로 박세원을 안내하였다. 그리하여 박세원은 그곳에 묘를 썼다. 박상의는 다시 찾아오겠다고 약조를 하고 떠났다. 그 후 박세원은 집에 우환이 닥쳐 거지가 되고 자신은 문둥병까지 앓게 되었다. 결국 동네 밖으로 쫓겨나 움막을 치고 살았는데 박상의가 오기만 하면 죽여 버리겠다고 한을 품고 있었다. 그 후 3

년이 지나 박상의는 박세원이 묘를 옮긴 뒤에 거지가 되었다는 얘기를 듣게 되었다. 박상의는 그럴 리가 없다고 하면서 박세원이 사는 동네로 찾아가 묘터를 보니 잘못 쓴 것이 분명하였다. 경험이 적어서 그런 실수를 한 것이다. 본래 황소가 강을 건널 때 머리만 남기고 몸이 물에 들어가는데 코로 숨을 쉬고, 귀는 내려가고 꼬리는 뿔에 붙는 것인데 뿔에 묘터를 쓴 셈이었다. 사흘 후, 박세원을 찾아가 저만치 서서 그대를 못살게 하려고 묘터를 잡아준 것이 아니니 다시 묘를 옮긴다면 병도 낫고 살림도 다시 불어날 것이라고 하였다. 박세원이 가만히 생각하다가 박상의 말대로 다른 곳에 묘를 옮겼는데 그 후에 문둥병이 낫고 다시 부자가 되었다고 한다.

제5장 명풍수의 지술

- 지관과 의원의 놀라운 비술
- 덕흥 대원군 묘를 정해준 도사
- 부마 될 터를 잡아준 도선
- 목만 잘라 묻은 명당
- 박문수 어사와 암서방
- 석풍수의 묘술로 효녀 살린 박문수
- 장인의 정성을 확인하고 명당 잡은 풍수 이승
- 산신령에게 배운 풍수 비법
- 세 정승의 재주 자랑
- 의원, 풍수, 상쟁이의 재주겨룸
- 풍수와 약국의 제주겨룸
- 괄시한 스승에게 원수갚은 고진적
- 대감에게 친산을 찾아준 풍수

지관과 의원의 놀라운 비술

옛 날에 지관과 의원이 나란히 앞집과 뒷집에 살고 있었다. 하루는 둘이 모여 이야기를 나누었다.

"자네 의술이 용하다고 하나 나는 모르고, 내 지술이 용하다 하나 자네가 모르니, 우리 둘이 이제 봇짐을 싸서 팔도강산 구경이나 가세."

"아, 그러지. 나도 역시 자네 지술이 용하다는 말만 들었으니, 어디 가다가 좀 보기도 하게 함께 가세나."

둘이서 개나리봇짐을 싸서 길을 떠났다. 한 사나흘 밤을 보내고 길을 가는데, 고개 마루를 넘어서니 참으로 잘 쓴 산소가 하나 있었다. 산소 앞에 묘지기가 집을 짓고 살고 있어서 그 곳에 앉았다. 지관은 아무런 말도 하지 않았는데, 의원이 하는 말이,

"야, 산자리 참 좋다."라는 것이었다. 지관이 가만히 있으면 안

되겠다 싶어서 한 마디 하였다.

"이 산소 쓰고 도둑놈 낳았겠다."

그 소리를 들은 묘지기가 주인에게 가서,

"지관인지 뭔지 손님 둘이 지나다가 그런 소리를 했습니다."

이 말을 들은 군수가 득달같이 달려가 두 사람을 붙잡고 말했다.

"당신, 무슨 소리를 하지 않았느냐?"

의원은 방패막이를 하려고,

"아유, 나는 산자리가 좋다는 소리만 했어요. 저 사람이 그랬지요."라고 말하였다.

"예. 내가 입 가벼운 말을 했소. 그 산소 쓰고 도둑놈 낳겠다고 그랬소. 당신에게 3형제가 있지요?"

지관이 군수에게 물으니, 군수가 그렇다고 했다.

"그 중의 막내가 남이 장사 지내면 상포 베끼다가 파는 도둑놈이오."

지관이 말했다. 군수가 이 말을 들으니 끔찍하기도 하고, 참 이상한 일이기도 하였다. 맏형은 도청서기이고, 자신은 군수이고, 동생은 면서기를 하고 있으니 지관의 말이 믿어지지 않았다. 그래서 두 사람을 자기 집으로 데려가서 사랑에다 가둬놓았다. 대접은 잘 했지만 어디 가지를 못하게 하였다. 그러자 이웃에서 장사를 지내게 되었는데, 맏형에게 동생을 지켜보라고 하였다. 그래서 맏형은 동생네 집의 마루 밑에 들어가 엎드려 있었다. 동생은 저녁 늦게서야 돌아왔다. 동생은 저녁을 먹고는 부인에게 땅 파는 벽차를 달라고 해서 둘러메고 나갔다. 맏형이 뒤를 밟아보니, 동생이 그 날 장사 지낸 묘를 파는 것이었다. 맏형은 끝까지 지켜보기로 하였다. 동생은 땀을 흘리며 관을 뜯어 내장포를 벗겨서 주섬주섬 끌러 메고, 관은 대강 묻어 두었다. 가지고 온 것을 돌을 헤쳐서 강에 묻고 다시 돌로 눌러 두고 동생은 집으로 돌아왔다. 끝까지 뒤를 밟아 온

맏형은 다시 동생의 집에 몸을 숨겼다. 아내도 이 일을 알고 있는 지 내외가 말을 주고받았다.

"어떻게 했어요?"

"아, 전에 담궜던 곳에 담궈 두었지."

맏형에게서 자초지종을 들은 군수는 지관에게 가서 절을 하며 어떻게 해야 할지를 물었다.

"한 금정만 올렸으면 그런 일이 없었을 것인데, 한 금정 내려 묘 를 썼기 때문에 그렇게 언짢은 도둑놈이 나지 않았겠소? 이래도 내가 거짓말을 했소?"

지관이 말했다. 앞뒷집에 살아도 지관이 어느 정도인지 잘 모르 던 의원도 지관이 참으로 용하다는 것을 알게 되었다. 이튿날 면례 를 하는데, 원래 있던 산소도 아주 잘 쓴 것이어서 고생을 해서 한 금정 올려놓았다.

지관이 용하다는 것을 알고는 한 달이 넘어도 돌아가지 못하게 하였다. 그래서 계속 그 집에 묵고 있는데, 하루는 이웃에서 또 장 사를 지내게 되었다. 다시 면서기 하는 동생을 감시하였다. 동생이 들어오자 두 내외가 말을 주고받았다.

"오늘은 또 안 가오?"

"그까짓 거, 돈도 안주는 데 힘만 들고 못할 노릇이야. 이제 그만 둘라네."

일이 잘 매듭지어진 것이다. 그제서야 군수가 두 사람을 극진히 대우하면서 노자 돈을 후하게 주면서 말하였다.

"가지고 가서서 쓰세요."

"돈을 이렇게 쓰면 안 되지. 노자 할 돈이나 좀 주시오."

노자 할 돈 몇 냥을 얻어 가지고 두 사람은 집을 나섰다.

하루 동안 꼬박 길을 가다보니 높은 집이 있어, 그 곳에서 하룻 밤을 묵으려고 하였다. 그 집 앞에 이르니 곡성이 들리고, 사람들이 들락날락하였다.

"여기는 어쩐 일입니까?"

"하룻밤 쉬어 가려고 왔는데, 집안이 이러시군요."

"다름이 아니라, 삼대독자 며느리가 몸을 풀려다가 사흘째 몸을 못 풀고 이제 죽으려나 봅니다."

"그러면 하룻밤 쉬어 갈 수 없겠군요."

"쉬셔도 좋지만, 지금 죽을 때를 기다리는 상황이니 어쩌겠습니까?"

의원이 들어가서 산모를 보니 살릴 수 있을 듯하였다. 그래서 산모를 등에 메고 말하였다.

"사람이 웅신하도록 이렇게 업어 주시오. 그러면 내가 고칠 것 같소이다."

의원은 긴 침을 꺼내어 산모의 등에 침을 꽂으니 그 침이 다 들어갔다. 침을 그대로 둔 채 의원이 말했다.

"내가 사랑에 나가기 전에 순산할 테니 걱정들 마십시오."

그리고는 침을 쑥 빼서 사랑으로 가니, 아이 울음소리가 들렸다. 쌍둥이가 태어난 것이다.

지관이 의원에게 물었다.

"그래 어찌된 일인가?"

의원이 대답하였다.

"쌍둥이가 손을 잡은 채로, 서로 먼저 나가려고 해서 내가 하나는 왼손바닥을 꿰고, 하나는 오른손바닥을 꿰어서 아이가 아픈 바람에 손을 놓았으니 나왔지."

이 말을 듣고 지관이 감탄하며 말했다.

"아, 내 재주도 괜찮고, 네 재주도 좋구나."

덕흥 대원군 묘를 정해준 도사

불 암산에 있는 끝 동네를 조금 올라가면 흥국사가 나온다. 흥 국사는 왕의 아버지 되는 덕흥 대원군의 묘를 쓴 산소인데, 선조대왕 때 대원군을 모시는 역사(役事)가 굉장했다고 한다. 그곳 아래 수자굴이라는 곳에 살던 도사가 그의 상좌 중과 함께 그곳을 보고 와서는 상좌 중을 시켜 대원군을 모시는 산역(山役)하는 곳을 가리키며,

"저기는 지금 우물을 파는 곳이니 가서 물을 얻어 오너라."고 심부름을 시켰다. 상좌 중이 그 시키는 말씀을 듣고 표주박을 들고, 높은 산꼭대기에 수백 명이 산역을 하는 곳으로 가서는,

"여기에 우물을 파신다고 하니 물 좀 얻으러 왔습니다."

그러자 나라의 산역을 하는 곳에 와서 우물을 판다는 소리를 하자, 사람들이 놀라서,

"아 저놈이 어디서 온 놈이냐? 잡아 죽여라."하며 상좌 중을 붙들고 물었다.

"나라의 산역을 하는데, 눈이 어떻게 되어서 우물을 판다고 하느냐?"

"저의 스님께서 지금 일러주어서 왔습니다."

이렇게 얘길 하자,

"그래 너의 스님이 어디 있느냐?"

그래서 상좌 중을 붙잡아서 스님이 있는 수자굴을 찾아왔다. 사람들이 스님께 묻기를,

"지금 이 나라 임금님의 아버지를 모시려고 산역을 하는데, 우물을 판다고 하니 너 어찌 방자한 소리를 하는 것이냐?"

스님은 나라의 으뜸 지관(地官) 앞에 붙들려가 계속 추궁을 당하자 하는 말이,

"저는 아무 것도 모르지만 여기에서 몇 자 몇 치를 더 파서 광중(壙中)을 지으십니까?

"몇 자 몇 치 파고 광중을 짓는다."

"그 성도 파시면 물이 나옵니다."

스님이 그렇게 대답을 하자, 누가 틀리고 옳은지 시비를 가리기 위해 광 짓는 앞에다 지관과 스님을 묶어 앉혀 놓고 몇 자 몇 치를 재가면서 파기 시작하자 물이 팡팡 솟았다. 스님이 옳은 것을 보고,

"스님이 그렇게 잘 아시면 이제부터 어떻게 하면 좋겠소? 자릴 옮겨야겠소?"라고 스님께 물었다.

"그래도 좋은 자리인데 저 건너, 저 산줄기에 가서 우물을 파면 이 곳의 물은 금방 마르게 될 것이오. 광중은 먼지가 나고 그리로 물이 나갈 것입니다."

이 말을 듣고는 대사를 모시고 건너편 산줄기에 가서 땅을 파고

나니, 물이 그쪽으로 쏠리고 산소 쓴 자리는 금방 먼지가 나며 좋은 자리가 되었다. 지관은 극형을 당하였고, 이렇게 가르쳐 준 도사에게 나라에서 물었다.

"어떻게 해야 하는지 잘 좀 일러주시오."

"이 자리는 좋은 자린데 물을 빼내는 걸 모르고 있었소. 물이 항상 고여 왔으니 관을 엎어서 묘를 써야 될 것 같습니다."

이 자리가 한 번 뒤집는 자리여서 관을 묻은 뒤에 광중의 위를 덮는 홍대를 덮으면 살짝 뒤집어 진다고 하였다. 관을 엎어서 묘를 쓰라고 하지만, 관을 뒤집을 수도 없고 물이 고였던 것을 보고는 믿지 않을 수도 없었다. 그래서 이 선조대왕 아버지인 덕흥대원군을 모시는데 관을 엎어 세웠고, 홍대의 나머지를 덮는데 덜커덕 소리가 나더니만 그냥 제쳐졌다고 한다.

부마될터를 잡아준 도선

도선이 물 속에서 용자비결(龍子秘訣)을 얻었는데 조선에서는 그것을 해석해 가르칠 사람이 없었다. 그래서 중국에 가서야 간신히 배울 수 있었다. 10여 년을 배운 후, 무불통지하여 어느 곳을 보아도 모르는 곳이 없었다. 그런 경지에 이르자 중국에서 돌려보내려 하지 않아, 밤을 타 도망을 쳐서 조선으로 돌아왔다. 며칠 만에 평안도 모란봉에 도착했는데, 모란봉은 중국과 연결된 장소였다. 그 위에 노인네 서넛이 앉아서 장기와 바둑으로 소일하고 있었다.

도선은 쇠방아를 만들어 그 옆에 놓아두고는, 심심하거나 정신이 혼미하면 이 방아를 찧으라고 부탁했다. 노인들이 그 말대로 하자 정신도 상쾌하고 좋아서 매일같이 방아를 찧었다. 그런데 중국에서는 자꾸만 천자가 죽어나가는 것이었다. 천자를 뽑아 놓기만 하면 하나같이 죽어버리기에 점쟁이를 불러 알아보게 하였더니, 예전 이곳에서 풍수를 배우고 간 조선사람이 모란봉에 수작을 부려놓았다고 했다. 그래서 모란봉을 찾아가 보니 쇠방아가 있었다.

중국 천자는 쇠방아를 없애고 조선 임금에게 명령을 내려 도선을 잡아들이게 했다.

도선은 절간이며 산으로 도망 다니다가 배가 고파서 쓰러졌는데, 나무하러 올라오던 머슴 총각이 도선을 발견하고 자기 도시락을 먹으라고 주었다. 도선은 고마워서 당대 발복할 명당을 찾아주고 택일까지 해 주었다. 머슴 총각은 도선의 말대로 그 자리에 묘를 썼는데, 묘를 쓰고 나니 문둥병에 걸려서 더 이상 머슴을 살 수 없게 되었다. 도선이 훗날 살펴보러 갔더니 그 사람은 문둥병이 들었으므로, 자신이 지리를 잘못 보았다고 생각하고 쇠를 부수려 했다. 그 때 공중에서, 거기 묻힐 사람이 살아서 살인을 한 적이 있기 때문에 신령이 터를 잘못 보도록 했다는 소리가 들려왔다. 도선이 다시 살펴보니 거기서 조금 올라간 곳이 정말로 좋은 터였기에 묘를 다시 그 자리로 옮겼다. 문둥병에 걸렸던 총각은 며칠 만에 허물을 벗고 새사람이 되어 예전 머슴 살던 집에서 다시 머슴을 살다가 그 집 딸과 결혼했다.

도선이 한 곳을 가다 보니까 배도 고프고 날도 저물어 어디 가서 자야 되겠는데 산골짝이라 잘 곳이 마땅치 않았다. 한없이 가다보니 서당에서 글소리가 나서 무조건 들어가, 그 선생보고 얘기하니까

"응! 그러면 여기서 하루 저녁 자고 가시오."

이렇게 대답을 하는데, 이 선생이 저녁도 안 먹고 실심을 하고 있었다. 그런데 윗목에는 떡도 갖다 놓고 적도 갖다 놓고, 술도 갖다 놓았다. 그래서 선생보고,

"아! 저 윗목에 떡이며 적이며 술이며 온갖 것 다 갖다 놓은 것

을 보니까 아마 어떤 학동이 책을 다 배우고서 책거리 하는 것 아닙니까?"

그러니까, 고개를 끄떡끄덕 하면서 한참 있더니,

"그러나 저러나, 내 한 가지 걱정이 있소."

"무슨 걱정이 있소?"

"아, 나에게 와서 글 배우는 애들이 여섯인가 일곱인가 되는데 그 중에 아주 가난하고 가난한 과택의 아들이 하나 있다오. 그 애 아버지가 죽어서 묏자리를 못 얻어 가지고 채봉을 하고서 있는데, 그 어머니가 '너의 선생님에게 가서 어떻게 하면 묏자리를 얻어 쓸 수 있는가 물어 봐라'고 했는 모양이요. 어느날 그 애가 와서 '선생님 어떻게 하면 좋은 묏자리를 얻어 써요?' 그러기에 '적덕을 하면 얻어 쓰느니라.'고 했지요. 이 말을 들은 그 어머니가 방아품을 팔기도 하여 간신히 먹고사는 처지에 죽을힘을 다해서 겨 떡을 저렇게 해 왔으니, 내가 저걸 먹을 도리가 있느냐 말이요. 내가 다른 것은 가르쳐 줄 수 있지만 묏자리 보는 책은 보지도 안 했고 쇠 글자도 알지 못하니 속으로 걱정이 되어서 윗목에다 놓고 저렇게 있다오. 긱징한다고 소용 있습니까? 뭐 떡이라는 음식은 갖다 놓으면 도로 살아지는 것도 아니고 그러니까 좀 먹읍시다."

자꾸 선생이 먹자고 하였다. 그래서 도선이가 상을 갖고 오라고 해서 떡이며 적이며 술을 실컷 먹었다. 그러나 선생이 밤에 잠을 안 자고서 부시럭부시럭 하고 걱정을 하므로 도선이가 다음날 식전에 세수를 하러 나갔다가 건너 밭을 바라다보니까 밭 다무락 가운데 묏자리가 하나 있어 참으로 썩 기분이 좋았다. 조반을 먹고서,

"훈장님, 그렇게 걱정하시는 것을 제가 보고서 그냥 갈 수도 없는 것이고, 또 적이요 떡이요 잘 먹고 그랬으니 별로 알지는 못합니다마는 대충 짐작은 합니다. 세수하러 나가서 보니까 저기 자리

가 한 군데 있어 보이는데 거기 가십시다."

함께 좇아가서 보고 훈장에게 말했다.

"이 다무락 가운데에 묏자리로 참 좋은 자리가 있습니다. 그러니 여기다 묘를 쓸 것 같으면 당대에 과거에 급제할 인물이 날 것입니다."

그리고 쇠를 놓고서 줄을 띄워서 택일까지 해주었다. 아무 날 아무 시에 하관을 하면 참 좋을 것이라고 일러주고 작별하였다.

그래서 선생이 아이를 불러서,

"묏자리는 구해 놨는데 아무 달, 아무 날, 아무 시에 하관을 해야 한다. 그러니 가서 네 어머니에게 그러라고 해라."했더니 그 애가 저의 어머니에게 가서 그 얘기를 했다. 그의 어머니가 그 소리를 듣고 나니까 반갑고 좋기는 좋았으나 장사를 지낼 생각을 하니 눈앞이 캄캄하였다.

그래서 남의 집 머슴을 사는 시동생에게 가서 사정을 이야기 했더니 시동생이 주인에게 새경을 미리 좀 빌려 달라고 부탁하였다.

새경을 좀 빌려 가지고서는 택일 한 대로 다무락을 헐고 보니까 좋은 흙이 그 속에 꽉 차 있어서 묘를 잘 쓰고 떼를 입히니 명당 같이 보였다.

선생이 이제 그 애를 가르치니 두 번 가르쳐 줄 것도 없이 한번만 일러 주면 그냥 죽죽 잘 알았다. 그 애가 나이가 한 20살이 되어서 과거를 보러 가려고 하니 노자가 없었다.

그 어머니가 걱정을 하다가 또 시동생을 찾아가 통사정을 하니 시동생이 선새경을 받아 그 애의 서울 갈 노자 돈을 마련해 주었다. 이 돈을 가지고 며칠 만에 서울에 도착하여 값이 헐한 객관을 찾아가 자게 되었다. 꿈에 어떤 노인이 나타나서 선몽을 해주면서, 오늘 시제는 무엇이라 하고 이렇게 지어 올리라고 일러주었다.

그 이튿날 과거장에 나가보니 꿈에 선몽한 대로 시제가 나와서 꿈속의 노인이 일러준 대로 지어 올렸다.

그런데 그때에 공주가 과년하여 사위 재목을 구하는 때였다. 사위 재목을 구하려고 과거를 열었던 것이다. 상시관, 중시관, 하시관 시관 셋이 앉아서 이 애의 글을 보고서 관주(貫珠)와 비점(批點)을 치고 읊는 등 야단이 났다. 그래서 장원 급제하여 부마(駙馬)가 되었다. 말하자면 당대 발복을 했던 것이다.

장원급제하여 집으로 오다가 여관에 들러 자는데 집주인이 안절부절하며 야단을 떨었다.

그래서 그 이유를 물었더니,

"우리 자부가 태중인데, 벌써 며칠째 아이를 못 낳고 저렇게 욕을 보고 있습니다."고 하였다. 이 말을 들으니 무척 안스럽기도 하고, 가만히 생각하니까 한 가지 꾀가 떠올랐다. 부마의 인으로 '부'에다 인을 꽉 찍어 가지고 똘똘 말아서 환약을 만들어 주인에게 주면서 말했다.

"이놈을 갖다가 입에다 넣고서 꿀떡 삼키라고 하시오. 그러면 아마 바로 해산 할 것입니다"

주인이 너무나 빈갑게 생각하고 자기 며느리에게 주면서,

"너, 이걸 마시면 좋다고 하니까 삼기도록 하여라."고 하니까 며느리가 입에다 넣고서 그냥 꿀떡 삼켰다. 그런데 조금 있으니 "야아"하고 아기가 쑥 나와 버렸다. 이것은 산천초목도 벌벌 떠는 부마의 명령이 뱃속에 들어오니 쫓겨나지 않을 수 없었기 때문이다.

주인이 며칠 쉬어 가라는 만류도 뿌리치고 집으로 돌아와 어머니에게 인사드리고 이어서 삼촌과 훈장 선생님에게도 인사를 드렸다. 그리고 그 어머니는 아들 덕에 호강하고 삼촌도 머슴살이를 그만하고 땅 사고 집 사서 잘 살았을 뿐만 아니라 훈장 선생님도 제자 잘 둔 덕을 톡톡히 보았다고 한다.

목만잘라 묻은 명당

신라 시대에 풍수를 잘 보는 사람이 있었다. 죽을 때 막내아들을 불러서, 장사를 지낼 때 자기 목만 잘라서 어느 강을 건너 바위를 들치면 그 아래 옥함이 있으니 자기 머리를 넣고 북쪽으로 가라고 했다. 막내아들은 아버지의 말대로 했다. 비를 맞으면서 북으로 가다가 새벽녘쯤 되어 어떤 집에 도착하니 처녀가 나와 새 옷과 먹을 것을 주었다. 처녀는 자기가 죽은 사람인데 부모에게 편지를 전해 달라고 하고는 병 세 개를 꺼내 훗날 자신을 파낼 때 이 약수를 순서대로 뿌리면 재생할 수 있다고 말했다. 막내아들이 병을 받고 났더니 사람도 집도 없어지고 무덤에 서 있었다. 그래서 편지에 쓰인 대로 어느 정승 집을 찾아가 편지를 보였더니, 정승은 자기 딸이 죽었는데 편지를 가져올 리 없다며 막내아들을 옥에 가두어 버렸다. 그런데 그 날 밤 임금이 밖에 나와 보니 그 정승의 집 옥에서 서광이 나는 것이었다. 임금의 명령으로 처녀의 무덤을 파고 약수를 뿌리니 정말로 처녀가 되살아났다. 막내아들은 되살아난 처녀와 혼인했다. 훗날 중국에서 지혜를 보러 왔는데, 막내아들은 부인의 도움으로 이기고 중국의 천자가 되었다.

박문수 어사와 암서방

박문수 어사가 전국을 돌아다니던 중 어느 동네에서 사람들이 모여 있기에 궁금해서 찾아갔다. 그 동네에 샘이 없어서 샘을 파는데 계속 헛샘만 파자 사람들이 서로 잘했니 못했니 하면서 싸우고 있었다. 그러자 박어사와 동행하고 있던 암서방이 끼어들어 정자나무를 베고 그곳을 파라고 일러주었다. 돈 천냥을 걸고 약조를 하여 샘을 파니 물이 철철 나와 암서방은 돈 천냥을 받고 다시 어사와 함께 길을 나섰다. 지나가다가 산비탈에서 묘 쓰는 것을 보게 되었다. 그러자 암서방이 나서서 물구덩이에다 묘를 쓴다고 일러주었다. 상인(喪人)은 명당을 쓰려고 했는데 물이 난다고 하니까 의심이 나서 돈 천냥을 걸고 그곳을 파자 정말로 물이 나오는 것이었다. 그리하여 암서방은 다시 돈 천냥을 얻었다. 또 박어사와 암서방이 어느 동네를 지나다가 부잣집에서 저녁에 자고 가기로 하였다. 그런데 그 부잣집의 7살 먹은 독자가 병이 나서 죽어가고 있었다. 그러자 암서방이 목숨을 걸고 아이를 살리겠다고 약조하고 아이 방에 들어갔다. 아이를 방에 두고 방의 주위를 둘러가며 파자 아이가 살아났다. 주인이 어떻게 병을 고쳤는지 묻자 독을 품은 지네가 근처에 오지 못하게 하였다고 말하였다. 주인이 고마워하며 용한 의원이라고 돈 천냥을 주자 이를 받고 다시 길을 떠났다.

순천가는 길에 암서방은 박어사와 헤어져 자신의 집에 가겠다고 하였다. 암서방과 헤어진 후, 박어사는 거처할 곳이 마땅치 않아 다시 암서방 집을 찾아가기로 하였다. 그런데 어떤 여자가 무덤에 온갖 것을 차려놓고 지성을 들이고 있었는데 내막을 묻자 남편이 순천 이방으로 삼천냥의 공금을 써서 이를 갚지 못하여 내일 죽게 되었다고 하였다. 그러자 박어사가 지금까지 받은 삼천냥을 관가에 주고 아무개를 살렸다고 한다.

석풍수의 요술로 효녀 살린
박문수

박문수가 처음으로 암행어사 길을 나섰는데 날이 저물어 주막에서 자게 되었다. 그런데 9척이나 되는 사람이 들어오더니 주리를 트는 지라 수인사를 하게 되었다.

"당신은 어디서 왔소? 어디 사오?"

"나는 집 없는 과객이요"

"성은 무엇이오?"

"나는 박가요"

"나는 석가요"

키는 크고 생긴 모양은 도적놈 같아서 의심이 갔다. 그래서 뒤를 캐 볼 요량으로,

"당신은 어디까지 가시오?"

"정처 없이 다니오"

"나도 정처 없이 다니는 처진데 그러면 동행 합시다"

그래서 동행을 하게 됐는데, 마침 만석꾼이 묘를 쓰고 있었다. 석가가 구경하고 가자고 했다. 하관을 하고 달구질을 하며 야단법석을 떨고 있었다. 그런데 석가가 시체가 없다고 하는 것이었다. 금방 하관을 하고 흙을 덮었는데 시체가 없다고 하자 환장할 노릇이었다.

"송장이 없으면 내가 삼천 냥을 받고, 그렇지 않으면 때려 죽이시오"

그래서 파 보았더니 시체가 없었다. 상주가 어떻게 하냐고 묻자 시체는 묻혀 있으니 그냥 봉분을 하라고 했다. 그래서 삼천 냥을 벌게 되었다. 박문수가 석가에게 삼천 냥을 갖고 집으로 가라고 해도 가지 않고 그냥 산에서 잔다는 것이었다. 석가가 큰 바위 뒤에다 박문수를 세워 놓고는 소변보고 온다고 하면서 기다리라고 했다. 박문수가 바위 뒤에 서 있다니 야밤중에 예쁜 처녀가 정화수를 떠놓고 빌러 왔다.

"미륵님, 저의 아버지를 살려 주세요."

박문수가 어디 사느냐고 물었다.

"여기 안 동네 사는데 우리 아버지가 삼천 냥을 나라에 빚졌습니다. 내일이 죽을 날짜라 자식된 도리로 여기서 석달 열흘 동안 빌었습니다"

"그러느냐? 지성이면 감천이라더니 그럴 것 없다. 이 돈을 갖고 가서 부모를 살리도록 하여라"하고 돈을 내주고는 서울로 도로 올라갔다. 그리고는 효녀문을 세웠다.

장인의 정성을 확인하고
명당 잡은 풍수 이승

진도에 이승이라는 양반이 서모 자식으로 태어났다. 서모 자식으로 태어났으나 어머니가 이승을 기를 적에 정성들여 길렀다. 서당에 보내거나 어떻게 하든지 정중히 보냈는데, 하루는 서당을 갔다가 칠야 밤중에 어머니에게 돌아오는 도중에 한 여자가 나타나서 구슬 같은 것을 하나 주면서,

"너 이것을 물고 있다가 나를 다시 주라."하였다. 그래서 영문을 모른 채 이승은 그것을 물고 있다가 다시 그 각시에게 주었다. 그러자 그 각시는 받아 가지고 웃고는 그냥 가버렸다. '아이 참 별일이다.'하고는 집에 와서 아무 말도 안 했다. 그리고는 그 뒷날 자고 나서 또 서당에서 공부하고 그 시간이 되어 돌아오는데 그 각시가 또 나타나서 어제와 똑같이 하였다. '그 참, 별일이다' 생각했으나 누구에게 이야기할 데도 없었다. 어머니보고 할 수도 없고 해서 선

생에게 이야기를 하였다.

"선생님, 저가 이만저만 한 이틀 저녁 다니는데, 어떤 각시가 구슬 같은 것을 주면서, 입에다 물고 한번 있다가 주라 해서 내가 그렇게 했었습니다. 그런데 오늘 저녁에 또 가는데 그러면 어떻게 해야 되겠습니까?"

"그래? 그러면 그 구슬을 물고는 '내 목으로 넘어가 버렸소'하고 주지 말아라. 그리고 그것을 내게 가져오너라."라고 하였다. 그래서 이승은 그렇게 하기로 약속하였다. 그 날 저녁에 돌아오는데 그 여자가 또 나타나서 그 구슬을 입에 넣어주고 웃으면서

"이것을 물고 있다고 나에게 달라."고 하니까,

"그러지요"하고는 입에다 넣고는

"이런, 목으로 넘어가 버렸네."하니까 각시는 그냥 나가버렸다. 그냥 없어져버린 것이다.

이승은 무서워서 땅만 보고는 자기 집으로 갔다. 다음날 아침에 서당에 가서 선생님께

"아이 그것이 그냥 목구멍으로 넘어가 버렸어요."그러니까,

"그것이 여의주다. 그 각시는 백여우다. 여우가 인주를 너에게 준 것이니까 너는 장차 큰 사람이 될 것인데 어디를 보고 왔느냐?"

"예, 갈 때 땅만 보고 갔습니다."

"크면 지리박사가 될 것이다. 잘 했다. 나를 갖다 달라 했는데 그것은 내 잘못이었고, 너는 좌우지간 크면 지리박사가 될 것이다."

그래서 선생이 가르쳐주기를 그때부터는 꼭 지리만 가르쳐주었다. 그러니까 그 선생은 뭔가를 아는 양반이었다. 그 후에 밖으로 나와서 사방 산천을 둘러보니 거울 속 같이 보였다.

나중에 장가를 들어 처갓집에 가게 되었다. 그때 장인이 하는 말이,

"자네는 남의 일만 보고 다니고 왜 우리집 일은 안 봐 주냐?"하

였다.

"어쩐 말씀이십니까? 장인어른을 먼저 생각하지요."

"그러면 어떻게 할 것이냐?"

"아버님에게 돈을 받아 뭘 하겠습니까? 그나저나 공을 들여야만 자리를 보겠습니다."

"그러면 무슨 자리를 좌우간 해주겠는고?"

"아이 무슨 자리이고 간에 공을 들이면 됩니다."

"그러면 어떻게 공을 들이는 것이냐?"

"예, 내일 아침부터 공을 나에게 들이시지요."

"그러지"

좌우간 그 다음날 아침부터 공을 들이는데 사위 이승이 말하였다.

"아버님이 나를 업고 산을 한번 올라갔다 내려와야 됩니다."

"그것은 문제가 없다."

그래서 장인이 사위되는 사람 앞에서,

"야, 이승아 이승아"

"예"

"가자."

"그러시지오. 아버님 성의가 참 지극하십니다."

장인이 웃옷인 쾌자(快子)를 벗고 섰으니까 뒷등걸이에 탁 집어 업혀 가지고는 동산 구경을 하고는 조반 때가 되면 타고 또 내려오는데, 사방에서 부인들이 물을 길러오느라고 야단이었다. 그렇지만 자리 하나 구할 욕심에 첫날 아침에 갔다 왔던 것이다. 노인이 쾌자를 벗고서 사위를 업고 동산 구경을 갔다 왔다가 그 다음날 아침에 '에이 이것도 내일까지만 하면 다 될 것인데'하고

"이승아 가자"

"그러면 아버님 참 나 별일 났소, 그러면 갑시다."

그리고 또 등에 업혀서 갔다. 가서는 마음껏 놀고는 느지막이 내려와서는 올 때 장인의 쾌자를 벗겨가지고 업혀서 왔다. 장인이 내려와서는 사위를 방문 앞에 내려놓으니,

"아버님 어서 들어가시지요. 저도 들어가 식사를 하렵니다."

이렇게 인사를 주고받고 헤어졌다. 그 때 그 사람 큰아들은 '아무리 동양의 풍수박사라 할지라도 세상천지에 자리를 구해주면 구해줬지, 장인 되는 사람의 쾌자를 벗겨 산으로 업고 다니면서 아침마다 고생시키는 놈이 어디 있어?'하는 생각이 들어 괘씸하게 여겼다. '내일 아침에는 때려 치워버리도록 해야겠다'고 생각을 하였다. 큰아들은 이렇게 마음을 먹고 있었으나 그 아버지는 '내일 아침 하루만 공을 들이면 되지 별거 있냐?'라는 마음을 먹고 있었다.

그런데 이승이 그날 저녁에는 자기 장인을 데리고 저녁 내내 실랑이를 치고 좋은 이야기만 하였다. 그래 가지고 장인을 아주 잠을 못 자게 생고생을 시켰다. 늦잠을 자게끔 아주 죽을 고생을 시킨 것이다. 그리고 좋은 이야기를 밤새도록 하고는 '이제 이만하면 늦잠 잘 것이다'고 생각하면서,

"아버님 한숨씩 잡시다."하고는 양쪽 방에 헤어져서 잤는데, 그래도 장인은 그 성질에 시간이 되니까 옷을 딱 벗고 와서,

"야, 이승아 가자."라고 말하니까, 이승은

"아, 몸도 노곤하고 그러한데 아버님은 어떻게 그렇게 일찍 가자고 합니까? 조금 쉬었다가 갑시다. 왜 그리 급하시오. 오늘 아침에 가기만 하면 되는데"라고 안 가려고 밍거적거리고 시간을 보냈다. 그럭저럭하는 사이에 그 집 큰며느리는 물동이를 이고 물길러 갈 준비를 하고, 작은며느리는 비를 들고는 마당 청소를 하였다. 또 큰아들은 세수라도 해야겠다고 일어나게 되었다. 그 때 가만히 보니까 자기 아버지는 이승이 자는 방 앞에서 옷을 벗고는,

"가자. 일어 나거라. 잠이 어떻게 그리 고이 들었냐? 어제 저녁에

너무 좋은 이야기를 하더니만 어째서 안 일어 나냐"라고 깨우고 있었다.

"아버님 성의가 지극합니다."

그리고 이승이 장인의 등에 업혔다. 업힐 찰나에 큰처남 되는 이가,

"야 이승아, 네가 아무리 동양의 풍수박사가 되었을지언정 이런 괘씸한 일이 어디 있느냐?"라고 귀뺨을 때렸다.

그러나 이승은 장인의 다리를 한번 손으로 치며,

"가자. 이놈의 망아지야, 왜 여기 이러고 있어"

그리고서는 장인의 등을 타고 나가버렸다. '참 별일이다'하면서 그 동산 구경을 또다시 하고 집으로 들어올 때 보니까, 여전히 장인의 옷을 벗겨 들어왔다. 그래서 정말 자기 처남에게 꾸중을 많이 들었다. 어쨌든 이만한 공을 들여놓았으니까, 이승이 이제 묏자리를 잡으러 그 동산으로 갔다. 동산으로 가서 거기가 3정승이 직접 날 자리를 잡아주었다. 결국 풍수는 그 근성이 있단 말이다. 거기가 3정승이 날 자린데 처남에게 꾸중을 들었기 때문에 안대를 살짝 틀어 놓아서 2정승만 나게 만들었다고 한다.

산신령에게 배운 풍수 비법

한젊은이가 풍수 공부를 하여 이곳저곳을 돌아다니고 있었는
데, 하루는 날이 저물고 안개가 심하게 끼어 산에서 자게
되었다. 다음날 일어나 보니 옆에서 웬 백발노인이 같이 자다가 일
어나는 것이었다. 그 노인은 모습으로나 나이로나 보통 인물이 아
니었다.

"아, 선생님이시지요?"

"그래, 너도 날이 저물어서 잤구나. 나도 날이 저물어 여기서 잤
다. 그런데 이제 배도 고프고 하니, 어디로 가자."

"그럼 갑시다. 어디로 갑니까?"

"나를 따라 오너라. 가면 아마 술이나 밥이나 먹을 데가 있을 거
다."

그래서 산을 타고 내려가니 차차 날도 개었다. 한 곳을 찾아가니
큰 부잣집이 장사(葬事)를 치르고 있는데 손님도 많고 상주도 귀골
이었다. 둘이 문상을 가서 음복을 얻어먹고 있는데, 젊은이는 풍수
에 대해 아는 것이 별로 없어 가만히 있었지만 노인이 갑자기

"상주, 그게 아니오. 왜 묘를 쓰면서 시신 머리가 없는 묘를 쓰는

가?"라고 말했다. 이미 봉분을 다 모아 놓았기 때문에 일하던 사람들이

"미친 놈들이 왔다."

"저 놈 때려 잡아라. 몽둥이로 낯짝을 후려쳐 버리자."

그 때 상주가 말렸다.

"그렇지 않다. 만약 우리가 묘를 다시 파보고 머리가 있으면 어쩔꼬?"

"있으면 우리가 목을 걸지. 만약에 머리가 없으면 어쩔꼬?"

"없으면 천 냥을 주겠다."

"그래? 그러면 한 번 파 보라고."

그래서 다 쌓았던 봉분을 파고 관의 현판을 뜯었더니 역시 머리가 있었다.

"이래도 머리가 없나?"

"한 번 만져 보아라."

그래서 만져 보았더니, 진짜 머리가 아니라 낡은 질요강을 명주로 둘둘 말아 놓아 둔 것이었고 머리는 정말로 없었다. 상주가 얼굴이 새파랗게 질려서

"아이구, 선생님! 이걸 어떻게 하면 되겠는지요? 저 머리를 찾을 수는 없겠습니까?"

"아, 그건 호령만 하면 자연히 나타나게 되어 있다."

노인이 그렇게 말하고는 그 즉시 머리를 내놓으라고, 어느 놈이 그랬느냐고 마구 호령하며 돌벼락을 내렸다. 사실 그 묘터는 시체의 머리가 있으면 친손이 잘 되고 머리가 없으면 외손이 잘 되는 명당이었다. 그런데 이 집에는 딸이 둘이고 아들이 하나뿐이어서, 두 딸이 서로 의논을 하여 9일 장을 치르며 상주가 피곤한 틈에

"오라버니, 피곤한데 좀 쉬시오. 쉬고 눈 좀 붙이시오. 우리가 대신 곡을 하지요."라고 하고는 상주가 잠든 사이에 시신의 머리를

자르고 요강을 머리로 꾸며 갖다놓은 것이었다. 돌벼락이 치는 바람에 두 딸이 결국 견디지 못하고 머리를 내놓아 무사히 장사를 치르게 되었다.

그래서 대접을 잘 받고 천냥 짜리 어음을 얻었는데 노인이 젊은이에게

"나는 그게 필요 없으니 자네가 가지게."

"아니, 저도 아무 필요 없습니다. 선생님 가지십시오."

"자네는 아마 이게 긴히 필요할 때가 있을 테니 그 때 쓰게."라고 하면서 그것을 주었다. 또다시 산을 내려오다가 날이 저물자

"이제는 자네 갈대로 가게. 여기서 헤어지세."

그러면서 노인은 흔적 없이 사라져 버렸다. 젊은이는 길도 모르고 날도 어두워서 쩔쩔매다가 바위 밑에서 잠을 자려고 하는데, 먼 곳에서 횃불이 하나 올라오고 있었다. 어떤 여자가 옷을 깨끗하게 입고 음식을 깨끗이 장만해 와서 바위 밑에서 기도를 드리는데, 사연인즉 여자의 남편이 나라에 상납할 돈 천 냥을 말에 싣고 가다가 도둑을 만나 빼앗긴 것이었다. 관가에서는 기한 안에 잃은 돈을 도로 바치지 못하면 죽이겠다고 하여, 여자가 천 냥을 구할 수는 없고 남편은 구해야 하고 하여 백일치성을 드리는 중이었다.

"신령님, 오늘 저녁까지 무슨 동정이 없으면 내일은 남편 목이 날아갑니다. 우리 죄 없는 남편을 살려주십시오."

여자가 빌고 다시 내려간 후, 젊은이가 나와 보니 치성 드린 음식이 남아 있었다. 그래서 배고픈 김에 주워 먹고 여자의 횃불을 따라 내려가 집을 찾아갔다.

"주인 있소?"

마침 여자는 백일기도를 마치고 무슨 기적이 있을까 기다리는 중이어서

"아이고, 손님이십니까? 어떤 손님이십니까?"

"길을 가다가 날이 저물어서 불을 보고 찾아왔습니다."

"들어오십시오."

젊은이는 여자가 차려준 저녁을 맛있게 먹고,

"음식이 보통 음식이 아니었는데 무슨 일이 있었습니까?"

"실은 어찌어찌 하여, 돈 천 냥이 있으면 우리 남편을 구해낼 수 있는데, 돈을 못 구해서 내일이면 죽는 날입니다. 내가 그래서 오늘까지 백 일째 기도를 하고 들어오는 길입니다."

"그렇습니까?"

젊은이가 혼자 생각해 보니, 이전에 노인이

"자네가 쓸 일이 있다."라고 천 냥 어음을 주었던 것이, 아마 여기 쓰라고 준 것이리라 짐작했다. 그래서 다음날 아침 여자에게 천 냥 어음을 주면서

"이걸 관가에 가지고 가면 됩니다."

"성함이 어찌 되십니까?"

"나는 그냥 돌아다니는 사람이라 알 필요도 없습니다."

여자는 어음을 알아보지 못했지만 백일기도 끝에 얻은 것이라 관가에 가지고 갔더니

"됐다. 아무개 무죄방면 시켜주어라."

그래서 남편이 풀려날 수 있었다. 젊은이는 계속해서 돌아다니다가 일전의 노인을 다시 만나게 되었는데, 돈을 어디에 썼다는 이야기를 했더니

"나는 산신령인데, 그 부인이 하도 정성 지극하게 백일기도를 드리기에, 내가 너를 대신 시켜서 도와주게 하였다."

젊은이가 풍수 공부를 시켜 달라고 하자

"눈을 감아라."하더니 머리를 탁 치고 사라졌다. 젊은이가 눈을 떠보자 그때부터 온 천지의 산이며 길이 한눈에 보이고 좋고 나쁜 집터, 묘터를 환히 알아보게 되어 이름난 풍수가 되었다.

세 정승의 재주 자랑

옛날 어떤 곳에 백씨, 정씨, 이씨 3정승이 살았다. 그들은 서당에 다닐 때부터 "우리 죽을 때까지 정을 비우지 말고, 형제같이 지내자"고 결의형제를 하여 그렇게 지내왔다. 이들이 장가가서 아이들을 놓고, 나이가 오십이나 육십이 되고 나니 살림도 갖추고 자식도 가지니 아무 것도 아쉬운 것이 없었다.

"우리 아무 것에도 구애됨이 없으니 힘을 모으고 뜻을 합해서 형제와 같이 지내는 정으로 조선 팔도 구경하러나 가자."하여 보따리를 짊어지고 셋이 조선 팔도 구경을 하러 나섰다. 그러다가 한 곳에서 해가 넘어가는데 재를 하나 넘게 되었다. 재를 넘어 올라가다가 고되어 담배를 피우면서 앉아 건너 산을 바라보니 사람이 한 백 명이나 모여 있었다.

'저기서 무엇을 하는가?' 하고 모두 구경을 하며 앉아 있는데 백씨가,

"자, 우리 저 건너 사람이 한 백 명이 있으니, 저기 한 번 가보자. 거기 가면 술도 있고 밥도 있고 온갖 것 다 있을 모양이니, 가자." 그래서 갔더니, 산너머 부자가 초상이 나서 그 장사를 하고 있다는 것이었다.

그런데 백정승이 가만히 보니 시체를 거꾸로 묻고 있어서, 맏상주를 불렀다.

"우리가 대접을 잘 받고 그냥 가려고 하니 미안해서 상주에게 해줄 말이 있소."

"손님들 무슨 말씀이십니까?"

"여기 터는 참 좋은데 왜 시체를 거꾸로 묻소?"

상주가 깜짝 놀라면서

"그럴 리가 있습니까?"

"그렇지 않다. 터는 명산이지만 시체는 거꾸로 묻어 놓았소."

그런데 벌써 반이나 묻은 상태에서 5형제 중, 맏상주가 이상하다 싶어 나머지 네 상주에게 말하니

"미친 영감이지. 쫓아 보내라."하였다. 맏상주가 가만히 생각해 보니

'이상하다. 저 손님이 그런 말 한 것이 이상하다.'고 여겼다.

그런데 죽은 부자는 진치에 아들 하나, 후처에 아들 네 명이 나서 상주가 다섯이 되었는데, 전처 자식인 맏상주가 어떤 짐작이 있어서,

"손님들, 시체를 다시 파서 상하가 거꾸로 안 되어 있으면 어떻게 하겠소?"하고 물으니

"상하가 거꾸로 되어 있지 않으면 내 목을 쳐라. 만약 거꾸로 되어 있으면 당신은 어떻게 하겠소?"

"만약 거꾸로 되어 있으면 손님 평생 먹을 것을 주겠소."

그렇게 약속을 하고 반이나 묻은 시체를 파보니 역시 거꾸로 묻혀 있었다.

그래서 맏상주가 생각해 보니, '자기 어른이 재취로 장가를 들어서 아들 네 명을 낳았는데 이 동생들 상주가 무슨 수단을 부렸구나.' 싶어,

탄복을 하며 손님들을 붙잡고

"이왕 팠는 자리에는 다시 묻을 수 없으니, 좋은 터 하나 맞춰 주십시오."

그러자 백정승이

"내가 하나 맞춰 주겠소." 하였다.

그래서 새로 그보다 더 나은 자리를 맞춰 주었다.

"여기를 파면 석관(石棺)이 있으니 석관이 나오도록만 파시오."

그곳을 파 보니 정말 석관이 나와서 그곳으로 묘를 옮겨 장사를 하였다. 그리고 손님들을 집으로 모셔가 사흘, 나흘 대접을 하고, 옷까지 해 드리고 노자 돈을 챙겨 주었다.

3정승은 노자 백 냥을 얻어서 다시 팔도 구경을 나섰다.

또 한 군데는 가니, 해가 기울어 하룻밤 자려고 아주 큰 기와집 사랑을 찾아가니

"손님 드십시오."해서 들어가 인사를 하고 저녁상이 들어와 저녁을 얻어먹었다. 그런데 그 집주인 얼굴에 수심이 가득 차 보여서

"여보 주인장, 왜 얼굴에서 수심이 그렇게 많이 차 보입니까?"

"아이고, 손님요, 내가 참 먹을 것도 많고 돈도 많이 있으나 걱정이 좀 있습니다."

"무슨 걱정이 있소?"

"삼대 외동 손자가 시방 죽게 됐다오. 나이 이제 한 일곱 살 먹은 것이 아무 약을 써도 안 낫고, 뼈밖에 안 남아, 죽게 되었는데, 저 아이가 죽고 나면 우리 자손이 떨어집니다."

"그러면 내실에 아이를 한 번 구경할 수 있겠소?"하고 정정승이 말하고 가 보니, 아이가 말라서 뼈밖에 안 붙었었다.

"이 아이에게 내가 침을 한 대 놓아서 고쳐도 좋겠소?"

"예. 죽어도 좋으니 한 번 놓아주십시오."

침을 내어 가지고, 배꼽 밑에다 침을 한 대 꽉 놓고 한 5분쯤 있다가

침을 빼니 바늘이 한 개 달려 나와서 아이는 살았다.

그 이튿날부터 아이 눈방울이 좀 나아져 병이 다 나았으니, 그 아이 집에서는 못 가게 붙잡고 밥 주고, 소 잡고 돈 백 냥을 주었다. 3정승은 또 노자 얻어서 짊어지고 팔도 강산을 놀러 다녔다.

하루는 해가 빠져 큰 기와집으로 찾아가니

"사랑에 드시오."

밥도 잘 먹고 밤새도록 잘 자고 아침에 일어나 세수하려 밖에 나갔다가 젊은 부인의 얼굴을 보니, 그날이 상부(喪夫)할 상이었다. 그래서 들어와 그 집주인에게 물었다.

"저 밖에 있는 여자 분이 누구요?"

"내 며느리입니다."

"그렇소? 미안하지만 오늘 저 부인이 상부할 팔자요. 열두 시 되면 상부합니다." 하니 집 주인이 기가 차서,

"그러면 상부 안 하도록 할 수는 없습니까?"

"있긴 있지만 내 말을 들어주겠소?"

"들어주지요."

"그러면 그 부인을 부르시오."

그러자 집주인이 며느리를 사랑으로 불러서

"이 손님 말이 네가 오늘 열두 시에 상부할 팔자라고 하니, 네가 이 손님 말을 들으면 상부 안 하도록 할 재주가 있다고 하니, 어떻게 하겠느냐?"

"나는 죽어라 해도 죽을 테니 상부 안 하도록 해 주시오."

"그러면 열두 시 전에 옷을 발가벗고 용마루에 올라가서 거꾸로 서 있으시오."

"그래도 좋으냐?"고 시아버지가 묻자, 그 며느리가,

"제가 상부하는 것보다야 낫지요. 그렇게 하겠습니다."

열두 시는 대낮이라, 시계를 보고

"시간이 다 됐으니 올라가라."고 하였다.

한편 그 집 아들은 서울로 과거보러 갔다가 그 날이 돌아오는 날이었다. 과거에 급제도 못하고 동무들 다섯 명과 어울려 오는데, 자기 집 근처에 왔을 때 갑자기 소나기가 쏟아졌다. 소나기를 피하려고 큰 바위 밑에 들어가다 보니 자기 집 부인이 발가벗고 거꾸로 서 있었다.

'이상하다. 우리 집에 누가 발가벗고 서 있는가' 싶어 비를 맞고 쫓아나왔다. 나오자마자 바위가 딱 떨어져 그 안에 있던 사람들은 다 죽고 자기만 살았다.

그래서 자기 집으로 달려가니 자기 아내가 발가벗고 거꾸로 서 있었다.

집주인은 반가워서 "오냐, 너 오느냐?"하였고, 손님들은 용마루를 향하여,

"이제 내려오시오."하고 외쳤다.

세정승은 이렇게 팔도 구경을 마치고 돌아와 대대로 벼슬하면서 잘 살았다.

의원, 풍수, 상쟁이의 재주겨룸

예전에 세 친구가 제각기 취미가 서로 달랐는데 한 사람은 풍수를 배우고 한 사람은 관상을 배우고 나머지 한 사람은 의원이 되었다. 어느 날 셋이 모여서 재주를 겨루어 보기로 하고 길을 떠났다.

하루 종일 걷다가 주막에 들어가서 술을 마시던 상쟁이가 그 여자의 관상을 보니 오늘 오후 열두 시에 상부(喪夫)를 할 상이었다. 그래서 그 여자를 불러 피할 방법을 일러주니 그 여자가 시키는 대로 사다리를 놓고 지붕에 올라가 남편의 속곳을 거꾸로 쓰고 지붕 끝에 앉아서 남편 이름을 계속 불렀다.

때마침 그 남편은 인근 산에 나무를 하고 있었는데 소나기가 갑자기 내리고 멀리서 자기 이름을 부르는 소리가 들려서 밖으로 뛰어 나가자 잠시후, 바위가 내려앉는 것이었다. 남편이 집에 달려오니 안주인이 기쁘기 그지없어 닭을 잡고 안주를 푸짐하게 장만하여 술을 갖다 놓으면서, 많이 드시라고 권하였다. 이 세 사람이 실컷 먹고 길을 나서려고 하니, 노자로 쓰라고 돈까지 집어주는 것이었다.

다른 곳으로 가다가 기와집이 많이 있는 동네에 들어섰다. 이 동네에서 하룻밤 묵고 가야 되겠다고 생각하고는 제일 큰집으로 갔다. 집주인이 사랑방에서 관을 쓰고 왔다 갔다 하며 정신이 없어 보였다. 알아보니 딸이 산고를 겪고 있는데 사흘째 아이를 못 낳고 있어 기절했다는 것이다.

침쟁이가 산모의 손목에 실을 매서 갖고 오라하여 진맥해 보고는 '아이가 탯줄을 거머쥐고 있는데 탯줄을 불끈 쥐면 아이엄마가 기절을 하고 탯줄을 아이가 놔버리면 살만하게 되는 것'이라 일러주었다. 주인이 의원을 데리고 방안으로 들어가는데 의원이 결의형제를 맺지 않으면 침을 놓을 수없다고 하여 결의형제를 맺고 딸에게 침을 한 대 찌르니, 아이가 금방 나오는 것이었다. 주인은 고마운 마음이 한량없어 닭도 잡아 잘 대해주고 노자도 두둑이 챙겨주었다.

세 사람은 다시 길을 떠나 대촌에 들어서니 한 기와집이 번듯하게 있고 동구 밖 어구에 묘를 쓴 게 있는데 아주 치장을 잘 해 놨다. 그러자 풍수쟁이가 동네사람에게 물어 그 묘 주인집을 찾아가 하룻밤 묵기를 청했다.

마루에 앉아서 풍수가 그 묘에 대해 물으면서 빨리 이장하라고 하였다. 그러나 주인은 자신이 현재 부자로 살고 있고 큰아들은 하동 군수로 있다는 생각을 하니 마음이 내키지 않았다. 공연히 제대로 알지도 못하면서 돌아다니는 사람 말을 믿고 이장을 할 수는 없다고 결정하였다.

그리고 급히 종놈을 부르더니 손님으로 온 세 사람을 도장에 가

두고는 자물쇠로 문을 잠구었다. 사람에게 그런 몹쓸 거짓말을 해서는 안 된다고 호통을 치면서 세 사람을 가두니, 풍수가 큰아들에게 사람을 보내보면 알게 될 것이라 하니 주인이 둘째 아들을 큰아들에게 보내었다.

그런데, 밤이 깊자 큰아들이 피가 묻은 옷과 괭이, 호미를 갖고 나가는 것이었다. 동생이 그것을 보고 뒤를 살살 밟아 따라가니까 형이 근처에 어떤 사람이 쓴 묘를 파기 시작했다. 동생은 소름이 쫙 끼쳐 얼른 방으로 들어와서는 모른 체 하였다. 가만히 누워 잠을 청해도 잠은 오지도 않고, 그 사이 형은 시신의 옷을 집에 들고 들어와서 장에 갖다 놓았다. 그러고는 태연히 동생 옆에 누워 잠을 잤다. 이튿날 아침밥을 먹고 동생이 그만 가보겠다고 하며 급히 집으로 돌아와 형이 한 행동에 대해 자세히 털어놓았다. 그러자 아버지는 거짓말을 하고 있다고 의심스러워하면서 다른 자식을 또 큰아들집에 보냈는데 갔다 온 아들마다 똑같은 얘기를 하는 것이었다. 결국 자신이 잘못했다고 생각하고 도장의 문을 열어 세사람을 꺼내주었다. 즉시 사과를 하면서 풍수에게 묏자리를 물으니 하나를 잡아주었다. 이상을 한 후에는 큰아들이 괜찮았다.

풍수와 약국의 재주 겨룸

예전에 한 동네에 풍수와 약국 두 분이 살았다. 풍수는 자기 기술이 대단히 좋다 하고, 약국은 나 아니면 도저히 이 세상 사람을 구해낼 수 없다며 장담을 하곤 했다. 그래서 그들은 자신들의 기술을 서로 보여줄 기회를 찾고 있었다. 그러던 어느 날

"우리 둘이서 전국을 한번 유람해보며 기술을 발휘해 보자"

"그래 해보자"하고 합의하게 되었다. 그래서 풍수와 약국은 함께 길을 떠났는데, 어느 곳에 가니 술집이 있어 거기서 술을 한 잔 먹고 나서 풍수가 가만히 보니 그 안산(案山)에 좋은 묘가 있었다. 그런데 좋은 묘이긴 한데 화근(禍根)이 있는 묘였다. 그래서 술집의 안주인에게

"저 묘가 뉘 묘냐"하자

"이 안 동리 사는 부자의 묘입니다."고 했다.

"그래!"하고서 풍수는 약국을 보고

"오늘 저녁에는 이 안 동리의 그 부잣집에 가서 하루 저녁을 자야 되겠다"고 하고 그 안 동리 부잣집을 찾아갔다. 가보니 집은 아주 고루거각(高樓巨閣)이었다. 그는 주인을 찾아

"오늘 저녁에 우리가 여기서 좀 자고 가야 되겠는데, 어떻겠습니까?"

"주무시고 가시요"

그 풍수가 주인보고 말하기를

"주인 제씨 되는 분이 지금 평양 감사로 가 계시지요"라고 했다. 그러자 초면에 어찌 그것을 아는가 싶어서 주인이

"그렇습니다만"하자

"저 안산의 묘가 이 댁의 선산이라면서요?"

"그렇습니다만"

"폐일언(蔽一言)하고, 내일부터 당신이 평양 올라가서 당신 제씨가 감사를 하고 있는 곳으로 가 제씨와 같이 아무데도 가지 말고 저녁에 같이 누워 자 보시오. 그런데 절대 잠을 자서는 안 됩니다. 제씨 행농을 봐야 합니다."고 했다.

이런 소리를 듣자 주인은 이상하다 생각하고 그 이튿날 말을 타고 평양으로 올라가 자기 동생이 평양 감사를 하고 있는 곳으로 가서 인사를 받고 서로 집안의 안부를 물은 후, 저녁에 동생과 함께 누웠다. 그리고는 동생이 어떤 행동을 하는가 보자 하고 잠을 안 자고 자는 척만 하며 가만히 누워 있었다. 열두 시가 넘자 동생이 벌떡 일어나 문 밖으로 나아가 마루 밑으로 들어가더니 긴 창을 꺼내 가지고 달아나는 것이었다.

형은 '아 큰일 났구나'싶어서 그 뒤를 쫓아가니 동생은 공동묘지로 가는 것이었다. 가서는 그날 출상해서 분묘 지어놓은 묘를 찾아가 창을 가지고 그것을 파는 것이었다. 그러다가 시체가 나오려고

하자 뒤로 벌렁 넘어지면서 '아이고 내가 왜 이럴까?'하고는 쏜살같이 다시 분묘를 지어놓고는 자기 집으로 돌아오는 것이었다. 집으로 와서는 창을 원래 있던 마루 밑에 넣고 자기 방으로 들어갔다.

형이 가만히 생각해보니 이 집안에 큰 화근이 났다 싶었다. 그래서 하루저녁 더 지켜보기로 했다. 이튿날 저녁에 또 같이 누워 자다 보니 또 그 시간이 되자 동생은 몰래 나가 그런 짓을 하는 것이었다. 형은 '이거 큰일이다'싶어서 그만 불원천리하고 자기 집으로 내려와 풍수를 보고

"이것이 어떻게 된 일입니까? 당신 아니면 도저히 이런 일을 바로 잡을 수 가 없으니 진심으로 좀 가르쳐 주십시오. 내 살림은 많습니다. 얼마든지 요구대로 드리리다."했다. 풍수는

"그래요. 그러면 술도 많이 하고 음식도 많이 장만하여 날을 받으시오. 저 앞에 묘를 파야 됩니다."하고는

"묘를 파되, 시체를 완전히 들어내라는 건 아닙니다. 이 동리에서 기운 센 장정 수십 명을 데리고 와서 그 묘를 파면 당신 어르신이 살아계실 때 하던 모습 그대로 '후유'하며 일어나실 겁니다. 하지만 그 분이 일어나려 하거든 기운 센 사람들을 시켜 몽둥이로 때려 죽여야 합니다. 그러면 알게 될 겁니다."

고 하는 것이었다. 그래서 하루는 동리 사람들 모두를 불러 모아 그 묘를 파 보니 과연 자기 어른이 생전처럼 꼭 같은 얼굴로 일어나는 것을 몽둥이로 두드려 패서 죽였다. 그러자 그 시체는 하얀 백여우 한 마리로 변했다.

"그래, 그건 내버리고, 이제 그대로 분묘를 쓰시오"라고 했다.

"시체는 파지 말고 그대로 두고, 당신은 오늘 저녁에 평양으로 올라가 보시오. 당신 동생이 어떠한지."

그래서 그 주인은 그 말대로 그날 밤 평양으로 올라갔다. 이윽고

밤이 되었는데 아무 기척 없이 잘 자는 것이었다. 그래서 그 주인이 워낙 신기하고 묘해서 그 풍수에게 후한 대접을 하였고 그 집은 무사히 잘 지내게 되었다.

한편 이런 일들을 지켜보던 약국은,

"풍수 네 놈의 기술이 보통 기술이 아니구나"하고 말하자 풍수가 말하길,

"봐라, 내가 이만한 기술을 가졌으니까 때론 내가 너에게 큰 소리를 하는 것 아니냐. 너야 뭐 약 지어달라면 약이나 좀 지어주면 그만이지 뭐 별 거 있냐?"고 했다. 그러자 약국은

"오냐, 내 기술도 봐라"고 벼뤘다. 그리고 이리저리 돌아다니다가 한 군데를 지나다보니 해가 저물어 가는데 아주 큰 부잣집 기와가 보였다. 약국은 그리로 들어가며

"하루 저녁 자고 가자"하고는 그 집 주인에게 이를 청하자 주인은

"어서 들어오시오"하고 허락을 했다. 그런데 주인 영감의 안색을 보니 수심이 만면하여 걱정이 태산 같은 모습이었다. 그래서 약국이

"주인 노인, 무엇이 마음에 언짢아서 그러십니까?"하고 묻자

"물을 것도 없습니다. 우리 집은 이것으로써 그만 망하는 겁니다." 했다. 약국은

"어디 이야기 한 번 해 보시오"하고 청하자 주인이 이야기를 시작했다.

"내가 삼대독자로 내려오다가, 어떻게 해 아들 하나를 낳았는데 그 아들은 그만 죽어버렸고 지금은 대마저 끊어지게 되었습니다. 그 아들은 장가를 들고 나서 죽었는데, 며느리가 임신을 해서 지금 산고(産苦) 중인데 글쎄 이 며느리가 출산을 못하고 그만 사경에 있습니다. 우리는 이제 절손 지경입니다."하고 말했다. 이 이야기를

들은 약국이

"제가 산모를 좀 보면 어떻겠습니까?"고 하자

"가야 볼 것도 없습니다. 이제 때가 너무 늦어서 도저히 살릴 도리가 없습니다."고 거절하는 것이었다. 그러나 약국이

"그나저나 한번 가 봅시다"하고 억지로 주인을 데리고 그 산모가 아이를 못 낳아 발악을 하고 있는 그 방으로 갔다.

약국이 가서 보니 산모의 배는 커다랗게 부어있고 산모는 사경이 되어 있었다. 약국은 주머니에서 침을 내어서 산모의 배꼽 밑에다 한 방 찔렀다. 그러고 나서는

"주인 영감, 나갑시다."고 했다. 그렇게 나가 약 30분이 지나자

"산모 방에 한번 들어가 보시오"하고 약국이 주인에게 말했다. 그래 주인 영감이 산모 방에 가 보니 아이를 못 낳아 그리 야단이던 산모가 이제는 아들 쌍둥이를 낳아놓고 있었다. 그러자 이 주인 영감이 너무 좋아서

"하! 이럴 수가 있을까"고 하며 야단이었다. 그러하느라 영감은 어느 아이가 형이고 어느 아이가 동생인지 그만 잊어버렸다.

"아니 그나저나 어느 아이가 형이고 어느 아이가 동생인고? 저걸 모르겠으니 어째야 되겠습니까?"하자

"예, 그것은 아는 수가 있습니다. 지금 들어가 보시면 왼손의 손등에 침구멍이 있을 겁니다. 그 침구멍이 있는 아이가 동생이고 그것이 없는 아이가 형입니다."고 약국이 대답했다.

"그래요? 어째서 그렇습니까?"

"쌍둥이를 배었는데, 형제가 서로 나오려고 다투고 있었던 겁니다. 동생이 형님 손을 잡고서 놓아주지 않아 형은 나오지 못했는데, 침을 놓아 손이 아프니 그 잡았던 손을 놓는 바람에 형과 동생이 차례로 나온 겁니다."

약국이 이렇게 말했다. 그래서 약국이 아니었더라면 그 집은 그

만 절손이 되고 산모도 죽었을 텐데, 그의 도움으로 이렇게 쌍둥이를 얻고 산모도 건강하니 주인은 그렇게 반갑고 좋을 수가 없었다. 그래서 약국에게 후한 대접을 했다. 대접을 받고 나온 약국은

"내 재주도 봐라, 이 놈아!"하며 풍수에게 큰 소리를 쳤다.

"내게도 이런 재주가 있다."

그래서 이 세상에는 풍수도 있어야 되고 약국도 있어야 되겠다고, 두 사람은 그렇게 얘기하며 집으로 돌아왔다고 한다.

괄시한 스승에게
원수 갚은 고전적

고전적은 조선시대 지리에 능한 사람이었다. 그는 명도암 선생에게서 글을 배웠는데, 신분이 천하다고 해서 비가 오나 눈이 오나 방안으로 들어오지를 못하게 했다고 한다. 하지만 그는 명도암 선생에게서 열심히 지리를 배워 지리박사가 되었던 것이다. 그런데 당시에 소목사라는 양반이 있었다. 그가 과거를 보러 가서 글 초지(草紙)를 써서 바칠 때에 글자 하나를 잘못 썼다. 그것을 명도암 선생이 같이 과거를 보러 갔다가 알고는

"아, 선비 그 글자를 잘못 쓰지 않았습니까?"하자

"뭡니까?"하고 물으니 자세히 가르쳐 주었다. 그러자 소목사는

"아이고 선생님, 과연 그리 되었습니다."고 해서 글자를 다시 고쳐 써서 과거에 합격한 일이 있었다. 그러고 나서 소목사가 벼슬을 하게 되자 이제 '언제고 그 분의 공을 갚아야 되겠다'는 생각을 가졌다. 그래서 소목사가 제주의 목사로 부임하게 되자 명도암 선생을 찾아갔다.

"명도암 선생님이 살아 계시냐?"고 묻자

"돌아가셨습니다."

"아들이라도 있느냐?"

"아들이 있습니다."고 해 그 아들을 불러

"선생님을 어디에 모셨느냐?"고 묻자 그 아들은

"저기 다릿지경에 모셨습니다."고 했다. 소목사는

"내가 아무 날 배례(拜禮)를 갈 테니 이제 배석(拜席)이나 준비해 두도록 하여라"고 하고 돌아갔다. 그리고 며칠 후, 명도암의 묘를 찾아가 배석을 펴고 분향을 해 배례를 했다. 그리고는 하는 말이

"괭이를 하나 빌려 오라"했다. 그래서 괭이를 가져오자

"여기를 파라"했다. 그래서 그 곳을 파보니 시체가 있었다.

"원래 안장했던 묏자리엔 아무 것도 없다"고 하면서 명도암선생의 시신을 묶어서 토롱(土壟)해 놓고는

"내가 순력(巡歷)갈 때에 땅을 한 자리 봐 줄 테니 그때까지 기다려라"고 했다. 그리고 돌아와 고홍진을 불러들여 그가 명도암 선생의 묏자리를 잘못 썼다는 이유로 무작정 하옥시켰다. 그리고는

"제주에서 지리를 잘 보는 사람은 모두 모여라"고 해 그들을 이끌고, 하옥시켰던 고홍진도 데리고서 제주시에 초두순시를 나섰다. 그리고 판비석이라는 곳으로 가서 풍수들에게

"여기 어디 영장(永葬) 하나 할 만한 데가 있지 않느냐? 찾아 보아라"고 하자 풍수들은 각기 여깁니다, 저깁니다 했다. 하지만 함께 간 고홍진은 아무 말이 없었다. 그러자 소목사가

"너는 어째서 지적하지 않느냐?"고 묻자 고홍진은

"사또님이 앉으신 곳에서 일어서셔야 말할 수 있습니다."했다. 그 말에 사또가 일어서자 그 자리를 고홍진이 지적했다. 그러자 소목사가

"너는 왜 그렇게 잘 알면서도 선생님을 그렇게 고생시켰느냐?"고 묻자, 고홍진이 말하기를

"제가 선생님에게 글을 몇 년 읽었는데, 비 오는 날이고 눈 오는 날이고 간에 한 번도 방 안에 들어가지 못하게 하셔서 그 원수를 갚았습니다"고 했다. 그리고는 그곳에 명도암 선생을 영장해 놓고 돌아와서는 다시 하옥시켜 주십시오 해서 고홍진은 다시 하옥되었다. 그런데 소목사가 어느 날 밤 꿈에 자기 어머니의 산소에 불이 난 것을 보았다. 그래서 이를 해몽할 사람을 찾았다. 그때 늙은 사령 하나가

"저 감옥 안에 있는 고홍진이가 잘 알 것입니다."했다. 그러자 소목사는

"그러면 고홍진이에게 가서 해몽을 해 오라"했다. 사령이 고홍진에게 가서 전후를 얘기하고 해몽해서 오란다고 말하자 고홍진은

"불과 며칠 내에 어영대장님이 내려오실 겁니다."

고만 말할 뿐이었다. 사령이 와서 그대로 고하자 소목사는 다음날 아침 또 사령을 보내었다. 그러자 고홍진은

"어영대장이 명령을 내릴 때에 저 물마루로 오면서 발포할 겁니다. 그 발포할 때에 응포를 안 하면 역적으로 몰릴 겁니다."고 하는 것이었다. 아닌 게 아니라 정말 한 3일이 지나자 어영대장 명령이 내려와 강가로 모시러 오는데 물마루로 배가 오면서 막 총소리가 나는 것이었다. 그래서 고홍진의 말대로 거기에 응포를 했다. 그리고 어영대장을 모시고 가는데

"만약 응포를 안 했다면 역적으로 몰아가려 했다"고 말하는 것이었다. 그제야 소목사는 고홍진을 옥에서 풀어 내 묻기를

"네가 돈 천냥을 받겠느냐? 아니면 나와 같이 따라가겠느냐?"고 하자 고홍진은

"허 참, 내가 돈 천냥을 가지고 뭘 하겠습니까? 나도 같이 따라가지요"해서 고홍진은 소목사를 따라 서울로 갔다. 거기서 소목사는 고홍진에게 전적 벼슬을 주었다.

대감에게 친산을 찾아준 풍수

조선조 때 풍수지리를 잘 보는 분이 있었다. 서울에 가서 북악산을 쳐다보니까 참말로 좋은 명당자리가 있었다. 그리로 올라가서 보니까 살은 다 썩고 뼈만 앙상하게 남은 시신이 황토 흙에 반은 묻히고 반은 보이게 묻혀 있었다. 자세히 살펴보니까 이 사람의 자손이 있으면 틀림없이 판서 자리는 하게 됐을 것 같았다. '시험을 좀 해 봐야겠다'고 생각하고 나무 삭정이를 한 가지 꺾어 가지고서 왼쪽 눈에다가 꽂고 대신들이 사는 부락으로 내려갔다.

그런데 큰 기와집에 사람들이 막 열나게 들랑거렸다.

"이 집이 왜 그러오?"

그러니까,

"아, 대감께서 갑자기 왼쪽 눈이 빠질 듯이 아파서 돌아가실 지경이라오. 그래서 의원들이 와서 봤으나 낫지를 않는답니다."하였다.

"내가 침방이나 노니까 좀 들어가서 뵈면 어떻겠소?"고 물었다. 행색은 참 아주 초라하였으나 대감이 죽게 됐으니까

"들어오시오."하였다. 들어가서 침을 몇 방 놓고서,

"내가 약을 안 가져 왔으니 가서 약을 가져올 것이오. 약을 가져오기 전에 아마 나으실 것입니다."

그리고 급히 산으로 올라가서 나뭇가지를 뽑고서 내려갔더니 대감의 눈병이 깨끗이 나아 있었다. 그래서 산에서 아무렇게나 주워 온 것을 한약이라고 드리면서,

"이것을 자셔야 안 도집니다."

그래서 이 약을 때려 먹게 하였다. 그러니까 용하다는 의원들이 다 와서도 못 고친 것을 꺼벙한 사람이 와서 고쳤으니 아주 칙사 대우를 하였다.

"대감을 조용히 뵈야 되겠습니다."

대감이 무슨 애기냐고 하니,

"친산(부모의 묘소)을 어디다 모셨습니까?"

"이천 땅에 계시오."

"미안하지만 내일 친산을 저하고 같이 가서 뵈었으면 하는데 어떻겠습니까?"

다 죽게 된 사람을 고쳐 줬으니 그 말을 수긍하지 아니 할 수가 없었다. 그래서 이천을 함께 가보았다. 가보니 치산을 참 잘 해놓았었다. 풍수가 대감의 귀에 대고 말하였다.

"대감께서 저에게 약속해 주신다면은 제가 대감에게 꼭 할 애기가 있소"

"약속을 지키겠습니다."

"내 목이 떨어질 애기라도 문제 삼지 않는다고 약속해 주시겠습니까?"

"아, 약속하지, 약속하지 말고."

"이 산소는 대감의 친산이 아닙니다. 그려."

그 옛날로 보면 단박 죽을 얘기였다. 대감에게는 참 어이가 없는 이야기였다. 약속을 했으니 어찌할 수 없었다. 마침 대감의 자당이 생존해 계셨으므로 의원이 말했다.

"자당에게 가 물어 보시오."

서울로 올라온 대감은 자기 어머니에게 밤중에 찾아가서,

"어머니 바른 대로 말씀해 주십시오. 풍수가 이천에 모신 양반은 저의 아버지가 아니라 하니, 어머니는 아실 것 아닙니까?"

그러자 대감 어머니도,

"그 의원이 참 용하게 안다. 실은 너의 아버님은 자손을 못 두었다. 너의 아버님이 전라 감사로 가 계실 적에 난 혼자서 서울에 있었다. 하루는 마음도 울적하고 해서 달구경을 좀 하러 후원에 나갔었다. 그때 갑자기 어떤 장정이 후닥닥 덤벼들어 나를 침범했다. 그 달부터 너를 배었지. 너의 아버지도 없는데 너를 뱄으니 나는 전라도로 갔었다. 그것은 여태까지 나만 아는 비밀이었지. 그래서 너를 낳았어. 그러니 그 분이 참 용한 분이다 말이여."

아, 그러니 대감이 가만히 생각하니까 참말로 기가 막히는 일이었다. 그래서 진짜 자기 아버지를 찾아야 되겠다고 생각하여 풍수에게 가서 말했다.

"거기까지 아시는 양반이니 진실로 우리 아버님 계신 데를 알 게 아닙니까?"

"저는 알지요. 그럼 내일 사복을 입고 하인도 데려가지 말고 나하고 단둘이 갑시다."

그래서 대감과 함께 북악산으로 올라갔다. 대감이 올라가 보니까 뼈다귀만 앙상하게 반쯤 묻힌 신체가 있었다.

"이 분이 바로 대감의 아버지입니다."

대감이 반신반의하자,

"틀림없이 사실이라는 것을 이 자리서 보여 드릴 테니 보시오."

그래서 나뭇가지를, 전에 자기가 꽂았던 곳에다 팍 꽂으니까 대감이 자기 집에서 아팠던 것처럼 똑같이 눈이 아파 죽겠다고 소란을 피우므로 풍수가 얼른 나뭇가지를 빼버리니 그렇게 아프던 눈이 씻은 듯이 나았다.

"이게 대감의 친산이오. 그러니 대감이 직접 이 친산을 모시기는 곤란하면 제가 알아서 잘 모셔 드리겠습니다."

그래서 대감이 그 사람에게 친산을 돌봐 주기를 부탁하였고 예로서 돈을 주었으나 그 풍수는 돈을 거절하였다.

"나는 돈을 바라고 이러고 다니는 사람이 아니오. 대감이 친산을 찾았으면 그만이니 나는 이대로 돌아가오."

그 사람은 떠나가고, 대감은 자기 아버지가 진짜 누구인지 몰랐다가 아버지를 찾게 되었다는 것이다.

제 2 편

얼풍수 이야기

제1장 상가(喪家) 며느리 도움으로 성공한 얼풍수

- 칠 삭만에 해산한 며느리와
  맹호출림혈(猛虎出林穴)
- 칠삭동이와 호수혈(虎鬚穴)
- 팔삭동이와 호미혈
- 칠 삭만에 해산한 며느리와 이서구 대감
- 김 어사와 호와혈(虎臥穴)
- 팔삭동이 낳을 명당자리 잡은 얼풍수

칠 삭만에 해산한 며느리와
맹호출림혈(猛虎出林穴)

옛날에 형제가 살고 있었는데 모두 글을 좋아했다. 형은 지관이어서 살림이 풍족했지만 동생은 살림을 따로 사는데 매우 가난했다. 글만 읽고 그저 집에서 놀고 있으니 그 부인이 어쩔 수 없이 방아품을 팔아 연명을 하였다. 하루는 부인이 남편에게,

"큰댁 서방님은 지술을 배워서 그렇게 잘 사시는데 당신은 그런 것이라도 못하오? 늘상 이렇게 놀기만 하면 어쩌오?"라고 말하였다.

동생은 형님의 패철이라도 훔쳐서 배워보자고 생각했다. 하루는 이웃에 제사를 지내는데, 자기 형이 패철을 지니지 않고 나와 있었다. 그 길로 바로 큰 댁으로 가니 형수가 조반을 짓고 있었다.

"왜 제사 집에 안 가셨소?"

"제사 집에 갔다가 형님 심부름으로 왔소. 패철을 안 가지고 왔

다면서 나에게 가져오라고 하였소."

형수가 패철을 가져가라고 하자, 동생은 그것을 훔쳐 도망을 갔다. 한 80리쯤 가니 해도 저물어서 저녁이라도 얻어먹을 집을 찾았지만 보이지 않았다. 길을 가다보니 좋은 산소가 한 군데 있었다. 그 곳에 앉아 담배 한 대를 피우려니, 나무를 해 오는 아이들 서넛이 그 곳에서 잠시 쉬며 작대기로 돌을 치는 장난을 하였다. 그러면서 아이들이 하는 말이,

"할아버지! 이 산소 자리 좋지요?"

"그래, 좋구나."

"여기가 안 진사네 산인데, 맹호출림 형국이지요. 안 진사 아버지가 돌아가셔서 지금 산을 구하는 중이니 그 곳에 가보시지요."

동생이 아이들에게 가는 길을 물으니 가르쳐 주었다.

안 진사네 집을 찾아가니 의관을 잘 갖춰 입은 지관들이 사랑방에 여러 명 앉아 있었다. 상주가 동생을 보니 목에 패철을 걸었으니 지관이긴 한데, 떨어진 도포에 초라한 모양새라 다른 지관들과 같은 방에 들이기가 미안했다. 그래서 작은 골방에 동생을 들어오게 하였다. 동생은 맨 나중에 저녁 식사를 얻어먹고 방에 누워있었다. 사랑방에서 다른 지관들은 간식을 내다먹으며 이야기를 오래 하다가 잠이 들었다.

그런데 소복을 한 젊은 부인이 소반에 주안을 차려서 골방으로 왔다.

"할아버지, 주무십니까?"

"깨어 있소. 누가 이렇게 오시는가?"

"놀라지 마십시오. 돌아가신 이의 손주며느리입니다."

부인이 들어와서 대접하고는 한 가지 부탁을 하였다.

"할아버지, 제가 시집살이를 하고 안 하고는 할아버지 손에 달렸습니다. 제가 작년 동짓달에 시집을 왔는데, 올 5월에 출산을 했습

니다. 아기를 일곱 달 만에 낳았다고, 할아버지 장사만 지내면 친정으로 가야만 할 사정입니다. 그러니 할아버지가 마음만 잘 써 주시면 제가 시집에서 살 수 있습니다."

"어떻게 맘을 써야 하느냐?"

"묏자리를 보실 때, 동구 밖에 있는 증조할아버지 산부터 보신다고 하십시오. 그 산은 맹호출림 형국입니다. 호랑이는 일곱 달 만에 새끼를 낳습니다. 그러니 그것에 빗대어서 저를 살게 해 주십시오."

"그러면 되었다. 돌아가거라."

이튿날 아침 식사를 한 후, 동생은 주인에게 구산(求山)을 하자고 하였다. 사랑방에 보름째 머무는 지관들은 답산 가자는 소리를 하지 않고 있었다. 그래서 상주는 매우 반가워했다.

"가더라도 나는 이 집 선산부터 봐야 하겠소."

"우리 고향은 여기서 멉니다. 우리 증조할아버지, 고조할아버지 산이 다 멀리 있습니다."

"그러면, 여기 선조 산소가 없소?"

"할아버지 산소는 있습니다."

동생은 상주와 함께 할아버지 산소를 찾아가는데, 그 집에서 묵은 다른 지관들도 따라왔다. 산소에 도착하자 동생은,

"아, 참 산 자리 좋다. 맹호출림 형국이구나. 이 산을 쓰고 칠삭동이를 낳으면 삼정승이 나겠구나!"라고 말하였다. 이 말을 들은 상주가 얼른 쫓아와서 동생을 붙잡고는,

"예? 이 산 쓰고 칠삭동이가 나면 삼정승을 한다는 말씀이십니까? 정말이십니까?"라고 물으니, 동생은 그렇다고 하였다.

집으로 돌아가니, 상주가 동생에게 큰사랑으로 들어가라고 하였다. 동생은,

"그게 무슨 소리요. 내가 처음 정한 방에서 그 집일을 보고 떠나

는 것이 원칙인데, 그럴 수 있나."라며 거절하였다. 그러나 상주는 동생을 큰방에 모시고 돗자리도 펴주며 정성껏 대접하였다. 동생을 모셔놓고 셋째 며느리를 찾았다. 장사만 지내면 며느리를 쫓아내려고 준비를 단단히 한 부인이 나오며,

"맏며느리도 있고, 둘째 며느리도 있는데, 왜 하필 셋째 며느리!"라며 싫은 내색을 하였다.

"그게 무슨 말이요. 우리 할아버지 산소가 결국은 셋째 며느리에게 복을 내리는데."

영감이 한 마디 하자, 부인은 더 이상 다른 말을 하지 못했다.

그 날 밤, 인적이 끊긴 후에 며느리가 다시 찾아와 말하였다.

"할아버지 덕분에 제가 시집살이를 할 것 같습니다. 그런데 할아버지 사는 데가 어디입니까?"

동생이 사는 데를 일러 주자 며느리가 글로 써 두었다.

"지금 시할아버지 묏자리는 정해 두었습니다. 여기서 올라가면 옥녀산발 형국이 있는데 세 폭의 물줄터기로 자리를 손수 표시해 놓으셨답니다. 지관을 불러서 거기 운만 맞으면 묘를 쓸 것입니다. 그러니 알고 보러 가십시오."

동생은 며느리가 일러 주는 것을 잘 들어두었다.

이튿날 다시 산 자리를 보러 갔다. 산에 오르니 며느리가 일러 준대로 세 폭의 물줄터기를 묻은 데가 바로 보였다. 그래서 이리저리 돌아다니다가 그 곳에 털썩 주저앉으며,

"아, 산 자리 참 좋다. 옥녀산발형이구나!"라고 말했다. 상주가 이 말을 듣고,

"아, 아버님께서 생전에 늘 말씀하시더니, 여기가 그렇게 좋습니까?"라고 물으니, 동생은 더 좋은 자리가 없다며 묘를 쓰도록 하였다.

집으로 돌아온 동생은 주인에게 도끼를 가져다 달라고 해서 패

철을 두들겨 깨버렸다. 사람들이 이상히 여겨,

"아니, 패철을 왜 그렇게 하십니까?"

"아, 이 양반들아! 패철 하나를 가지고 좋은 묏자리 하나 보지, 둘 보는 법이 어디 있나?"

주위 사람들이 또 묏자리를 보아 달라고 하면 곤란하니 그렇게 한 것이었다. 그 곳에서 삼일장을 보고 떠나는데, 주인은 동생에게 엽전 백 냥을 말에 얹어 주었다.

한 보름 만에 집으로 돌아오면서 형님 집에 사죄하러 들어갔더니 집이 비어 있었다. 잠시 후에 형수가 와서,

"서방님, 벌써 오셨소. 서방님은 한번 가더니 이렇게 큰 부자가 되어 오시네요. 권 진사네 집을 사서 그 곳으로 이사합니다. 형님은 솥 걸러 올라가셨지요."

안 진사네 손주며느리의 친정이 큰 부자라, 이 집으로 많은 돈을 부쳐 그 돈으로 집을 사서 이사를 하고 댓섬지기 논도 가지게 되었다. 형도 내려와 동생의 손을 잡고,

"동생, 이게 어떻게 된 일인가?"

"어떻게 되나마나, 형님의 패철을 없앴소."

"패철이야 다시 사면되지. 그래, 어떻게 이 횡재를 하였지?"

"그런데 오늘 솥을 잘못 거셨습니다. 그 집에 형님이 사시고, 제가 형님 집에 들 것을 잘 못 했습니다."

"그게 무슨 소리인가. 나는 내 집이 있으니, 자네가 거기에 살아야지."

"그러면 형님이 논을 가지시지요. 형님이 봉제사를 하니 논을 좀 가져야 되지 않겠소. 논이 댓섬지기 된다니, 형님이 세 지기 가지고, 내가 두어 지기 가지고."

형과 아우가 이렇게 서로 위하면서 잘 살았다고 한다.

칠삭동이와 호수혈(虎鬚穴)

옛날에 명문거족으로 몇 대를 살아온 집이 있었는데, 아들을 장가보낸 지 칠 삭 만에 며느리가 해산을 했다. 이런 일은 예전에 한 번도 없던 일이라 며느리는 죄인이 되어 버렸다. 그 집 안에는 남자 죄인과 여자 죄인을 가두는 방이 있었는데, 여자 죄인 가두는 방에 모자를 함께 가두어 죽이려고 하였다. 그런데 부엌에서 일하는 여사 심부름꾼이 눈치껏 먹을 것을 가져다 주어서 그 모자를 먹여 살렸다. 이런 와중에 그 집안은 또 상을 당하게 되어 며느리 벌하는 것보다 초상을 치르는 것이 더 급하게 되었다.

그 근동에 가난한 선비가 살았는데 어느 날, 사랑에서 글을 읽다가 시장해서 부인을 보니 방안에서 바느질을 하다가 무엇을 먹는데 선비가 쳐다보자 치마 밑에 얼른 감추어 버리는 것이었다.

그래서 선비가 말하기를,

"내가 며칠 굶었는데 뭐 좀 먹을 것을 안 주오?"

"이 바느질을 다해서 갖다 주고 삯을 받으면 내일엔 식사를 해드릴 수 있을 겁니다."

이 말을 듣고 선비가 말하기를,

"이 사람아, 그러면 나는 며칠을 굶었는데 당신은 무엇을 먹으며 나에겐 아무 것도 주지 않는단 말인가?"

"나는 아무 것도 안 먹었습니다."

"금방 내가 보니 당신이 무엇을 먹던데?"

"그것은 이 옷이 풀을 해놓은 것이라 풀기라도 씹으면 정신이 돌아올 것 같아서 조금 씹었습니다."

"그러면 이 사람아, 우선 당신은 그렇다 치고 내가 지금 배가 고파 정신이 없는데 나는 어쩌는가?"

"그래요? 내일까지 기다릴 일이 낭패입니다. 그러니 당신이 나가시오."

이렇게 말을 하는 것이었다. 그리고 계속 말하기를,

"나가시오. 저쪽에 어떤 양반을 보니 글 많이 읽지 않아도 산서(山書) 공부를 배워서 풍수질을 하는데 잘 삽디다. 당신도 글을 그만큼 읽었으니 풍수질이나 배워 보시오."

"그것을 내가 배우지 않았는데 어쩌는가?"

"배우지 않았어도 한 번 해보시오."

"그러면 이 사람아, 대관절 쇠가 있어야 되지 않는가?"

"쇠는 옛날 친정아버지가 쓰던 쇠가 저에게도 있으니, 그것을 가지고 나가 보시오. 나가면 하여튼 저 너머 명문거족 큰 부잣집이 상을 당하여 묏자리를 구하는데 팔도의 지사들이 다 몰려들어 야단이랍니다. 거기 찾아가 풍수라 하면 당장 술밥은 준다하니 거기 가서 배나 불리시오. 거기나 가시오."

그래서 선비는 그 명문거족을 찾아가 문상을 하였다. 풍수라고 해도, 그 넓은 집안에 손님이 얼마나 차 있는지 도저히 빈방이 없었다. 뒤에 죄인 가두는 방이 있어 여자 죄인 칸에는 며느리가 갇혀 있고, 남자 죄인 칸은 비었는데 그 방밖에 없었다. 빈방도 없고 나이도 다른 손님들 보다 젊으니 부득불 그 방에 머무를 수밖에 없었다. 그래서 선비는 독방 아닌 독방에 머물게 되었는데, 이제 저녁도 배부르게 먹었고 밤이 되어 인적도 없어 고요한데 저쪽에서 무슨 소리가 났다.

"손님 주무시는가요?"

부인의 소리였다.

"누구십니까?"

"저는 이 집 며느리인데, 이태 전, 칠 삭 만에 애를 낳았습니다. 애를 놓으니 모함을 당했습니다. 모함을 당해 가지고 지금 죄인이 됐습니다. 아무래도 이 집이 초상을 다 치르면 우리 모자는 죽을 것 같습니다. 그런데 제가 손님께 드릴 말씀이 있는데 들어 주시겠습니까?"

"무엇입니까?"

"사실은 제가 지은 죄가 아니라 이 집의 살(煞)입니다. 이 집의 살인데 그것을 모르고 저를 죄인으로 만들었습니다. 그런데 내일 날이 밝으면 묘터를 구하러 나갈 것인데 풍수를 다 데리고 나가 터를 볼 때, 저 앞에 높은 산 위의 선산에 있는 묘에 가서 이야기를 해 날라고 할 깃입니다. 그러면 '이 묘 좋습니다, 바로 호수혈입니다. 여기에 묘를 드리고 자손이 잉태된 지 칠 삭 만에만 나면 큰 자손인데 그렇기가 쉽겠나……'라고 말씀해 주십시오. 그리고 그 밑에 가면 뫼표해 놓은 자리가 있습니다. 묘를 구할 때 뫼표를 해놓았는데 거기에 묘를 드리려고 했으나 풍수들이 모두 안 된다고 했습니다. 그래서 지금 다시 묘를 구하는 것입니다. 그런데 그 자리가 좋습니다. 뫼표해 놓은 자리가 아주 좋은 자리이고, 아까 윗대 산소에서 하신 대로 '옥녀직금혈(玉女織錦穴)'이라고 말씀해 주십시오."

그 선비는 풍수에 관해 아는 것이 하나도 없었는데 이제 된 것이었다. 밤에 풍수에 관해 배워 놨으니 다음 날 제안을 하는데,

"이 묘 좋습니다. 범혈에 묘를 잘 드렸는데, 자손이 잉태된 지 칠 삭 만에 나면 큰자식이 납니다. 그러나 그렇기가 쉽지 않지요."

"벌써 났습니다. 잉태된 지 칠 삭 만에 자손이 났습니다."

상주가 들어 보니 탄복할 일이었다. 그래서 말하기를,

"여기서 더 알 것 없이 아래로 내려가 보십시다."

선비가 자신 있게 말하기를,

"터 좋습니다. 옥녀가 베 짜는 형국입니다."

뫼표해 놓은 자리 옆에 응당 웅덩이가 있어야 된다는 말이었다. 그래서 다른 풍수들이 묏자리로 못 쓴다고 했던 것이었다. 다른 풍수들이 말하기를,

"여기 물이 세게 가서 못 씁니다."

이 풍수가 조금 있다가 말하기를,

"옥녀 베 짜는 형국인데, 물이 없을 턱이 있습니까?

다른 풍수들이 있다가

"이곳은 물이 세게 갑니다. 바로 이 자리에 있는데 어떻게 묘를 씁니까?"

"허허, 노장들 모르는 말씀입니다. 천연적으로 여기 꾸리를 담구어 놓아 저질게 물이 생기니, 옥녀 베 짜는 형국입니다. 천연적으로 이렇게 되어 있는데 이외에 더 이상 좋은 자리가 어디 있습니까?"

그때서야 상주가

"예, 알았습니다. 이제 묘터는 다 봤습니다. 더는 안 봅니다. 더 볼 필요 없습니다."

그래서 묘를 모신 후, 큰 잔치를 베풀고

"우리 집에 이런 경사가 있음을 모르고 내가 잘못하면 집을 망칠 뻔했다."고 하였다. 후에 그 아이가 커서 대과를 하여 잘 살았다고 한다.

팔삭동이와 호미혈

옛날에 선비 내외가 살았는데, 글은 잘 해도 살아가는 묘책이 없었다. 글만 알고, 내일 방에 앉아서 글공부하는 그것밖에 없었다. 마누라가 가만히 생각해 보니 기가 찰 노릇이었다.

물론 공부도 좋고 앞으로 과거 급제하면 벼슬도 좋겠지만 우선 생계가 유지되어야 하는데, 생계가 유지되기 어려웠다. 그렇지만 남편이 하는 것을 막을 도리도 없는데, 그러다가 오랜 시간이 지나자 생활이 너무 어렵게 되었다.

그런데 자기 남편의 친구가 한 분 있었는데 그 사람은 남편보다 학식도 부족하지만 산 공부를 많이 해서 풍수가 되었다. 그 사람이 생활하는 것을 가만히 보면 묘터를 택해주고 생활을 하는 것이 자기 집보다 나았다. 그래서 남편에게 그 얘기를 했다.

"그 분은 무슨 꾀를 내어서 지리공부를 해 가지고, 풍수로 생계를 이어가는데, 당신은 다른 사람보다 글도 능통하게 읽는데 뭐하고 있소? 참 공부도 좋지마는 막연하지 않소? 그러니 어쨌든 지리 공부를 좀 하시오."

이렇게 말해도 남편은 별 대답이 없었다.

마누라가 가만히 생각해 보니 '우선 억지로라도 내가 하도록 만들 수밖에 없다.'고 여겨 시장에 나가서 묘터를 잡을 때 사용하는 패철을 하나 사 왔다. 자기 남편에게 주면서,

"자 이것을 사왔소. 어쨌든 무엇보다도 우선 먹고 살아야 될 일이 아니오? 그러니 지리 공부를 좀 하시오."

자기도 '그 무엇보다도 공부가 좋지만, 우선 먹고살아야 될 판인데, 지금은 안되고, 부인 말을 듣는 수밖에 없다.'고 생각했다.

그래서 지리 공부를 하게 되었다. 어느 정도 한 연후에 그 마누라가 '이 정도 하면 산지도 어느 정도 알지 않겠어? 남편 우유부단한 성격에 언제 나설지 모르니 내가 일으켜 세워 보내야겠다.'고 생각하여, 밥을 꼬들꼬들하게 해서 주먹밥을 만들었다. 식사를 좀 하도록 한 뒤에, 봇짐을 쌌다.

"당신 어떻게든 나가시오."

그렇게 쫓아내듯이 남편을 밀어냈다. 마누라가 그러니 어쩔 도리 없이 봇짐을 싸고 나갔다. 주령(主嶺)을 넘어 내려가면서 보니 그 밑에 큰 마을이 있고 동네 한복판에 큰 기와집이 있었다.

이제 일모(日暮)가 될 입장이니 거기로 가서 과객으로 하루 묵어가는 수밖에 없겠다 싶어 거기로 갔다. 대문 앞에 당도하니 심상치 않아 아무래도 이 집에는 무슨 큰 일이 있을 것이라는 짐작이 들었다. 주인을 부르니, 종이 나왔다.

"과객인데, 하룻밤 쉬어가야 하겠다."

도로 들어갔다 오더니,

"그럼 들어오시오."

들어가니, 방을 전부 정해서 앉는데 방에 앉아서 가만히 보니 그 집이 무슨 장사지낸 뒤 같은 느낌이 들었다. 그래서, '내가 풍수를 보는 사람이니, 오기는 잘 왔구나.' 싶은 생각이 들었다.

그런데 저녁 밥상이 들어와서 저녁을 먹고 앉아 있으니, 상주인 주인이 나왔다. 인사를 하고 나서,

"제가 글이나 좀 공부해서 과거라도 보려 하다 가세가 빈한하여 생계라도 좀 이어볼까 해서 지리공부를 좀 했소. 그래서 여기까지 당도한 형편이오."

이렇게 이야기를 하니 그 상주가 가만히 들어보니 솔깃한 이야기였다. 그래서 자기 어른 산소를 쓰고 난 후의 이야기를 하였다. 돌아가신 어른의 제사가 곧 다가오는데, 자기 지에 고약한 일이 생겼다는 것이다.

저 어른이 돌아가시기 전에 자기는 장가를 들기로 했는데, 그 날을 받아놓고는 초상이 나 버렸다는 것이다. 그래서 장가를 못 가고 그저 혼수만 오갔는데 시부모도 죽고 해서 혼례도 하지 않고 며느리를 데리고 왔다. 그런데 여덟 달만에 부인이 아들을 낳았다는 것이다. 이렇게 되니, 양반 집에 물의가 생겼다. '이렇게는 안 된다.'고 집안 어른들이 다 모여서, '이 산이, 그러니까 어른의 묘가 잘못되었다.'는 이야기가 나와서 지금 풍수가 너덧 명이 와 있다는 것이다.

"산으로 데리고 가 묘터 구경을 시키고 하니, 이 풍수 이야기도 옳고 저 풍수 이야기도 옳고, 상주 입장에서 갈피를 못 잡고 있소. 이래서 내가 고민을 하고 있는데, 당신이 풍수라고 하니 내가 귀가 솔깃하오. 어떻게 한 번 제 어른의 산소를 봐 줄 수 있겠소?"

이렇게 이야기가 되었다. 이 사람도 풍수가 되어 이 이야기를 들으니 역시 좋았다.

"그렇게 해 봅시다."

술상이 나와서 술대접을 잘 받고 있는 형편인데,

"그래 날짜를 언제로 잡으면 좋겠소?"

이렇게 물으니,

"그 아무 날쯤 산을 답사해 봅시다."

이 사람이 가만히 생각을 해 보니 기도 차지 않았다. 산서를 보기는 했지만은, 직접 산에 가서 이렇게 해본 적은 없었다. 비로소 이 이야기를 듣고 처음으로 산으로 가 보게 되는 입장이었다.

그래서 그 날 열두 시가 넘어서 '이 집 뒤가 어떻게 되어 있는가?' 싶어 문을 열고 보니, 갑자기 이상한 느낌이 들었다. 달빛이 으슥한데, 돌담같이 쌓아 놓은 듯한 창고가 있었고, 불이 환하게 비쳤다. 그림자가 자꾸 얼쩡거리려 이상하다 싶어 조심해서 뒷문으로 나갔다. 돌을 괴어 놓고는 올라가 침을 발라 봉창문을 뚫고 가만히 보니, 온 몸이 오싹해질 광경이 벌어졌다.

여자가 머리는 산발하고 얼굴은 아주 창백한데 굴속에서 자꾸 절을 하고 있었다. 이상하다는 느낌이 들고, 몸에 한기가 돌아 몸을 내려딛는데, 괴어놓은 돌이 쓰러지면서 뒤로 넘어졌다. 그 안에 있던 여자가 깜짝 놀라서 종이 구멍 사이로 밖으로 보니 사람의 기척이 있으므로

"여보시오."

이렇게 불렀다. 대답도 하지 않고 가만히 있으니, 몇 번을 불렀다.

"예."

대답을 하지 않을 수가 없었다.

"당신이 여기에 올 줄을 알았소. 그러니 내 이야기를 좀 들으시오."

그래서 그 돌을 다시 괴어놓고 올라가 이야기를 들으니,

"당신이 올 줄 알았으며, 우리 남편이 당신에게 어떤 이야기를

했는지도 짐작이 갑니다."

그러고 나서 이야기하는 것이, 아까 상주가 이야기하던 것과 똑같았다.

"우리 시어른 산소가 대명산인데, 호미(虎尾)에다 어른의 묘를 썼습니다. 그래서 열 달을 다 지나고 아이를 낳아야 하는데, 여덟 달만에 제가 아들을 낳자 나를 부정탔다며 양반의 가정이 이럴 수는 없다고 하여 고초를 당하고 있습니다. 이 산을 한 번 보아 달라는 이야기가 있게 되면 지리 공부를 하셨으니 산에 가보면 짐작은 할 터이니, 그리 알고 저의 처지를 좀 봐 주시오."

그 이야기를 듣고 들어왔다. 들어와서 가만히 생각해 보니, 이거면 되겠다 싶은 생각이 들어서 힘을 얻었다. 이튿날 일어나니 상주가 전날보다도 더 잘 대접하는 것이었다. 상주가 이제부터는 이 사람을 자주 만나고 그럴수록 대접도 좋아지고, 저녁이면 반드시 술을 대접하고, 이야기도 하고 그렇게 지냈다.

산에 가보기로 한 날이 되어 상주와 함께 산에 가서 그 지대를 가만히 보니 호미혈이 틀림없었다. 그래서 패철을 놓는 시늉을 하고 놀아서며,

"산이 좋습니다. 호미혈에 묘를 쓰셨군요."

이야기를 듣고 상주가 가만히 생각하니 호미혈이라고 하는 것을 보니 꽤 배운 것도 있고, '호미혈은 반드시 팔삭동이가 난다고 하니 그것은 틀림없구나.' 하는 생각이 들었다.

"예, 풍수님, 얼른 내려갑시다."

그래서 집으로 내려왔다. 상주가 집에 들어가면서 기운이 나서 기분이 더 좋을 수가 없었다. 그래서 처음보다 더 좋은 방으로 처소도 바뀌고 대접이 이만저만이 아니었다. 이튿날 저녁에도 대접을 받고, 시간이 열두 시가 넘어서 거기에 다녀온 내력을 그 여자에게 곧이곧대로 이야기를 했다.

"예, 그러실 겁니다. 주인은 많은 풍수의 이야기를 듣고 갈피를 못 잡고 있었지만, 이제는 저 풍수를 다 쫓아내실 겁니다."

그 이야기를 듣고 들어와 다시 잤다. 그 이튿날 대접은 말로 이루 다 할 수도 없고, 아침 먹고 가만히 보니, 풍수 같은 사람이 4, 5명 정도가 다 나가는 것이었다.

'저 뒤에 사는 부인이 이야기한 것이 사실이구나.'

그러고 나서 상주와 풍수가 친구가 되어 얼마간 놀기는 잘 놀았는데, 집에 있는 부인이 어떻게 되었는지 걱정이 되었다. 그래서 상주에게

"우리 집이 원래 가난한데, 우리 부인이 어떻게 되었는지 모르겠으니 한 번 가 봐야 하겠소." 이야기를 하니,

"걱정 할 필요 없소. 가게 해 드리지요."

이러더니, 주소를 적어 달라 하여 적어 주니 말을 내어서 무엇을 싣는 것이었다.

그 뒤에 상주가,

"언제든지 갈 수 있도록 해 드리겠습니다만, 그 전에 산을 하나 좀 봐 주었으면 합니다."

상주는 풍수를 만났으니, 자신도 이제 좋은 산하나 구해 놓아야 하겠다는 생각이 들었던 것이다. 가만히 생각해 보니, 기가 찰 노릇이었다. 대답을 하지 않을 수도 없고, 그래서 밤에 또 그 여자에게 찾아갔다. 그러나 선비는 상주의 부인을 만날 도리가 없었다. 부인은 선비의 호미혈 이야기로 오해가 풀리고 다시 종전처럼 생활하게 되었다. '연락이 되도록 무슨 조치가 있을 것이다.'라고 풍수도 짐작하고 있는데, 마침 부인이 변소 가는 것처럼 나오는 것이었다. 그래서 선비가 부인을 따라 구석지고 으슥한 곳에 가서 사정을 말했다.

"아까 이야기하던 바와 같이 내 사정이 이러하고, 집에 가려고

하니 상주된 어른이 걱정하지 말고 여기서 산 지리를 좀더 봐 달라고 하는데 집 형편도 걱정 되니 어떻게 하면 좋을지 모르겠소"

"알았습니다. 걱정하지 말고 택일만 하시오. 택일을 하고 산을 보러 갑시다. 이렇게만 하면 뒷일은 다시 뒤에 일러 드리지요."

이야기가 이렇게 되어 택일을 하여 산에 가게 되었다.

뒤에 그 부인을 만나니,

"여기서 한 10리 떨어진 마을에, 우리 주인 양반의 죽마고우가 사는데, 그 분도 빈소에 어른의 시신을 모시고 있기 때문에 자주 내왕이 안 됩니다. 또 우리 주인 양반도 반드시 거기 상문해야 하는데, 집에 이런 일이 있기 때문에 가보지 못하고 있습니다. 이번에 명당을 찾아 거기까지 가게 되면 주인이, '이왕 여기까지 왔으니, 우리 친구 상가에 갔다 가자.'고 할 테니, 그 곳에 가서 좌정한 후에 냉수를 한 그릇 청하란 말이오. 냉수를 가져오면 한 모금 마시고는 마당에다 버리시오. 그러면, 그 상주들이 이상하게 볼 것이오. 그렇게 한참 있다 또 한 그릇 청해 가지고 좀 마시고 또 한 번 버리면, 비로소 상주들이 어떤 이야기가 나올 것이오. '풍수 영감 미안하지만, 여기는 식수가 그렇게 흔한 곳이 아니니, 식수를 좀 아껴 달라'는 이야기를 하게 되면, '그게 무슨 소리요? 식수가 부족하다니?' 그러면 상주가 놀랄 것이오. '내가 보기에는 식수가 아주 풍족한 마을'이라고 이야기하게 되면, '식수를 원만하게 해 주면 풍수님께 상당한 보상을 하겠다.'고 말할 겁니다. 그러면 '내가 해 주겠다.'고 장담을 하면, 얼마를 내겠다고 할 겁니다. 그러고 나서 5리쯤 가다가 보면 큰 못이 있는데, 커다란 고목이 물길을 막고 있습니다. 그 고목을 베어 넘기게 되면 물이 펑펑 솟아날 것입니다. 그렇게 하기 전에 그 동네 장정들 중에 날쌘 일꾼들에게 부역을 시켜서, 물줄기가 차고 나가게 되면 동네가 떠내려 갈 형편이니, 물줄기가 동네를 비켜가도록 뒤로 도랑을 파라고 하십시오. 도랑을 파고 고목을 쳐 넘기면 그 물이 아마 도랑을 흘러 내려가더라도 동네가 무사하게 되고 그 물은 충분한 식수가 될 것이오. 그런 후에 보면 그 못에 물이 하나도 없게 되는데, 바로 그 한 복판이 아주 좋은 명당이니, '저기가 당신의 묏자리라.' 하면 될 거요."

가만히 듣고 보니, '야, 이거 팔자는 고쳤다.'싶은 생각이 들면서, 저 여자가 무슨 이인(異人)이 아닌가 싶었다.

그래서 택일한 후에, 그 날 차비를 차려서 말을 타고 가는데, 그 이야기한 바대로 한 5리쯤 가니 못이 있었다. '참, 이상하다. 그 이야기한대로 틀림없구나' 생각하며 가다보니 오래된 고목이 있었다. 한 10리 당도하니 그 밑에 큰 마을이 있었다. 그 때, 상주가 풍수에게 물었다.

"산을 보았소?"

"나는 다 봐 놓고 있으니 갑시다."

"아, 그러면 친구가 상중인데, 상문을 못해서 가봐야 할 터이니, 우리 그 시간을 좀 할애합시다."

"좋습니다."

마을에 가서 가만히 사정을 살펴보니, 부인이 이야기하는 바와 같이 식수가 부족했다. 선비가

"마을에 식수가 부족하다니, 그 무슨 말씀을 하시는 거요? 사방이 식수인데."

상주와 그 친구가 놀라서 말했다.

"물론, 풍수시니까 지리를 잘 아시겠지만, 만약에 이 마을 150호 정도가 먹을 수 있도록 식수를 찾아 준다면 상당한 보수를 드리겠소."

"예, 보수를 준다면 더욱 잘 만들어 주겠소."

"아, 그럼 약속이나 합시다."

"약속합시다."

종이에다 계약서를 쓰는 것이었다.

"나는 얼마를 내겠다. 나는 얼마를 내겠다. 만들어만 주면 이것을 내겠다."

"아, 그럼 됐다. 그럼 내일 일을 시작해야 되겠는데 제일 먼저, 그 물이 많이 쏟아지게 되면 동네가 떠내려갈 염려가 생기니, 그 동네 장정들을 모두 데리고 동네 주위에 개울을 좀 파시오."

상주의 친구는 풍수의 이야기를 믿을 수 없었지만 상주가 그렇게 자랑을 하니 안 들을 수가 없었다. 할 수 없이 마을 사람들을 전부 모집해서 도랑을 팠다. 도랑을 판 뒤에 풍수는 힘센 인부를 시켜서 도끼로 고목을 파 넘기게 했다. 과연 물이 솟았다. 흐린 물이 처음에 솟더니 철렁철렁 흘러 도랑 파놓은 데로 넘쳐흐르고, 나중에는 맑은 물이 흘렀다. 그 동네 사람들이 그것을 보고 아우성을 치고 손뼉을 치며 그렇게 좋아할 수가 없었다.

상주 친구로부터 융숭한 대접을 받았다. 그러고 나서, 상주와 선비가 돌아오면서,

"그 못 한 복판에 어떤 방향으로 묘를 쓰면 명당이니, 그리 알고 뒤에 처리하도록 하시오."

그런데 상주도 가만히 보니 기가 찰 노릇이었다. 물이 꽉 찼던 못 한 중간이 명당이라고 하니 농담으로 이야기하는 것 같은 생각도 들었지만, 선비의 말을 믿을 수밖에 없었다.

선비는 거기서 며칠 더 머문 후에 집 생각이 나서,

"상주님, 택지를 했으니까, 난 고향으로 이제 가 보겠소."

"그렇게 하시오. 아무 날 가시도록 하시오."

떠나기 전날 음식을 장만하고 야단이 났다. 떠나는 날이 되니, 말 몇 필에다가 여러 가지를 싣고 종까지 보내주는 것이었다. 선비가 마을에 들어서니 오두막집은 어디로 사라지고, 대궐 같은 집이 있었다. '전에 그 집에서 그렇게 했는가 보다.' 짐작하며 마당에 들

어서서,

"이리 오너라!"

외치니, 대궐 같은 집에서 마누라가 나오는데, 과거의 궁핍한 모습이 아니라 잘 먹고 잘 치장한 모습이었다.

선비 부부는 재주도 크게 없으면서 팔삭동이를 낳은 그 부인 덕으로 잘 살게 되었다.

칠 삭만에 해산한 며느리와
이서구 대감

옛 날에 서울에 이서구 대감이 살았다. 이 사람이 참으로 못살아서 부인이 지기 남편보고 하는 말이,

"참 당신도 숙맥이오. 시외삼촌이 전라감사로 계시는데 당신이 찾아가면 한 자리 주지 않겠어요. 그런 수단도 없어요?"

그러자 그 대감이 하는 말이

"아 이 사람아, 내가 그런 곳에 가려면 입고 갈 옷이 있어야지. 내가 무엇을 입고 가는가? 그리고 여비도 있어야지?"

"그러면 내가 옷하고 여비를 준비할 터이니 당신이 다녀오시오."

"다녀오지."

그래서 포목사에 가서 옷감하고 두루마기 한 벌의 천을 마련하고, 또 갓을 사는데 모두 다 외상으로 샀다. 그리고 여비를 서울에서 진주까지 겨우 갈 수 있게 석 냥을 빌렸다. 그래서 간신히 남의

집에 밥을 빌어먹으면서 진주에 도착하여 외삼촌댁에 가니,

"너 왔느냐?"고 온 식구들이 물으며 "아들은 잘 있느냐? 잘 살았느냐?" 등의 안부를 물었다. 그러고는 저녁을 먹이고, 심부름꾼 아이를 보고

"이 손님을 아무 여관이나 모셔라. 주인보고는 주식을 대접하라고 해라."

그리고는 대감을 보고

"이 아이를 따라 가라."고 했다.

따라 가니 어느 주막에다 데려다 놓고

"이 손님에게 주식을 대접하라고 하였어요."하고 가버렸다. 그래서 일주일을 있어도 소식이 없었다. 집에 가려고 하여도 돈이 없고, 또 주막 주인 역시 무슨 죄인인가 싶어 감금을 하였다. '못사는 놈은 할 수 없구나' 하며 갑자기 외삼촌이 참으로 야속하게 생각되어 그냥 집에 가려고 하였다. 그러던 차에 데려다 준 그 아이가 와서는,

"손님 계십니까?"

"댁으로 들어오시라고 합니다."

그래서 가니 아침상을 잘 차려 놓고는,

"너 오늘 갈 생각인가 보구나."

"예 가려고 합니다."

"그래 가거라."

이러면서 외삼촌이 돈 석 냥과 패철을 주었다. 생각해 보니 '석 냥, 올 때도 딱 석 냥을 가지고 억지로 왔는데, 갈 때도 얻은 것 없이 맨 손으로 가야 될 판이구나. 그러면 옷값과 갓값은 무엇으로 줄까?'

그렇게 생각하니 부아가 치밀어 올라, 나가는 길로 술을 먹었다. 어느 주막에 가서 술을 흥청망청 먹고 나니 돈이 다 떨어지고 없

었다.

"그만 여기서 자려고 하는데 돈이 없는데 어떻게 안 될까요?"

그러니 주모가 하는 말이,

"당신 패철 주머니 보니깐 오늘 저녁 좋은데 자도 되겠소. 이 능 넘어 가면 대감이 상주가 되었는데, 그곳에 풍수가 여럿이 왔답니다. 당신이 거기에 가기만 하면 하루 저녁은 잘 먹을 수 있을 거요."

그래서 그곳을 찾아가서 풍수들이 앉아 있는 사랑방에 들어가니 모두 다 풍수 얘기를 한다고 정신이 없었다. 주인 상주 대감이 저녁에 와서는 '어떤 손님이 새로 왔는가?' 하며 둘러보았다.

그 주인 대감이 이서구 대감을 보고,

"이 손님은 어디서 왔습니까?"

"서울서 왔습니다. 저 너머의 감사 댁에 갔다가 집에 가는 길입니다."

그리고 얘기 할 것이 아무 것도 없어 가만히 앉아서 술만 먹고, 밥 주면 밥만 먹고 앉아 있으니,

상주가 볼 적에 '저분이 제일 정직하고 지조가 있다. 옳지 저 분에게 구산을 하라고 해야지.'라고 생각하였다.

"저기 저 손님을 안사랑으로 모셔라."

안사랑에 모셔 놓고 술을 대접하고 여기서 자라고 하였다.

그 날 저녁에 자다가 보니, 밖에서 발자국 소리가 자박자박 나는 것이 여자의 발자국 소리였다.

잠도 안 오고 하여 '내일 산 보러가자 할 터인데, 아무 것도 모르니 갈 수도 없고 그냥 밤에 몰래 도망이나 갈까' 그러던 중에

"손님, 주무십니까?"

"아니오."

"문 좀 열어주시오."

문을 열어 주니까 진수성찬에 좋은 술을 갖고 와서는

"술 한 잔 잡수시오. 이 술 한잔 드시고 제 말만 들으시면 손님도 저도 둘 다 이득일 겁니다."

"말씀을 하시오. 대관절 누구십니까?"

이러니까

"내가 이 집에 시집온 사람인데, 우리 대갓집에서 시증조부님께서 환우가 계신다 하는 연고로 서둘러 시집왔습니다. 와서는 일곱 달 만에 아들을 낳았습니다. 아들을 낳으니 집에서 '우리 애의 아이가 아니다. 올 때 애를 배서 왔다. 임신해서 왔다.' 이런 소릴 자꾸 하니 나는 속을 뒤집어 보이지도 못하고 참 죽을 판입니다. 그런데 원인이 어찌된 일인지 우리 뒷산에 시증조부님 산소가 호랑이가 태어날 자리라고 해서 묘를 썼습니다. 범은 일곱 달 만에 새끼를 낳습니다. 이래서 자식을 낳은 건데 이렇게 모함을 당하고 있습니다. 이런 일이 있으니 내일 아침에 우리 시부님께서 손님 모시고 산 보러 가자 할 겁니다.

그런데 우리 뒷산에 가면 비석이 서 있는데 그 두 산소가 우리 시댁의 산소입니다. 빙 둘러보면서 '아, 그 산소 이상하구나. 이 산소는 호랑이혈인데, 증손에 일곱 달 만에 난 아이가 없느냐? 있으면 큰 인물 났다' 하시오."

"아, 그렇소?"

술을 맛있게 한 잔 마시고는

"그 다음에 새 터는 어떻게 해야 되겠소?"

새댁에게 물으니까

"거기 넘어 가면 산이 가운데로 내려가는데, 거기는 바위가 하나 있고 그 자리에 가면 금잔디가 있습니다. 그 자리가 장군 자리이니 거기를 잡아 주시오. 그러면 손님도 좋고 나도 좋을 것입니다."

그러니 이 사람의 걱정도 사라져서 술을 잔뜩 먹고 늦도록 잠을

잤다. 드디어 상주가 술을 대접하면서,

"오늘 산에 가봅시다."

그래서 가보니 어제 들은 대로였다

"이 산소는 어떻습니까?"

"이 산소가 누구의 산소요?"

"우리 조부 산소입니다."

"허허 참 이 산소 이상하다. 이 산소는 호랑이 형국인데, 혹시 증손 중에 일곱 달 만에 난 아들이 없소?"

"아 있지요."

"꼭 있을 겁니다. 이 산소가 호랑이 터라 일곱 달 만에 아이를 낳습니다. 이 산소의 기운으로 해서 일곱 달 만에 태어난 것입니다. 참으로 대인을 낳았을 것이오."

이 소리를 들은 상주는 기분이 너무 좋아서 술을 또 대접하였다. 그리고 그 너머에 가서는

"여기다 묘를 쓰시오."

그 다음에 묘를 쓰고 장사 지내는 날에는 다른 사람을 데려가라 하고, 이세 거기서 몇 달을 쉬는데 그 동안에 주인은 사람을 이서 구 대감 집에 보내어 좋은 집과 논을 사주어 잘 살게 되었다.

이서구 대감은 나중에 외삼촌이 왜 그랬는지 알게 되었다. 아무래도 대감인데 자꾸 돈을 얼마 줄까 물어 볼 수도 없고 하여, '돈석 냥만 가지고 아무 데까지 가면 이런 일이 생기는데 그러나 이는 시간을 잘 맞추어야 하기 때문에 일주일간 설움을 주어서 보냈던 것이다. 외삼촌은 이서구 대감이 이렇게 될 것을 반드시 미리 알았을 것이다.

김어사와 호와혈(虎臥穴)

광산 김씨 댁 어느 학자가 과거에 여러 번 낙방해 일가까지 망할 지경에 이르렀다. 집에 있는 책을 몽땅 벽장 안에 넣어두고 수건을 하나 불끈 두르고 방을 나서려고 하는데 저쪽 구석에 주머니가 하나 달랑달랑 붙어있는 것이었다. 그것을 열어보니 조부 때부터 풍수질 할 때 쓰던 패철이 들어 있었다. 그래서 그 패철을 차고 부인과 이별하고 길을 떠났다.

때는 4월 망간(望間)이라 사방에서 모심기와 보리타작으로 바빴다. 가는 길에 농부들이 주는 술을 한 잔 얻어먹고 보리타작 하는 것을 거들어 주겠다고 하였다. 이 사람이 일하는 모양을 보니 평생 일을 안 한 사람이었다. 그래서 그냥 두고 가라하여 다시 길을 나섰다. 모심는 데 가서도 역시 마찬가지였다.

다시 길을 가는데 해는 지고 큰 기와집이 있어 하룻밤 묵기를 청했다. 그런데 마침 그 집에 기제가 들어서 손님을 들일 수 없다고 하자 그 사람이 억지로 사정하여 들어가게 되었다. 그런데 지방을 써 줄 사람이 오지 않아 제사를 지내지 못하고 있어 그 사람이 대신 써 주었다.

그런데 원래 이 집의 지방을 써 주던 사람이 자기 밥줄이 끊어질 것을 염려해 주인에게 지방을 잘못 써 주었다고 말했다. 그러자 방에 있는 사람이 모두 무식하여 그 말이 정말인 줄로만 알고 그 사람을 내쫓아 버렸다.

순식간에 처량한 신세가 된 나그네는 자기 신세를 한탄하며 다시 길을 나섰다. 어느덧 점심때가 한참 지나니 배가 고팠는데 어떤 집에서 개를 잡아 개장을 끓이고 있었다. 그래서 패철을 주며 개장 한 그릇을 달라하니 그 사람이 간밤에 아래 집에 만석거부가 죽었으니 거기 가면 팔자를 고칠 수 있을 것이라 일러주었다.

패철을 도로 받아서 그 집에 들어가 멍석을 깐 자리에 차려진 상을 보고 끼여 앉아 배 터지게 먹었다. 가만히 앉아 있으니 상주 3형제가 와서는 이 사람에게 묘터를 부탁하였다. 술대접을 받고 쉬려고 하는데 밖에서 누가 불렀다.

문고리를 빼고 밖을 보니 조그마한 골방이 하나 있고 그 속에 부인이 어린애를 하나 안고 있었다. 그 부인은 그 집의 막내며느리인데 시집 온 지 일곱 달 만에 아이를 낳아 지금 죄인 취급을 당하고 있다고 하였다. 그리고 친정에 오빠가 지금 예조판서고 석 달 열흘, 백일기도를 드린 후에 자신이 태어났는데 이렇게 갇혀 있은 이후로 밤마다 산신령이 와서 풍수쟁이가 오거든 그 사람에게 일러주면 살 수 있을 것이라 하였다는 것이다.

그래서 그 풍수에게 내일 상주와 선산에 가거든 시조부 묘 봉분에 쇠를 놔두고 호와혈(虎臥穴)이라 하고, 범이 누워서 새끼 낳는 형상이니 이 자리에 묘를 쓰고 집안이 잘되려면 칠순에 장사를 치러야 하고 일곱 달 만에 아이가 태어나야 한다고 말하라고 시켰다. 그런 연후에 아버님 장지는 어디에 쓰면 좋겠냐고 물어보면

"당신 아버지 묻힐 자리는 수중 고원에 있다. 어느 마을에 가면 물이 안 나와 오리 밖에 있는 연못에서 물을 길어다 먹고 있는데, 연못 앞에 있는 느티나무만 뽑으면 늪의 물이 빠져 그 마을에 물이 충분해질 것이고, 그 물이 빠진 자리에 묘를 써야 한다."고 말하라 하였다. 그러면 팔자를 고칠 것이라 하여 시키는 대로 하니 맏상주가 쏜살같이 집에 내려가서 막내 제수를 풀어주고 잘못을 사과하고 온갖 좋은 음식으로 몸조리를 시켰다.

그런 후에 며느리는 어린애를 안고 상주노릇을 하였다. 그 날 저녁에 그 사람에게 상주가 아버지 묘터를 묻기에 또 그 며느리가 시키는 대로 말해 그 자리에 묘를 쓰고 한 마을에 물을 대 주어 좋은 대접을 받으며 그 집에서 지냈다. 하루는 잠을 자고 있는데 주인이 방에 살짝 들어오더니 주머니에 있던 쇠를 몰래 가져가 도끼로 부수어 버리는 것이었다. 그 사람이 놀라 물으니 죽을 때까지 함께 살기 위해서라 하였다.

그 후로 매일 두 서넛이 모여 시를 읊고 장기와 바둑을 두며 세월을 보내고 한 번씩 명기를 불러다가 놀았다. 4년째 그렇게 보내고 나니 집 생각이 나서 고향에 다녀오겠다며 길을 나섰다. 말을 타고 거리에 나가니 그 집 막내며느리가 자신을 불러 서울에 가면 예조 판서로 있는 오라버니가 있는데 이번에 시관(試官)으로 선정되었다 하니 이 편지만 전해주면 글을 아무렇게나 쓰도 과거에 합격하여 통정대부는 시켜줄 것이라 하였다. 편지를 받아서 집에 돌아오니 자기집이 큰 기와집으로 바뀌어 있고 부인이 달려 나와서 남편을 와락 끌어안았다. 서로 붙들고 대성통곡한 후, 부인과 집안에 들어가니 아들 셋이 전부 공부를 하고 있었다.

며칠 집에서 쉬고 어느 날 과거를 보러 서울로 올라가서 하룻밤

을 묵은 후에 과거장에 나가 예조판서를 찾아 가 편지를 꺼내어 전해주었다. 둘도 없는 오누이가 시집을 가서 일곱 달 만에 아이를 낳고 모함을 받았지만 이 사람 덕분에 살게 되었다는 자세한 사연이 글에 적혀 있었다. 그 편지를 받은 예조판서는 이 사람에게 고마운 마음이 한량없었다.

그리하여 이 사람을 장원급제시켜 주고 이부상서에 봉하였다. 낙방한 선비들은 전부 돌아가고 급제한 사람들을 숙종 대왕이 모아 놓고 차례로 야담을 시키니 그 사람이 고심하던 중, 예전에 지방을 써주고 잘못 써주었다고 하여 쫓겨났던 일이 떠올랐다. 과거를 네 번 낙방하고 처가까지 못 살도록 만들어 품을 팔러 들에 나가서 그런 일까지 겪었다 하니 숙종대왕이 마패를 내려 어사를 삼았다.

마패를 받고는 그 걸음으로 집에 와서는 소 한 마리를 잡아 사흘 동안 잔치를 벌였다. 평양에 이완백이라는 감사가 백성을 괴롭힌다는 소식을 접하고는 평양에 당도하여 그를 파직시키고 제주도로 귀양을 보냈다. 함경도까지 올라가서는 부모에게 불효하고 유부녀를 강간하고 도둑질한 나쁜 놈들을 찾아내어 벌을 호되게 주었다. 그 후로는 '김어사 온다'고 하면 모든 나쁜 사람들은 겁을 냈다.

팔식동이 낳을 명당자리 잡은 얼풍수

어느 동네에 정승이 죽어서 그 정승의 산소 자리를 잡으려고 지관들을 불러 모아 술이고 밥이고 간에 아낌없이 내주며 대접하였다. 조선 내에서 지술 꽤나 한다는 이는 다 모여든 판인데 어떤 사람이 그저 재수가 좋아서 거기에 끼었다.

"새로 지관이 하나 왔다."

그가 정승 집에 이르니 얼른 좋은 방에다 모셔 놓고는 좋은 음식과 옷으로 한 이틀간 융숭한 대접을 하였다. 실컷 대접을 받고 나서 저녁에 가만히 생각해 보니 망신당하기 전에 아침 일찍 떠나야겠다 싶었다. 그러던 차 새벽녘에 누가 문을 두드려서 나가 보니 어떤 여자가 한 상 떡 벌어지게 차려 와서는 대접을 하려고 하였다.

"선생께서 오셨다 해서 집안에서는 내일 선생을 모시고 산에 가려 합니다. 산에 올라 가시면 꼭 제 부탁을 들어 주십시오. 사람 하나 살려 주는 셈치고 제가 부탁하는 대로만 말씀해 주십시오."

여자의 말을 다 듣고 나서는 산에 올라가기로 마음먹었다. 좌청룡이고 우백호고 간에 아무 것도 아는 게 없는 이 사람이 산에 막상 올라가서는 '에라 모르겠다. 뛰어서 도망이나 가자' 싶어서 냅다 달아나니 같이 오던 사람들이 모두 달려 따라왔다. 이젠 오갈데 없이 된 그는 털썩 주저앉아서 가만히 둘러보니 금잔디가 쭉 깔려있는 평평한 자리가 좋아 보였다. 손뼉을 탁 치고는 소리쳤다.

"여기가 대지다. 팔삭동이 낳겠다. 여기다 산소를 쓰면 팔삭동이를 낳겠다."

사실은 간밤에 다녀간 그 여자가 두 달된 어린애를 가진 채 시집을 온 것이다. 아들이고 딸이고 간에 탄로가 나면 죽을 목숨이므로 사람 살려 달라면서 돈도 주고 미리 자리도 알려 주며 부탁한 것이다.

대체로 팔삭동이는 팔자가 좋아 고관대작 하는 사람이 많은 법이다. 그 팔삭동이 역시 머리가 좋았다고 한다. 결국 여자 하나를 살리고 대지를 얻어 줬다는 얘기다.

제2장 이인(異人)과 신물(神物)의 도움으로 성공한 얼풍수

- 도사의 도움으로 학슬혈(鶴膝穴) 잡아 횡재한 얼풍수
- 대동(大洞)의 도움으로 명당 얻은 아들
- 백화산 신령의 도움으로 성공한 집안
- 바보 아이 도움으로 명당 잡은 풍수
- 옥황상제의 도움으로 성공한 글선생
- 구렁이 구해주고 천하의 명지를 얻은 학자
- 도시혈(逃屍穴) 알아 맞히고 큰돈을 번 동생
- 옥황상제 아들의 도움으로 장승상 묘터 봐준 노인
- 산신령의 도움으로 인금의 묘터 봐주다
- 청지기 도움으로 만석꾼 부자가 되다
- 부엉이의 도움으로 샘터 봐주고 600냥을 벌다
- 북두칠성 도움으로 명당얻은 영감
- 남의 12처첩과 동침하고 팔자 고치다
- 양곡성의 도움으로 명당 잡은 훈장
- 천상인의 도움으로 대명당 잡은 이정승 아들

도사의 도움으로 학슬혈(鶴膝穴) 잡아 횡재한 얼풍수

옛날에 두 형제가 살고 있었다. 형님은 공부를 많이 한 똑똑한 사람이었지만, 동생은 공부를 못하여 무식한 사람이었다. 그런데 이 형은 남의 집터나 묏자리를 봐 주면서 사는 풍수였다. 그래서 형은 어느 정도 잘 살고 있었지만 동생은 배운 것이 없어서 가난하게 살았다. 하루는 동생이 형이 잘 사는 것이 부러워서 형에게 관복과 패철을 빌려 달라고 하였다. 그래서 그것을 빌린 동생은 마을을 떠나서 몇 날 며칠을 밥을 얻어먹으며 돌아 다녔다. 그런데 갑자기 어디선가 상여 소리가 나서 가보니 초상이 나서 상여를 메고 오는 것이었다. 상여를 메고 오는데, 여덟 살쯤 되어 보이는 아이가 다가오더니

"할아버지 내 말 좀 들어보세요."하며 "저 상여꾼들이 묘를 쓰면 묘를 거꾸로 썼다고 말하세요."라고 했다. 어떻게 거꾸로 썼는가

하면 발부분에 바가지를 덮어씌워 발을 머리라 하고 머리를 발이라 하여 거꾸로 써 놓은 것이라 하였다.

아이가 말하기를, 지금 초상난 집은 아주 부잔데 형제가 3형제가 있으나 장남은 묘를 쓰는데 보면 안 된다고 하였다. 그런데 동생 둘이 거꾸로 묘를 쓰면 삼우 날에 큰 형님이 죽는다고 하였다.

"큰 형님이 죽고 형님의 아들도 죽으면 남은 재산을 두 형제가 차지하기로 한 것이다."라고 하였다. 그래서 묘를 쓰는데 형님은 못 보게 하고 두 동생이 묘를 썼다. 묘를 다 쓰고 상을 차려 놓고 절을 하는데 여덟 살 먹은 아이가 나타났다.

"할아버지, 할아버지 저기 가서 지남철을 놓고 보면서 묘를 거꾸로 썼다."고 말하라고 해서 그렇게 하자 큰형이 풍수를 집으로 데리고 갔다.

그래서 풍수가 3형제를 모아 놓고

"묘를 쓴 곳을 보니 송장이 거꾸로 놓였더라."고 말했다.

그러자 두 동생이,

"풍수가 잘 못 본 것이면 목을 치겠다."라고 말하며 서약서를 쓰기로 했다.

만약 거꾸로 놓여 있다면 두 동생의 목을 치기로 서약을 했다. 그래서 밤을 새우고 큰형님이 두 동생과 풍수를 데리고 묏자리로 갔다. 묘를 파 보았으나 어디가 머리고 어디가 다리인지 구분이 안 돼서 송장의 수의를 칼로 찢었다. 그러고 보니까 송장이 거꾸로 있는 것이었다. 그래서 형님이 풍수에게 묻기를

"그러면 여기다 그대로 다시 써야 할지 아니면 다른 곳에 써야 하는지?"하고 물었다. 그러자 풍수는 여기에 쓰면 안 된다고 그 꼬마가 말해준 대로 말하고는 새로 묏자리를 잡아 주기로 하고 그 집의 재산 반을 받기로 했다. 그래서 받은 재산의 반을 풍수는 고향으로 내려 보냈다.

그리고 그 꼬마가 가는대로 따라갔다. 산을 넘고 넘어서 한참을 가다보니 질퍽하게 물이 있는 곳에 이르러 그만 미끄러져 넘어지고 말았다. 그러자

"여기가 좋은 터요."라고 말했다.

풍수는 아이가 알려주는대로 이곳이 학슬혈(鶴膝穴)이라고 말했다. 학슬혈에는 구덩이를 파다가 학이 한 마리 날아가고 난 뒤에 묘를 써야지 안 그러면 집안이 망해 버린다고 하였다. 그래서 그곳에 묘를 쓰게 하고 난 뒤 고향에 돌아오니 아주 큰 부자가 되어있었다. 형님은 아우에게 자기 것을 빌려 줘 놓고는 항상 걱정이었다. '어디 가서 거짓말 하다가 맞아 죽지는 않았는가?' 하는 걱정이었다. 그러던 중에 동생이 돌아와서 형님에게 빌렸던 물건을 돌려주어서 형님은 안심할 수가 있었다.

그렇게 하고 두 형제가 잘 살고 있는데 나라에서 임금이 돌아가셨고 묘터 잘 보는 지관을 찾는 중에 동생의 일이 알려져서 동생이 뽑혀서 임금이 계신 곳으로 가게 되었다. 그런데 꼬마가 일러주었다.

"예전에는 눈이 멀쩡해 잘 보았으나 지금은 애꾸가 되어 볼 수 없다."고 말하라고 하여 임금에게 가서 그대로 말하자 고향으로 내려오게 되었다. 그러자 꼬마가 이르기를

"영감님 나는 더 봐 줄 수가 없으니까 나에 관한 얘기는 잊어버리라."고 말하고는 어디론가 사라져 버렸다. 알고 보니 이 소년이 도사였다. 얼풍수 동생은 그 도사 때문에 부자가 되었다.

대동(大洞)의 도움으로
명당얻은아들

예 전에 어떤 사람이 어머니와 함께 남의 집 머슴을 살고 있었다. 어머니는 그 집에서 밥을 하고 장가 안 간 아들은 주인네 심부름을 하며 살았다. 그 주인이 농사를 크게 지었으므로 여러 사람을 데려다 일하는데 마침 품을 갚기 위해 그 아들을 보내고자 했다. 그 때 아이의 어머니가 병이 들어 누워 있으므로 맘이 놓이지 않는다 했으나 주인은 품을 갚기 위해 그 아들을 보내버렸다. 그랬는데 한낮에 그만 그 어머니가 죽어 버렸다. 주인이 생각하기를 어머니가 죽었다고 기별을 하면 품을 미처 다 못 갚고 돌아오겠다 싶어서 기별도 않고 있다가 어두워진 후, 품을 다 갚고 돌아오자 그제서야 알려주었다.

"네 어머니가 죽었다. 들어가 보아라. 그리고 네 어머니 죽은 걸 우리집에 그냥 둘 수 없으니 마굿간 뒤 멍석으로 둘둘 말아서 밤에 져다 묻어라."

남의 집에 사는 처지라 멍석 하나 주는 것도 고맙게 생각하고는 달 밝은 그 밤에 지게에다 지고서 산으로 올라갔다. 산자락 어느 한켠에 갖다 묻으려하니 길 한 쪽에서,

"얘 이놈아, 거긴 못 묻어. 서씨네 묘 발치야. 괜히 큰일 나."

그래서 다시 짊어지고는 얼마 만큼 가다 내려놓고는 묻으려 했다.

"이놈아, 거기도 안 돼. 거긴 유씨 능 발치야. 아따, 그 녀석이 정신없이 행동하는구먼."

"그렇다면 할 수 없죠."

또다시 짊어지고는 돌아다니다가 평평한 자리를 잡아 내려놓고는 물었다.

"여긴 어때요?"

"거기 묻으려면 묻어라."

그 말을 듣고는 혼자 밤새 땅을 파서 어머니를 묻어 놓고는 주인 집에 내려가 눈을 붙였다. 아침에 일어나 흙을 져다가 분묘를 만들면서 생각해 보니 자신의 신세도 처량하고 인정머리 없는 동네 인심에 정이 떨어졌다. 어머니의 묘를 다 쓰고 내려와서는 이 곳을 떠나야겠다고 생각했다.

"주인님, 전 이제 이 곳을 떠나렵니다. 여기 와서 어머니는 돌아가셨지만 제가 일한 새경은 생각해 주십시오."

"그래, 얼마면 되겠느냐?"

"돈 댓 냥은 주셔야지요."

"무슨 댓 냥? 두 냥만 받고 가거라."

할 수 없이 두 냥을 받고는 그것도 고맙다고 인사하고 갔다.

마침 운이 좋았던지 그 돈으로 어떻게 하다 보니 송아지도 사고 다른 사람의 도움으로 장가도 갔다. 살 만해지니 어머니 산소자리

생각이 났다. 이제 장가를 들어서 아내와 아들딸도 있고 논밭도 차츰 갖춰 가고 있으니 어머니 산소를 모셔 와야겠다고 마음 먹었다.

강원도 원주에 유명한 풍수가 있다는 말을 듣고는 돈을 들고 그 풍수를 찾아가서 어머니 뫼 자리를 봐 달라고 했다. 풍수와 함께 일단 현재 어머니의 무덤부터 가보기로 했다. 예전에 머슴 살던 집을 찾아가 인사를 하고 나서 어머니 산자리에 가 보았다. 풍수가 하는 말이,

"이 산에 그냥 그대로 두어라. 이 산을 썼기 때문에 지금 네가 그렇게 살고 있구먼. 이 산을 쓸 때 어느 지관 한 사람이 잡은 자리도 아니고 이 동네 대동이 나와서 잡았어. 참 좋은 자리야."

가만히 생각해 보니 묘를 쓸 때 짊어지고 가다 묻으려 하면 "이놈아, 거기 못 묻는다", "거기도 안 된다", "거기 묻으려면 묻어라" 한 게 결국 그 동네에서 잡은 산자리라는 것이다.

"그렇다면 여기에 치산을 하고 이 곳에 땅을 장만해서 어머니 제사를 지내야겠다."

그야말로 어느 지관이 잡은 것도 아니고 대동이 잡은 산자리가 바로 명당이었다.

백화산 신령의 도움으로
성공한 집안

황간면 우매리에 노파와 아들 3형제가 살고 있었다. 어느 날 장끼 한 마리가 베를 매는 노파 치마 속으로 들어 왔다. 사냥꾼이 와서 꿩을 찾으니 노파가 숨겨 주었다. 그날 꿈에 머리가 흰 노인이 나타나서,

"나는 백화산 신령이다. 너에게 일러줄 말이 있다. 네가 아무 날이면 죽는데 죽거든 묘를 쓰는데 저 도랑 건너 옻나무 밑에 돌더미가 있는데 거기를 헐어서 묘를 써라. 그럴 것 같으면 나중에 대과급제도 나고 훌륭하게 잘 될 테니까 부디 거기다가 묘를 써라."고 했다.

다음날 노파가 꿈 얘기를 했는데 아들 3형제도 같은 꿈을 꾸었다. 그날 멀쩡하더니 갑자기 노파가 죽어서 꿈대로 거기다 묘를 쓰려고 했다. 그런데 어떤 사람이 묘를 못 쓰게 했다.

"여기다 묘를 쓸 것 같으면 아들 3형제가 다 죽어. 그러니 여기다 어떻게 쓸 수가 있느냐?"

이러니까 큰아들이,

"그렇지만 어머니가 그렇게 말씀하셨고 우리 3형제가 약속했는데 어머니 유언을 우리가 어길 수가 있느냐?"

그래서 그곳에 묘를 썼다. 풍수 말대로 두 형제가 죽고 막내 하나만 남았다. 두 형의 부인이 시동생을 보고 떠나라고 했다. 그래서 서울로 갔는데 정승의 따님을 만났다. 둘이서 한 방에 있으니 하나는 남자요 하나는 여잔데 어떻게 통하지 않겠는가? 그런데 그날 밤 남자가 배 위에서 그만 죽었다. 복상사(腹上死)를 했던 것이다. 대갓집이라서 그 남자의 시체를 몰래 감춰놓았다.

그런데 이 딸이 태기가 있었다. 삼태(三胎)를 했다. 그래서 형의 두 과부와 이 정승집 딸이 하나씩 아이를 길렀다. 이 아이들이 커서 과거에 급제해서 잘 살았다.

바보아이 도움으로
명당잡은 풍수

옛날에 어느 선비가 가난하게 사는 풍수 한 사람에게 생활비를 보조해주어 생계에 큰 도움이 되게 했다. 선비가 늙어서 병들어 사망하기 직전에 세 아들을 불러놓고 유언하기를,

"내가 죽거든 건넛마을에 사는 풍수에게 부탁하면 좋은 묘지를 구해 줄 것이다. 평소 내가 많은 도움을 주었으니까 아마도 묏자리 하나는 잘 마련해 줄 것으로 믿는다."라고 말하고 죽었다. 그래서 세 아들은 부친이 사망한 후, 먼저 장남이 그 풍수에게 가서 부친의 말을 전하고 묘지를 부탁하니, 풍수는 애도를 표하면서 말했다.

"내일 가서 묏자리를 알아보도록 하겠으니 집에서 기다려라."

이렇게 약속했지만 이튿날 온종일 기다려도 풍수는 나타나지 않았다.

그래서 다음날 둘째아들이 가서 다시 이야기를 했다. 풍수는 여전히 똑같은 말을 하면서 기다리라고 하고서는 또 약속을 어기는 것이었다.

그 다음날은 막내아들이 가서 애원을 하니, 풍수는 또한 다른 말

하지 않고 역시 오겠다고 하였으나 풍수는 나타나지 않았다. 그래서 3형제는 슬퍼하면서 화를 내고 풍수에게 압력을 가할 궁리를 하고 있었다. 그 집에는 오래 전부터 부친이 심부름을 시키면서 데리고 있는 아이가 하나 있었는데, 어리석고 아무것도 몰라 아들들로부터 '바보 아이'라는 놀림을 당하는 아이였다. 3형제가 풍수를 데려올 방도를 논의하고 있을 때, 이 바보 아이가 나서서,

"제가 가서 그 풍수를 모시고 오겠습니다. 기다려 주십시오."하면서, 풍수를 데리러 가도록 허락해 달라고 말했다.

아들 3형제는 웃으면서, 자신들 3형제의 말을 듣지 않는 풍수가 어찌 어리석은 바보 아이의 말을 듣겠느냐고 하며, 쓸데없는 소리를 한다고 꾸짖었다. 그러다가 아이가 재차 요청을 하니까 시험삼아 한번 보내보자고 하여 허락했다.

그 아이가 풍수 집으로 가서 와달라고 요청을 하니,

"그러한 일을 아들들이 안 오고 어리석은 너를 보냈단 말이냐? 괘씸한 것들. 내 결코 가지 않고 더 고생을 시켜야겠다."라고 말하고, 크게 화를 내며 아들들을 꾸짖었다. 이에 아이가 마루 위로 올라가서 풍수를 잡아끌며 같이 가자고 독촉하니, 풍수는 무슨 짓이냐고 하며 화만 냈다.

곧 아이는 풍수를 끌어 눕히고 가슴 위에 걸터앉아 날카로운 칼날로 위협했다. 그러자 풍수는 아무리 힘을 쓰려고 해도 큰 바위에 눌린 것처럼 꼼짝할 수가 없었다. 풍수는 보통 아이가 아니라고 생각하고, 사과하면서 같이 가겠다고 허락했다.

아이가 풍수와 같이 오면서, 길 저쪽에서 무덤을 만들려고 준비하고 있는 곳을 가리키며, 풍수를 돌아보고 말했다.

"지관 어른, 저 사람들 산소 자리가 괜찮지요? 제법 보는 사람이 자리를 정한 것 같습니다. 그렇게 보이지요?"

화가 덜 풀린 풍수는 그저 건성으로 좋다고만 대답했다. 그러자

아이가 다시 말했다.

"저 사람들 묏자리는 괜찮아도 시체를 거꾸로 하여 매장하려고 하니, 저러면 반드시 재앙이 닥치지요. 가서 좀 일러주시오."

이렇게 말하고, 풍수더러 가서 시체가 거꾸로 된 것을 알려 주라고 독촉했다. 풍수는 가기 싫은데도 아이의 독촉이 두려워, 가서 시체가 거꾸로 되었다고 말했다. 그러자 상주들이 아니라고 우기면서 화를 냈다. 이때 좀 나이 든 한 사람이 말하기를,

"혹시 잘못 되었는지 알 수 없으니 한번 확인을 해보자."고 제의하여 관을 열어보니 정말 시체의 상하가 바뀌어 있었다.

아이는 집 가까이 와서 풍수에게, 주인의 산소를 어디로 정할 것인지를 물었다. 풍수는 뒷산을 말했다. 그러자 아이는 집앞 작은 못 가운데 있는 섬이 좋은 자리라고 말하라 했다.

풍수를 데리고 집으로 오니 아들 3형제는 놀라면서 아이에게 감사를 표했다. 곧 3형제가 풍수에게 부친의 묏자리를 물으니, 풍수는 아이가 말한 대로 집 앞 못 가운데의 작은 섬을 이야기했다.

이에 3형제는 참고 있던 화가 치밀어 풍수를 붙잡고,

"우리 집안을 망치려고 물 속에다 묘를 쓰라고 합니까?"라고 하면서 윽박질렀다. 그러나 풍수는 아이가 한 말이라 잠자코 입을 다물고 참았다. 그런데 이튿날 보니까 집 앞 못의 물이 깨끗이 마르고 좋은 묏자리로 변했다.

이렇게 해 선비의 장례가 끝나고 풍수가 집으로 돌아가려고 하니, 바보 아이가 가만히 풍수를 불러서 이렇게 시켰다.

"이 집 3형제가 무슨 선물을 주려고 하거든 아무것도 받지 말고, 대신 나를 달라고 하시오. 내 당신에게 가서 당신을 도와 이름난 풍수가 되게 해드리겠습니다."

아이의 말을 듣고 풍수는 3형제가 돈을 주겠다고 하는 것을 거절하고, 대신 아이를 달라고 했다. 3형제는 쾌히 허락했다. 풍수는 그

아이를 데리고 같이 집으로 왔다.

집으로 온 아이는 풍수에게 이렇게 약속했다.

"앞으로 남의 부탁을 받고 묘지를 정할 때, 내가 채찍으로 다리를 때리면서 신호하는 자리를 무조건 좋은 묘지라고 말하시오."

그 후 풍수는 항상 남의 묘지를 정할 때 그 아이를 데리고 갔고, 아이가 지시하는 대로 하니 틀림없이 좋은 자리가 선정되었다. 그렇게 하여 풍수는 유명한 풍수라는 소문과 함께 돈도 많이 벌었다. 그런데 10년쯤 지나자 갑자기 아이가 떠나겠다고 했다.

"이제 작별하고 뒤에 당신이 사망할 무렵 묏자리를 정해 주러 다시 오겠습니다. 그때까지 안녕히 계십시오."

그리고 떠난 후에, 여러 해 뒤 아이는 다시 나타나서, 뒷산에 올라가 이곳저곳 다니다가 한 곳을 지정해 주면서,

"이 자리는 아들 3형제가 나서 과거급제하고 크게 출세할 자리입니다. 여기에 묻히도록 하십시오."라고 설명해 주고는 집에 들르지도 않고 떠나갔다.

그때 산에 함께 따라갔던 풍수 집의 여종이 몰래 그 묏자리의 얘기를 듣고, 그 자리를 난난히 기억해두었다. 그리고 곧 여자 종은 친척을 동원하여 밤에 몰래 자기 모친의 무덤을 그 자리에 옮겨놓았다. 얼마 후에 여종은 그 집에서 도망쳐 나가, 몰락한 양반 집안 딸이라고 신분을 속이고, 가난한 양반 노총각과 결혼해 살았다.

마침내 풍수가 세상을 떠났다. 풍수의 아들들이 정해놓은 묏자리로 가보니 벌써 어떤 무덤이 하나 그 자리에 생겨 있었다. 할 수 없이 다른 곳을 지정하여 부친 묘를 썼다. 그 뒤 도망간 여종은 과연 양반 서방과의 사이에 아들 셋을 두었다. 아이들이 자라는 동안 집을 서울로 이사해, 아들 3형제가 모두 대과급제하고 높은 벼슬을 했다.

옥황상제의 도움으로
성공한 글선생

어떤 사람이 글만 읽고 아이들을 가르치며 살았는데 매우 가난했다. 하루는 아내가 시아버지 제사를 지내야 하는데 돈이 없으니 어떡하면 좋으냐고 물었다. 그는 물고기라도 잡아서 상에 올리면 되지 않느냐 하며 물고기를 잡으러 개울가로 갔다. 개울가에 가니 피라미 한 마리가 있어 그것을 잡으려고 개울을 헤매다 마침내 삼척까지 내려와 버렸다. 마침 그곳을 지나던 제자가 그를 발견하고 무슨 일로 여기까지 왔느냐고 물었다. 그의 자초지종을 들은 제자는 자기가 제사상을 차려주겠다고 했다. 그래서 그는 제자의 집에서 제사를 지낸 후, 밥은 다 먹고 미역국은 국물만 먹은 후, 미역은 건져서 솥뚜껑에 얹어 말렸다. 이상히 여긴 제자가 이유를 묻자 자기 아내의 산달이 다 되었는데, 미역국이라도 끓여 주려고 그런다고 말했다. 제자가 그 말을 자기 어머니에게 하자 어머

니는 쌀과 미역을 주면서 집까지 갖다 드리고 오라고 했다. 집에
다 와가자 그는 제자가 자기 집에 가면 쌀과 미역이 축날 것을 염
려하여 중간에서 돌아 가라고 했다. 짐이 무거워 끙끙대던 제자는
좋아라고 돌아갔다. 쌀자루가 터지고 미역이 부서지는 줄도 모르고
칡으로 동여맨 짐을 끌고 갔다. 집에 당도한 그는 아내에게 쌀과
미역을 갖고 왔다고 말했다. 그러나 밖에 나가본 아내의 눈에는 칡
에 묶인 빈 자루뿐이었다.

  그 뒤, 그는 여러 집에 글 선생을 하며 먹고 살았다. 그러나 너무
가난하여 가을에 남의 논에 벼가 누렇게 익었는데, 그것을 훑어다
가 죽을 끓여 먹으려고 논에 갔다. 한 번을 훑고 벼락을 맞을까봐
하늘을 쳐다보니 괜찮아 또 한 번을 훑고 하늘을 쳐다보니 괜찮았
다. 그렇게 하여 세 번을 훑었다. 하루는 아이들이 다 돌아간 빈
방 구석에 빛이 나는 주머니가 있어 열어보니 패철이 들어 있었다.
주인에게 집을 지으려고 하니 방향을 알아야겠다며 그것을 빌렸다.
그것으로 그는 이리저리 풍수 행세를 하며 밥을 빌어먹었다.

  한 번은 평안도 어느 지역을 지나가다 초상난 집이 있어 들어가
니 풍수가 한 20여 명이 있었디. 그 집에는 노랭이라는 하이이 있
었는데 밥상을 가져와서는 그에게 아무 것도 모르는 게 억세게 먹
는다고 구박하고, 잠자러 들어와서도 아무 것도 모르는 게 잠은 잘
잔다고 욕을 했다.

  그러던 어느 날, 주인이 내일 답산을 가자고 했다. 그날 밤 노랭
이가 또 아무 것도 모르는 게 어쩔라고 잠만 자느냐고 핀잔을 주
었다. 이 말을 들은 그는 노랭이에게 자기는 아무 것도 모르며 밥
을 얻어먹으려고 가짜 풍수노릇을 하고 있는데 이제 어떻게 하면
되느냐고 물었다. 그러자 노랭이는 내일 뒷산에 올라가 못물을 다
퍼내게 하면 바닥에 바위가 있을 것이며 그것을 들추면 그 속에
석함이 있고, 그 안에 명기가 있으며 그 속에 학이 한 쌍 있으니

거기가 명당이라고 일러주었다.

다음날 그는 노랭이가 시킨 대로 뒷산에 올라가 노랭이를 시켜 못물을 빼내게 했다. 그러자 바위가 드러났다. 다음날 그는 바위를 젖히고 학이 날아가지 못하게 한 후, 거기에 묘를 쓰게 했다. 주인은 그를 며칠이고 대접했다.

그 후, 노랭이가 그에게 돌아가라고 했으나 돌아가 봐야 먹고 살 길이 막막한 그는 돌아갈 수가 없다고 했다. 그러자 노랭이는 내일 간다고 말하면 주인이 살찐 말을 내 줄 것이나 그것을 받지 말고 안채에 있는 바싹 마른 말을 달라고 하고, 자신을 마부로 삼게 해 달라고 말하게 했다.

그는 노랭이가 모는 바싹 마른 말을 타고 집으로 향하게 되었다. 집으로 가던 도중에 노랭이는 자기는 옥황상제의 사자인데 당신이 벼를 훑으며 하늘을 쳐다보는 것을 불쌍히 여겨 나를 내려보내 당신을 구해주라고 했다고 말했다. 그리고 집으로 돌아가면 평생 먹고 살 것이 있으니 이제 집으로 가 보라고 하면서 말을 타고 공중으로 사라져 버렸다.

집에 당도해 보니 자기가 살던 오막살이는 간 곳 없고 커다란 기와집에 재물도 많아 행복하게 잘 살았다.

구렁이 구해주고 천하의
명지를 얻은 학자

어느 학자가 살림도 없이 사는데 부인이 살기가 곤란하여 두 아이를 살려야겠기에, 남편에게 베 한 필을 내어주면서 팔아오라고 하였다. 그것으로 쌀을 사고 남은 것으로는 비상을 사오라 하였는데, 이는 아들을 먹이고 난 후, 자기는 죽을 생각이었다. 그는 대충 팔아서는 비상전에 미리 가서 비상을 사려 하는데 어떤 사람이 말하기를 당신 부인이 지금 비상을 먹고 죽으려는 것이라고 알려주었다. 그래 그는 이것도 저것도 못 사고 돈만 들고 집으로 가는데, 청년 수십 명이 모여 옥신각신 하고 있었다. 쉬려고 보니 구렁이를 훑겨 가지고 끌고 가면서 불싸지른다고 하였다. 그 양반이 보니 불쌍하여 베 한 필 값을 다 주고 그 뱀을 사고 말았다. 그는 그 뱀을 다시 풀어놔 주고는 집으로 돌아왔다.

부인이 그 베를 팔았냐고 묻자 그는 하루 동안 있었던 일을 이야기해 주었다. 그러자 부인하고 자식은, 끼니를 굶었으면서도 참 잘했다고 하였다. 그러고 나서 하는 말이 자기 맏동서 집에 가니, 패철을 하나 주더라고 했다. 그래서 그 패철을 얻어 두루마기를 해 입고 있으니 지나는 사람이 그를 풍수로 알아보고는 부잣집을 소

개시켜 주었다. 그 집에 들어가 보니 풍수들이 잔뜩 앉아 있는데, 주인 양반이 나왔다. 그 주인 양반이 이 사람을 알아보고 묏자리를 부탁하는데, 모르지만 해 주겠다고 하였다. 좀 있다가 한 아이가 들어와서 제가 시키는 대로만 하라고 했다. 그 아이 말이 내일 떠날 때 큰 말 말고 조그만 말을 타고 자신을 심부름하는 아이로 부르라고 했다.

그래서 그는 좋은 말은 다 마다하고 심부름 하는 아이를 데리고 가는데, 가다가 못을 발견하고는 그 곳이 천하의 명산이요 대명지라고 하였다. 또 아이가 어느 마을에 들어가서는 좀 쉬었다 가자고 하는데, 큰 기와집에 들어가서는 주인 양반에게 냉수 한 그릇을 달라고 하였다. 그런데 주인 하는 말이 이곳에는 물 구하기가 힘들다고 하였다. 그래서 아이의 말을 들어 어느 곳에 샘을 파게 하니 물이 났다. 그 동네서 식량을 받아 한 석 달을 살다가는 돌아오니 처음에 봤던 그 못에 물이 빠지고 없었다. 그곳이 천하에 없는 묘터였다.

"이제 되었습니다. 여기가 대지요."라고 하고, 돌아오니 다음날 한 스물은 넘는 풍수들이 모두 모여 있었다. 그 주인 양반이 터를 보고

"그 못 물은 어떻게 할 것이냐?"하였다. 되돌아 가보니 그곳에 물이 하나도 없었다. 그래서 묘를 쓰고 돈이다, 논이다 주려고 하니, 전부 싫다하고 마부와 말만 줬으면 한다고 하였다. 주인이 허락하니 이제 집으로 가자 하여 가는데, 그가 구렁이 사서 놓아주었던 데서 그만 쉬자고 하였다. 그래서 쉬는데, 아이가 흙을 던지는 바람에 눈에 백태가 끼였으나 여전히 보였다. 영문을 알고 보니, 구렁이가 은공을 갚기 위해 아이로 변해 은혜를 갚은 것이었다. 그는 다시 집으로 돌아가서 벌어 온 것들을 가지고 잘 살았다고 한다.

도시혈(逃屍穴) 알아맞히고
큰돈을 번 동생

똑똑한 형과 바보 아우가 살았는데, 형은 지관 일을 하면서 많은 돈을 벌었다. 동생은 자기도 지관이 되어서 돈을 벌겠다고 작정하고 형의 쇠를 훔쳐 달아났다. 동생이 한참 가다가 보니 어느 큰 부잣집에서 초상이 나 많은 지관들이 와 있었다. 다른 지관들은 서로 좋은 자리를 논하며 다투는데 동생은 아무것도 몰라 혼자 가만히 있었더니, 상주들이 동생을 대단한 지관인 줄 알고 따로 모시며 대접했다. 장사지낼 날이 닥쳐오자 동생은 감시가 심해서 도망치지도 못하고 쩔쩔매고 있는데, 그 집에서 일하던 하인 아이가 자신을 데려가서 자기가 앉는 곳에 묘를 쓰라고 했다. 동생은 그 아이의 말대로 하여 그 집의 묘터를 잡아 주고 많은 돈을 받고는 아이가 부탁하는 대로 그 아이를 데리고 부잣집에서 떠났다.

길을 가다 보니 또 다른 부잣집에서 큰 장사를 지내고 있는데,

아이가 그 상주를 보더니 봉분하는 터가 도시혈(逃屍穴)이라면서, 자기가 앉는 자리를 파면 시체가 나올 터이니 다시 장사지내라는 말을 하라고 했다. 동생이 그대로 말하자 상주들이 반신반의하면서 묘를 다시 팠는데 정말로 방금 하관했는데도 널이 없는 것이었다. 동생은 아이가 가르쳐 준 자리에서 널을 찾아내고는 많은 돈을 받았다.

그 후 동생은 부인과 함께 아이를 데리고 살았는데, 국상이 나서 용한 지관을 찾으러 온다는 것이었다. 그 때 아이는 갑자기 떠난다고 하면서, 동생에게 나오지 말고 문구멍으로 내다보라고 했다. 그래서 동생이 내다보려고 하자 대젓가락으로 동생의 눈을 찔러 멀게 하고는 어디론가 가 버렸다. 그 후 나라에서 지관을 찾으러 왔지만, 동생은 이미 눈이 멀었기에 데려가지 못했다.

어차피 진짜 지관도 아니었던 동생은 여생을 편히 살았다.

옥황상제 아들의 도움으로
장승상 묘터 봐준 노인

아주 가난한 늙은 내외 둘이 살고 있었다. 가을이 되어 동네에서는 문진에 있는 토지이 나락을 모두 늘어 말리고 있었다. 아내가 말하기를,

"영감님 저기 가셔서 나락 한 깍지만 들고 오십시오. 우리가 밥을 끓여 먹고 생명이나 부지하십시다."

이렇게 말하니, 노인이 아내 말을 듣고 나가서 나락 한 깍지를 보듬어 안으려고 하자 어떤 사람이 와서 우뚝 서는 것이었다. 노인이 도로 돌아와 두 내외가 문구멍으로 내다보니 그 사람이 우두커니 서 있었다.

그래서 아침에 내다보니 그 논에 패철이 하나 떨어져 있었다. 그래서 패철을 주워 두었다. 논 주인의 하인이, 아무개 영감이 나락을 한 깍지 가지러 왔다가 그냥 들어갔다는 소리를 전하니, 그 주

인이 쌀 한가마니와 나무 한 짐을 보내 주었다. 그래서 그것으로 호구지책을 하고 있었는데, 할멈이 권하며 말하기를,

"우리 시아저씨는 패철을 차고 가서 돈을 벌어다가 호의호식 하고 살고 있으니, 당신도 좀 나가 보시오."

"아, 내가 무엇을 알아야 나가지."

그랬지만 하는 수 없이 패철을 옷고름에 차고 나갔다. 서울로 갔는데, 장승상이라는 사람이 어른의 묘를 이장하려고 하여 지관들이 방에 둘러 앉아 있었다. 저녁에 앉아 모두들 산소 이야기를 하는데 이 사람은 아무것도 모르니 아무 말도 하지 않고 있었다. 아침에 아들이 밥상을 들였는데 다른 사람들은 밥에 뉘가 있으면 뉘를 가려내어 놓는데, 이 노인은 뉘를 알알이 까먹는 것이었다. 까먹고 껍데기만 버리는 것을 보고,

"세상에, 나락 속에 쌀 든 줄을 모르는 사람들이 묏자리를 어떻게 알 것이요? 다 보내고 그 뉘 까먹은 그 분만 모십시다."

차후에 오시라고 여러 풍수들에게 노자를 주어서 다 보내고, 이 사람은 아무것도 모르고 나가려고 하는데,

"하루 이틀 쉬어서 가시지요."

안사랑으로 들어오라 하더니 끼니 때마다 진미를 대접하는데, 아무것도 모르니 걱정이었다. 하루 저녁에는 그 집 머슴이 화로에 불을 담아 들어왔다.

"걱정 말고 드시지요. 나중에 다 좋은 일이 있을 것이니 걱정 말고요."

그렇게 진미를 내어 놓으면 자기가 안 먹고 조금 덜어서 놔두었다가 머슴이 오면 조금씩 주었다.

"구산을 가자고 하면 좋은 사람에 좋은 말을 내어 놓을 것이니 나를 이야기하고 데리고 가시지요. 가시다가 꼭대기에서 뒤쪽으로 돌아가면 내가 말을 잡을 터이니 그러면 '말을 머물게 하라.'고 하

시고 거기에서 내려 위로 올라가면 큰 반석이 있을 것입니다. 거기 가서 패철을 딱 내어놓고 요리조리 보고 '좋다.' 그 말씀만 하고 돌아오십시오."

잘 아는 사람들은 보내 버리고 아무 것도 모르는 사람만 데리고 있는데, 다른 지관들은 쫓겨 가면서도,

"그 분이 입산을 할 때는 우리가 기어이 가보자. 어떤 곳에 잡는지를 보자."

하루 저녁에는 머슴이 들어오더니,

"그 반석에 가면, 세 폭씩 세 줄이 난 것이 있을 거요. 거기를 들면 석함이 나올 것입니다. 석함이 나오면 그곳이 명당입니다."

시키는 대로 그곳으로 가서,

"말을 머물게 하거라."

그리고 올라가서 보니 반석이 있어 쇠를 놓아 보았다. 도로 돌아와서 '아무 날에 입산을 할 것이다' 하니 갔던 사람들이 모두 구경을 왔다.

석함이 나온 곳에 장사를 지냈다. 그런데 주인이 주소와 성명을 물어 일려주었더니 몰래 돈을 보내주어 풍수집을 부자로 만들어 두었다.

"한 며칠 있다가 가신다고 말씀하십시오."

"가겠습니다."하니

돈 세 냥을 주면서,

"가다가 노자로 사용하시오."

돈 세 냥을 받고 가르쳐 준 사람을 앞세워 말을 타고 내려왔다. 자기집 근처에 와서 주막에 들러 그간 자기 집의 내막을 물었다.

"그 영감이 나가시어 돈을 벌어 큰 부자가 되었습니다."

그런데 그 머슴 사는 사람이 영감을 나오라고 하더니만 눈을 하나 빼버렸다.

"당신은 아무것도 모르는 분인데, 서울에서는 앞으로 큰 일이 있으면 당신을 부를 것입니다. 대궐에 아무 것도 모르는 사람이 가면 죽습니다. 그러니 눈 빠진 후로는 멍청이가 되었다고 하고 가지 않으면 됩니다. 내가 다른 사람이 아니라 하늘의 옥황상제의 작은 아들인데 득죄를 했다가 오늘 귀양이 풀려 올라가는 겁니다."

그래서 그 사람이 간 뒤 자기 집을 찾아갔다. 가보고 무슨 말을 할 수가 없어 기웃거리고 있으니, 심부름하는 놈이,

"웬 영감이 이렇게 기웃거리냐!"

뭐라고 이야기하는 소리를 아내가 들으니 바로 영감의 목소리였다. 자기 영감이 눈을 하나 잃어버리고 돌아왔다.

그 머슴은 천상에서 내려온 사람인데, 그 분의 덕택으로 늙은 내외가 일생을 잘 살게 되었다.

산신령의 도움으로
임금의 묘터 봐주다

어떤 사람이 하루 종일 앉아서 새끼를 꼬아도 한 발조차 못 꼬았다. 삭시가 생각하기에 '새끼줄도 못 꼬고 일도 못 하고 아무 것도 못 하겠다.' 싶어 치마를 뜯어서 바랑을 만들고 달비를 팔아 쇠를 사서는 남편에게 주면서

"나가서 당신 멋대로 이것을 가지고 벌어 먹으시오."

그래서 남편은 바랑과 쇠를 가지고 떠돌아다녔는데, 어느 집에서 초상이 나 9일장을 치르고 있었다. 그 집을 찾아가니 풍수가 왔다고 대접을 잘 해 주었다. 그런데 그 날 밤, 가만히 생각을 해 보니 다음날 출상을 하면 아무 것도 모르는 주제에 풍수 흉내를 내다가 봉변을 당할 것 같아 도망을 치기로 했다. 대문 밖으로 나갔더니 웬 떠꺼머리 총각이 그를 붙잡았다.

"내가 초상난 곳에 와서 잘 얻어먹었지만 나는 아무 것도 몰라서

도망치려고 나왔다."

"아니, 도망칠 것 없어. 내 말을 들어. 이 집이 재산은 있어도 자손이 없어. 그러니까 내일 출상을 하면 말을 타고 제일 앞에 가라고. 제일 앞에 가다가 집 앞 도랑가에서 말에서 내리면서 '여기가 자리다'라고 해. 거기다가 묘를 쓰면 쌍둥이를 낳을 것이야. 그런데 이 집이 한 자리를 잡아 주면 널 안 돌려보내고 붙잡아둘 것인데, 아기를 낳게 되면 서울에서 기별이 올 것이야. 서울 가면 냇가에 큰 수양버들이 있을 것인데, 수양버들을 베어내고 그 뿌리를 파 보면 청돌로 널을 짜 놓았을 것이야. 임금이 죽으면 거기다 묘를 쓰라고. 그러면 대대 임금이 나올 것이야. 그래서 그 두 자리만 봐."

그런데 그 떠꺼머리 총각은 산신령이었다. 이튿날 출상을 하면서 시킨 대로 도랑가를 팠더니 물기도 없어지고 좋은 자리가 되었다. 그 곳에 묘를 썼더니 곧바로 그 집 며느리에게 태기가 있어 쌍둥이를 낳았고, 그 부잣집에서는 풍수 모르게 풍수의 집에 돈과 쌀을 보태주어 살림살이가 늘었다. 소문이 퍼지자 서울에서 기별이 와 풍수를 데려갔는데, 산신령의 충고대로 임금의 묘터를 잡아 주고 큰돈을 벌었다.

청지기 도움으로 만석꾼 부자가 되다

어느 양반이 몹시 가난하고 무능해서, 부인이 아무리 노력해도 삼순구식(三旬九食)조차 때울 수 없었다. 그때가 마침 가을이어서, 주림을 견디다 못한 부인이 양반에게 제안했다.

"나락 좀 베어 오십시오. 아무개의 논에 나락이 노랗게 익었는데, 조금만 베어 오십시오."

너무 배가 고파서 양반이 부인의 말대로 벼를 훔치러 갔는데, 베려고 보니 나락 논에 고인 물에 하늘이 비치고 낮인데도 별이 반짝이는 것이었다. 양반이 차마 벼를 훔치지 못하고 돌아와서

"벼를 베려 했더니 물에 하늘이 마주 보이는데, 하늘이 보는 것 같아서 도저히 벨 수 없었소."

"이래서는 살 수 없습니다. 어디에 가서 꼭 10년만 고생하고 오십시오. 저도 아이 데리고 10년 고생하겠습니다."

"내가 어디를 가오?"

"제 친정아버지가 풍수를 보는데, 사위도 자식이고 딸도 자식이니, 가서 풍수 보는 쇠를 달라고 하면 주실 것입니다. 제가 얻어오겠으니 그것을 가지고 가십시오. 꼭 10년 고생만 하고 오십시오."

그래서 부인이 풍수 쇠와 돈 석 냥을 주고 양반을 내보냈다. 양반이 헤매다가 어느 주막에 들어갔는데, 양반이 가지고 있는 쇠를 보고 주막 주인이 말했다.

"저 뒤에 부잣집이 있는데 그 집에 가 보시오. 그 집에서 조상 면례를 하기 위해, 요즘 명산을 찾으려고 풍수들이 많이 옵니다."

그래서 양반은 오래 굶주리고 헤맨 길이라 체면도 볼 것 없이 그 집을 찾아갔다. 부잣집에서는 많은 풍수들이 드나들고 말도 매어 놓고 말죽을 쑤고 있었다.

"양반도 풍수요?"

상주가 응접을 하면서 식사를 잘 차려 주었다. 다른 풍수들은 어디가 명산이며 어디가 좋다고 말하고 있었지만 양반은 아무 것도 몰라서 입만 다물고 있었다. 그러다가 소변이 마려워서 잠깐 변소에 갔더니, 그 집의 청지기 아이가 나타나서 말했다.

"이보시오. 내일 모두가 구산(求山)하러 갑니다. 저 풍수들 모두 커다란 말에 안장을 얹어서 구산하러 갈 터인데, 한 구석에 비루먹어 걸음도 제대로 못 걷는 작은 말이 있을 것입니다. 어떻게든 내 말대로 그 작은 말을 달라고 하고, 마부로는 나를 쓰십시오."

그래서 이튿날 청지기 아이의 말대로 양반은 비루먹은 말을 타고 떠났다. 다른 풍수들이 모두 좋은 말을 타고 앞장서서 가는 동안 양반이 뒤로 처지자 청지기 아이가 다시 말했다.

"내가 발을 구르면 내려와서 그 자리에 쇠를 놓고, 내 말대로 하시오. '여기가 참 좋은 묘터인데, 여기 묘를 쓰면 삼정승 육판서가 나리라. 하지만 시체를 그냥 두면 안 되오. 시체를 그냥 놓아두면 상주가 병신이 되겠소.' '상주가 어떻게 병신이 되는가?'라고 물으면 '상주가 왼쪽 다리를 못 쓸 것이오.'라고 하시오. 시체를 파 보면 왼쪽 다리에 은장도가 꽂혀 있을 거요."

그러면서 한참 가다가 한 곳에서 발을 구르는 것이었다. 양반은 청지기 아이가 시키는 대로 상주에게 말했다. 상주는 실제로 왼쪽 다리를 앓는 중이었는데, 말을 타고 있었기 때문에 아무도 그 사실을 몰랐다. 상주가 의심이 들어 그 말대로 면례를 하며 시체를 파 보았더니, 처음 묘를 쓸 때 시체 묶는 매듭을 자르던 장도를 관 안에 그냥 넣어 버린 것이 시체 왼쪽 다리에 꽂혀 있었다. 그래서 상주는 양반의 말대로 묘터를 잡아 면례를 치르고 양반에게 크게 사례했다. 그러자 청지기 아이가 다시 양반에게 말했다.

"여보시오, 당신은 집에 가지도 않고 늘 그렇게 있을 거요?"

"나도 집에 가고 싶다."

"집에 가시오. 집에 갈 때 내가 말하는 대로, 마부는 내게 맡기고 지난번의 작은 말을 달라고 하시오. 노자도 조금만 달라고 하시오."

그래서 돌아서려고 하자 상주가 노자를 잔뜩 주려고 했다.

"귀찮기만 하고 그래서는 못 가오. 말에 안장만 하면 편하게 갈 수 있으니, 난 이렇게만 가겠소. 돈은 필요 없소. 마부는 저 청지기 아이하고, 말은 내가 타던 작은 말을 주시오."

"아이고, 그래도 타던 말이 비루먹은 것인데, 그걸 어떻게 줍니까? 그리고 청지기 아이가 어리기는 해도 일을 입에 혀처럼 잘하는데, 좀 아까워서."

아깝기는 해도 양반이 달라고 하자 상주는 비루먹은 말과 청지기 아이를 내주었다.

양반은 어디가 어딘지 몰라서 청지기 아이가 가는 대로만 가고 있었는데, 청지기 아이가 어느 산으로 가더니 양반에게 묻는 것이었다.

"당신 나를 아시오?"

"내가 어떻게 아나. 나는 모른다."

"당신 아무 때 논에 나락이 익었을 때, 나락 베러 왔었지요?"

"그래, 그런 적이 있다."

"그때 나락 베어 갔소?"

"아니다. 나락 베러 갔더니, 물 밑 하늘에 별이 환하게 비쳐서 나락을 벨 수 없어 그냥 왔다."

"내가 당신을 기다리느라고 그 집에서 청지기 7년을 했었소. 저기 넘어가면 당신네 집이 있는데, 기와집을 짓고 논밭을 사서 잘 살고 있소. 나는 가겠소."

그러자 말과 청지기 아이가 한꺼번에 사라져 버렸다. 그 말이 보통 말이 아니라 사실 용마여서, 청지기 아이와 함께 하늘로 올라간 것이었다. 양반이 산을 넘어가 보니 부인은 만석꾼 부자가 되어 있어서 다시 만나 잘 살았다.

부엉이의 도움으로 샘터 봐주고 600냥을 벌다

상주에 사는 유씨라고 하는 사람이 있었는데 이 사람은 매일 책만 읽었다. 나이 사십이 넘도록 이러고만 있으니 집안은 탕패해지고 살기가 곤란한데, 부인이 바느질품을 팔아서 겨우 연명을 해서 살 수가 있었다. 하도 사는 것이 답답해서 부인이

"여보, 앞집의 정씨는 남의 묘터를 잡아 주고 돌아다니며 호의호식하며 잘 지낸다는 데 당신은 매일 책만 펴 놓고 앉아 있었는데 그런 거 하나 못 합니까?"

"패철이 있어야 하지."

"그럼, 패철이 있으면 나가시겠소?"

"패철만 있으면 나간다."

그러니 앞집 정씨네 집에 가서 패철 못 쓰는 것을 빌려 왔다.

"여보, 여기 빌려 왔으니, 가지고 나가셔야죠."

그리하여 패철을 싸들고 산을 넘어서 길을 갔다. 한참을 가다가 고개를 넘으니 그저 나이 한 여덟 살, 아홉 살 먹은 꼬마가 하나 나와서는 선생님이라 부르며 자신을 거두어 달라고 하였다. 심심하던 차에 잘 되었다 싶어 같이 길을 다니다 어느 산에서 장례식을 보게 되었다.

"선생님, 저길 보십시오. 어느 정승집의 장례랍니다. 오늘 곧 하관할 겁니다. 하관하는데 가서 문상한 뒤에 상주더러 '묘터는 좋은데 잘못됐구나.' 하십시오."

아이가 시키는 대로 그 곳은 도시혈이라 묘를 파보면 시체가 없을 거라고 말하였다. 금방 시체를 넣었는데 없을 리가 없다고 생각한 상주는 만약 있을 시에는 목을 치겠다고 하였다.

그러나 묘터를 파본 즉 시체가 온데 간데 없었다. 그러자 유씨는 아이가 앉은 곳을 파보라고 하여 파보니 신기하게도 그 밑에 시체가 있었다.

3형제가 보고 놀라 물으니

"이것이 도시혈입니다. 도시혈이 아니면 이 묘터보다 더 좋은 자리도 없을 것인데, 하필 여기가 도시혈이니, 여기는 쓰시면 안 될 것입니다. 시체가 도망가는데, 뭐가 효력이 나겠습니까?"하고 그럴싸하게 변명을 했다. 3형제는 시체를 집으로 옮겨 가서 사당에 안치해 두고는 이 영감에게 좋은 술과 의복으로 대접을 한 달 동안 계속하였다. 상주들은 그 앞에 매일 앉아서는

"터 하나만 잘 잡아 주십시오."

하는데, 하루는 아이가 드디어 말문을 열어서는

"오늘 저녁에 오거들랑 내일 묘터 잡으러 가는데 아무도 오지 말고 말 한 필만 달라고 하십시오. 그리고 선생님하고 저하고 둘이만 가는 겁니다. 제가 몰고 갈 테니 마부를 붙여 준다 하면 사양하셔야 합니다. 이 집 말이 거칠다하여 마부를 붙여 주려고 해도 저 하

나면 족하다 하시고 거절하셔야 합니다."

하였다. 그 말대로 주인이 주는 마부를 거절하고 다음 날 그 아이
와 둘이서 길을 떠나게 되었다.

"선생님, 여기 내리십시오."하여 내리니 거기에 똑딱배가 하나 있
어 그걸 타고 한참을 내려가니 동산이 하나 나왔다. 그곳에는 금잔
디가 쫙 깔려 있고, 그 양쪽으로는 도래솔이 빙 둘러 서 있는데
그 복판에 가서 이곳이 묘터라고 일러주었다. 집으로 돌아오니 기
다리던 주인이 술을 대접하며

"묘터를 잡았습니까?"

"구했으니 걱정 안 하셔도 됩니다." 했다. 그리고 장례일을 다시
받아서 그 묘터로 가는데 자신은 말을 타고 앞에 가고 그 뒤에 상
여가 따라 갔다. 어느 강에 이르러 몇 사람만 간신히 배를 타고 어
느 동산으로 들어가자고 했다.

동산에 이르러 보니 금잔디가 평평하게 깔린 곳이 있었는데 중
앙이 묘터라 하며 하관하라고 지시했다. 너무나 신기한 곳에 온 듯
하면서도 대단하다 싶어서 맏상주가

"여기 쓰면 어찌 되는 것인지요?"

"응, 삼정승 육판서 날 터이니 걱정하지 마시오. 가십시다."하고
돌아와 호의호식하며 지내는데 2, 3개월이 다 되어 가는데 아이가
아무 말이 없었다.

"집이 답답하니 내가 떠나야겠다."하니 아이가

"아직 한 열흘 더 있어야겠습니다."

그래 열흘 머물고는 주인에게 가려고 한다고 전했다. 간다고 하
니 주인집에서는 말 한 필에 마부하나 끼워서 보내주는데, 돈이나
좀 줄 줄 알았던 영감은 서운하기 짝이 없었다. 그러나 이제껏 잘
먹고 잘 입었던 생각이 나서 아무 말도 못하고 집을 나섰다. 한참
을 가다니 아이가 갑자기

"선생님, 돈 벌고 싶습니까?"

"나는 돈이 소원이다. 내가 이제껏 정말 가난하게 살아와서 가족들 보기가 너무 민망하다. 내 자식과 마누라는 호의호식하도록 해야 하지 않겠느냐?"

"그래요? 그럼 한 번 벌어 보십시오. 여기서 내려가면 한 삼백호 되는 동네가 나옵니다. 이 동네가 지금 물이 없어서 난리입니다. 한 15리를 가서 물을 들어다 먹자고 하는 판에 샘을 하나 파주면 몇 백냥은 벌 수 있을 겁니다."

"근데, 어떻게 하나?"

"내가 시키는 대로 하세요. 어느 집에 들어가서 날이 더워 목이 마르니 물 한 모금 달라고 하십시오. 그러면 '물이요?' 하며 놀랄 겁니다. 그 물을 받아서는 '이 물 못 먹겠다' 하면서 마당에 버리십시오. 그러면 물을 생명같이 여기는 동네 주인이 아주 놀랄 겁니다. 왜 그러느냐고 물어 보면 그쪽이 사정얘기를 할 것이니, 선생님은 그 얘기를 다 듣고는 '별 걱정을 다하네, 동네 식수가 흔하게 될 것인데' 하며 흘리듯이 말하고 오시면 됩니다."

그 마을에 가서 시킨 대로 하니 역시 주인이 아주 당황해 했다. 그러고는 동네 사람들이 한 집당 두 냥씩 내어 육백 냥을 만들어 영감에게 주었다.

그래서 샘터를 아름드리나무가 있는 곳에다 파겠다고 하며 나무에 불을 지르니 나무가 오랜 시간을 두고 탔다. 다 타버리니

"자, 다 타서 건드려도 괜찮으니, 동네 사람들 나와서 밧줄을 걸어 당겨서 뿌리를 완전히 뽑으시오."

그래서 동네 사람들이 다 나와 나무를 뽑으니 그 곳에서 물이 솟는데 도무지 손대지 못할 만큼 펑펑 솟아 나왔다. 나무가 타죽은 데를 보니, 큰 구렁이가 두 마리 죽어 있었다. 수고비로 받은 육백 냥을 집으로 보내고 다시 길을 떠나는데 아이가 작별하자고 하였

다. 영감이 그 이유를 물으니,

"제가 부엉이입니다. 알이라고 쳐 놓으면 뱀들이, 아까 죽은 그 샘터의 뱀들이 와서는 날름 잡아먹어서, 제가 이때까지 새끼를 쳐 본 적이 없었습니다. 이 놈의 원수를 어찌 갚을까 하다가 선생님을 고대하고 기다려 왔습니다. 이제는 선생님도 이만하면 풍족하게 사실 것이고 저도 이제는 자식을 좀 보아야 하기에 가야할 때가 온 것입니다. 이제 선생님께 부탁드릴 게 있습니다. 소문이 나서 많은 사람들이 선생님을 찾아 올 것입니다. 선생님 혼자서는 아무 것도 아시는 것이 없으니 딴 사람이 볼 때는 눈을 뜨도 못 보는 당달봉사가 되어 계셔야 합니다. 그러니 누가 오더라도 일신 정기가 눈에 있는데 눈이 이렇다 보니 아무 것도 못 한다고 핑계 대시면 평생을 잘 살아 가실 수 있을 겁니다. 평생 뿐 아니라 몇 대는 잘 사실 것입니다. 저는 이만 갑니다."하고는 부엉이가 되어 날아가 버렸다.

집으로 돌아오니 자기 집이 사라지고 없었다. 이웃에 물으니 큰 기와집으로 이사 가서 잘 살고 있다고 하였다. 가족들이 영감을 반기며 보내준 돈으로 집을 지었다 하며 그를 반겼다.

북두칠성 도움으로
명당얻은영감

옛날 옛날에 영감과 할머니가 살았는데, 아이들은 많고 전답은 없어서, 먹고 살기가 굉장히 곤란했다. 아이들은 밥 달라고 조르고, 자기들도 배가 고프고 하여 영감과 할머니가 어느 날 곰곰이 생각을 했다. 한참을 생각하다가 자기들은 논도 없고 아무 것도 없으니까 어디 들에라도 가서 남의 곡식이라도 조금 베어 와서 아이들에게 무엇이라도 끓여 줄까? 싶어서 그 영감과 할미가 들판에 나갔다.

나갈 때는 아이들이 무얼 달라고 성화를 부리니까 들에 가서 남의 곡식이라도 베어 오려고 생각을 했는데 막상 나와 보니까 마음이 허락치를 않았다. 그래서 도로 돌아왔다. 돌아오니까 또 아이들이 밥 달라고 야단이었다. 그래서 영감이 '죽든가 살든가 나가서 품팔이라도 해서 아이들 배라도 조금 채워 주어야겠다' 싶어서 나가려고 하니까 할머니가 그렇게 어렵게 살면서도 어디다 감춰두었던지 돈 석 냥을 주었다.

그래서 그것을 가지고 지향도 없이 한참을 갔다. 길을 가다가 발길에 무엇이 툭 차이는 게 있었다. 그래서 '뭣인가?' 싶어서 자세히 내려다보니까 그게 풍수들이 갖고 있는 풍수패였다.

그것을 주워 가지고 목에다 걸고 지향 없이 또 며칠을 갔다. 길거리를 지나가는데 큰 행차가 있었다. 그래서 '무엇인가?' '어떤 사람들이 오는가?' 싶어서 봤는데 사람들이 모두 서울 정승 문상 간다면서 노인네들이 많이 가고 있었다. 그래서 자기도 밥을 얻어먹어가면서 정승 집에 가면 밥이라도 얻어먹을 수 있고 무슨 수라도 있을까 싶어서 그 사람들을 따라갔다.

그 정승의 집엘 가니 풍수들이 많이 와 있었다. 그래서 자기도 풍수패를 차고 있으니 풍수방으로 가라고 해서 갔지마는 아는 게 없었다. 풍수패는 주워서 찼는데, 아무 것도 아는 게 없어서 우두커니 한 쪽에 앉았다. 뒷전에 앉아 있으니까 풍수들이 많이 모여 서로 자기가 잘한다고 저기가 명산이니, 여기가 명산이니 하면서 떠들었시마는 자기는 아무 것도 몰라서 가만히 앉아 있었다.

한참을 앉아 있다가 가만 생각하니까 아는 게 없어 말 한마디도 못하는 게 겸연쩍어서 밖으로 나와 보니, 한 쪽 부엌 앞에 머리가 더부룩하게 긴 얄궂은 사람이 앉아 있었다.

그래서 그 사람 머리를 가만히 보니까 이가 슬슬 기어 다녀서 한 쪽으로 데리고 와 '아이고 불쌍한 처지구나.' 싶어서 이를 잡아 줬다.

이를 잡아 줄 적에 그 사람이 하는 말이 뭐라고 하는가 하면,

"아저씨, 아저씨, 내가 시키는 대로 하세요." 하는데 너무 이상했다. '얄궂은 돼지 같은 자가 뭘 안다고?' 싶었으나

"무슨 소리인가?"하니까,

"내일 이 집에 출상할 때 내가 시키는 대로 하세요." 해서,

"무엇을 하라고 하는가?"하고 물었다. 그러니까,

"내가 가진 풍수말이 한 마리 있는데 이 말을 타고 가면 알 것이오." 했다.

"알기는 어떻게 알아 말을 해야 알지." 하니까,

"하여튼 내가 시키는 대로 하시오. 내가 갈 때 말이 서거들랑 풍수패를 내어서 여기가 명산이다."

이 소리만 하라고 했다.

"명산이라" 하면 그 사람들이 모두 풍수들을 많이 데리고 갈 건데, 미친놈이라고 '묶어라, 때려라' 그렇게 할 것입니다. 그러면 아무 말도 하지 말고, 여기를 두 자 세 치만 파면, 관 넣을 자리가 나오니까 한 번 파 보라."고 그러시오.

그리고,

"만약 그렇지 않으면 나를 거기다 묻어 주시오. 그렇게 말만 하라."고 했다.

"그러면 그렇게 하지."

이튿날 출상을 했는데 풍수들과 상인들이 많이 따라 가는 등 거창했다.

그들도 머리에 이 있었던 그 사람이 마부가 되고 자기는 말을 타고 갔는데 한참을 가다보니까 말이 갑자기 섰다. 그래서 거기 서서 마부가 시키는 대로

"여기가 명산이다."고 했다. 그러니까 상주들이

"얄궂은 거지같은 사람이 저런 소리를 하느냐"고 하고, 또 풍수들도,

"저놈을 죽여라. 묶어라. 붙들어 매라." 했다. 그래서,

"아무 말 하지 말고 이 자리를 두 자 석 치만 파 보라, 파 보면 관 들어갈 장소가 나올 거니까 파 보라."고 자꾸 우겼다. 그러니까

상주들도 이상해서

"그래." 하면서 그곳을 팠다. 두 자 석 치를 파니까 참으로 이상하게도 그 마부가 말한 것과 같이 관이 들어갈 장소가 나오니 그제야 그 영감의 말을 듣고 묘를 쓰자, 다른 풍수들은 그만 다 도망을 가버리고 아무도 없었다.

상주가 고마워서 어찌할 줄을 몰라 하면서 집으로 잘 모시고 와서는

"아버님 명당자리 잘 잡았다."고 하면서 대접을 잘하고, 옷도 한 벌 갈아입히면서 쉬게 했다. 영감이 며칠 쉬다 오는데 마부가,

"한 군데만 더 보고 갑시다." 했다.

그래서 길을 걸어가면서 저 멀리 쳐다보니까 거기에도 사람이 많이 있는데, 자세히 보니까 바로 뫼를 쓰는 중이었다.

상주들이 나오는데, 그 자리를 가만히 보니까 굉장히 나빴다. 그 자리에다 뫼를 쓰면 여우 세 마리가 다 파먹을 그런 자리였다. 그래서 거기 가서 상주들에게

"당신, 여기다 오늘 뫼를 썼지마는 이 자리가 굉장히 나빠요. 이 자리를 한 빈 파 보면 여우 세 마리가 들어앉아서 시체를 파먹는 자리라."고 했다. 그러니까 그 사람들이,

"어디 이런 미친놈이 있을까?"하고 야단이었다. 그래서,

"그러면 만약에 이 뫼를 다시 파보고 여우가 없으면 내가 거기들어간다."고 하며 아무 것도 모르면서 큰소리를 했다.

그래서 거기 모인 사람들이 '무슨 일이 있다.'고 이상하게 생각을 하고, 상주도 이상히 여겨,

"한 번 파 보라."하여, 따라 온 인부들이 묘를 파 보니까 정말로 묻을 때는 아무 것도 없었는데 여우가 세 마리 나오는 것이었다. 너무 놀라서,

"그러면 우리 명당자리를 하나 잡아 달라."고 했다.

말을 몰고 조금 가니까 말이 갑자기 섰다. 그래서 "여기가 명당 자리라."하고 파니까 자리가 좋고 땅도 좋아서 거기 묻었다. 얼마나 고마운 일인가. 자기네들도 잘 쓴다고 썼는데, 그 사람이 말해서 파보니까 여우가 세 마리 들어앉아서 시체를 파먹는 게 너무 이상한 일이었다. 그래서 '저 사람은 보통으로 모실 사람이 아니다.'고 생각되어 집에 데리고 와서는 옷도 잘 입히면서 한 달 동안 대접을 했다.

그 뒤, 아들도 걱정이 되고, 할머니도 걱정이 되어서 집으로 가야겠다면서 집으로 왔다.

집에 오면서 그 사람이,

"저 북두칠성이 보이냐?"고 말해 정말 '북두칠성이 있는가?' 싶어서 쳐다보니까 안 보였다. 그래서,

"안 보인다."고 했더니. 그 사람이 하는 말이,

"당신은 너무 착하고 마음이 곧다오. 내가 북두칠성인데 상을 주기 위해서 이렇게 풍수패와 풍수말을 가지고 하늘나라에서 내려왔소."

또,

"이제 당신 집에 돌아가면 지금까지의 소문이 나서 풍수라고 찾아오고 가르쳐 달라고 하면 곤란하니까 사람들이 당신을 못 알아보게끔 해주겠소." 하면서 눈을 한 번 집적거리고 한 번 손을 댔는데, 아프지도 않으면서 그만 한 쪽 눈이 찌그러졌다. 그리고 그 사람을 보니까 온 데 간 데도 없고 자기 눈은 찌그러져 있었다. 그래서 하늘을 쳐다보니까, 그때 북두칠성이 빛나고 있었다.

'아 이거 참 이상하구나.' 생각하면서 집에 와보니, 마누라와 아이들이 고대광실 높은 집에서 먹기도 잘 먹고, 옷도 잘 입고, 부자로 살고 있었다. 그래서 '이게 웬일인가.' 싶어서 마누라에게 물으니까 어떤 사람들이 돈도 갖다 주고 먹을 양식도 갖다 주고 해서

이렇게 산다고 했다.

　영감이 가만히 생각하니 너무나 이상했다. '사람이라 하는 것은 마음을 천성으로 쓴다면 다 살 길이 있구나.' 생각하면서 그 뒤부터는 다른 사람에게 조금도 거짓말 안하고 착하게 부자가 되어서 잘 살았다.

남의 12처첩과 동침하고 팔자 고치다

어떤 사람이 생활이 매우 곤란하였는데 하루는 동네에 상객
(相客)이 와서 관상을 보러 갔다. 그런데 이 곤궁한 사람은
한 몸에서 아들 열 둘을 낳았다. 그러니까 먹여 살리느라고 가난이
아주 극심했다. 상을 보러 문을 열고 들어가니까 상객이 앉아 있었
다.

"허어, 그 양반 팔자가 좋다. 아들 스물 둘을 두겠다."고 하였다.

'아, 이거 급살맞을 것, 내가 마누라 옆에 가까이 있다가는 큰일
나겠구나! 마누라 몰래 가버려야겠다.'고 생각하고 그는 과객 길로
나섰다. 얼마쯤 가다 보니까 부잣집이 있었다. 그래서 밥을 얻어먹
고 가려고 부잣집엘 들어가서 그 주인하고 수인사를 하였다. 주인
이 곧,

"아, 그러면 고담이나 이야기합시다."

"나 이야기할 줄 모릅니다."

"아이 어제 본 것도 이야기요, 오늘 본 것도 이야기 아니오? 그러니까 이야기 하나 하시오."

"나는 남의 이야기는 못하겠소. 내가 내 일을 말하리다."

"아하. 그러시오."

"내가 생활이 곤란한데 아들이 열둘이오. 동네에 상객이 왔다고 하여 관상을 좀 보러 갔지. 아, 나를 건너다보더니 '팔자가 좋아 아들 스물 둘을 두겠다'고 합디다. 그래서 마누라 옆에 가깝게 지냈다가는 큰 일이 날 것 같아서 집을 나선 사람이오."

"하 참, 팔자가 좋은 분이오."

이렇게 이야기를 하면서 대접을 잘 받고 자는데,

"그럴 것 없소. 내가 자식이 없어서 마누라 열둘을 얻어 가지고 살아요. 그런데 열둘이 아직 자식을 하나도 못 봤소. 그렇게 당신은 열 둘을 더 낳을 팔자이니 내 마누라에게 가서 하루 저녁 석 잠씩만 자 주시오."

"하. 그게 무슨 말씀이오?"

"어어 참, 내가 승낙하는데 무슨 상관이 있소?"

저녁밥을 먹은 뒤에 떡하니 들어가서 자기 마누라 보고,

"어, 자네는 어머니란 말 한 번 들어보고 죽기가 원, 나는 아버지란 말 한번 들어보고 죽기가 원일세. 그래, 오늘 온 저 과객의 팔자가 이러이러 하다니까 열 이틀 날 밤이면 하나 생기지 안 생기겠는가? 그러니 그 사람을 잘 모시고 자소." 이렇게 주인이 자기 열 두마누라에게 모두 이야기를 하였다. 마누라들도 모두 아들을 낳고 싶어서,

"그러합시다."고 동의하였다.

그리하여 이 사람이 주인 마누라들과 그럭저럭 열 하루 저녁을 잤다. 열 둘째 날 저녁이 되자 집주인이 제일 끝 마누라 보고 얘기

를 하였다.

"그 사람 잘 모시고 자라고."그러니까 마누라가 고개를 끄덕거렸다.

남편이 간 뒤에 그 사람이 그 부인를 안으니 훌쩍거리며 울었다.

"그래 보기 싫으면 좋게 가라고 하지, 내가 무슨 색욕을 탐하는 사람도 아니고 당신 남편의 요청이 그렇기 때문에 부득이하게 내가 이러는데 왜 사람을 대하고 이렇게 운단 말이오?"

그러니까 그 여자가 하는 말이,

"여보, 사람이 생각이 그렇게 부족하오? 열 이틀 저녁을 잤는데 다른 데 가서는 무사히 잤겠지만 하필 나에게 와서 당신의 목숨이 떨어지는 것을 본다면 불쌍하지 않겠소? 자식이 생기면 윤기(倫紀)가 있는 법이라, 다 당신을 찾아 갈 거 아니오? 그래서 주인이 당신을 죽이려 합니다." 생각해보니 그 여자의 말이 옳았다.

"나도 자식을 낳고 싶은 생각이 없을 리가 없소. 그래서 자기는 자는데 하여튼 당신과 밤일이 막 끝나면 내가 당신의 엉덩이를 집어 뜯어버릴 것이니까 그저 문 박차고 도망가시오. 그러지 않으면 죽습니다."

그 사람이 주인의 열두 번째 마누라와 방사를 끝내자 그 여자가 엉덩이를 꼬집는 바람에 놀라서 뒤도 돌아보지 않고 도망을 쳤다. 그 때, 기다리던 주인 녀석이 칼을 뽑아 들고 방으로 뛰어 들어오다가 양반이 도망치는 것을 보고 뒤쫓아 가다가 캄캄한 밤이라 언덕에 떨어져 제 칼에 자기가 찔려 죽어버렸다.

한편, 이 사람이 뛰어 도망가는데 저쪽에서 여남은 살 먹은 남자아이 하나가

"여보, 여보." 하고 불렀다. 그 아이가 자기를 잡으러 오는 줄 알고 더욱 힘껏 뛰었더니,

"여보소, 여보소," 하였다. 그래도 뛰니까, 나중에는

"여봐라, 여봐라" 하였다. 그래 어린놈이 괘씸해서

"네 이놈, 어린것이 왜 그래?"

"내 말 좀 들어 보시오."하여 가지 않고 서 있었다.

"자네 상을 보니까 어제 저녁에 힘 열두 번 쓰고 쫓겨났네, 그려."

"네, 이 자식"

"귀신은 속여도 나는 못 속이네. 그러나 자네가 내 말만 잘 들으면 잘 살 수가 있어. 그러니 내 말만 들으시오."

"그게 무슨 말이냐?"

"저기 저 기와집 대감 집에서 자기 아버지 묘를 쓸려고 하는데 풍수가 칠십여 명이 지금 들어가 앉았어. 그러나 아직 정하지를 못했어. 그래 나하고 같이 가서 말이야. 주인 보고 수인사하고 풍수라고만 해. 그러면 대접 잘 해 줄 것이야. 그렇게만 해라."

자신에게 해롭지가 않으므로 아이를 따라가게 되었다. 주인하고 수인사하고 풍수라 하니까, 방 하나 치고 따로 모셨다. 그 아이 이름이 노랑쇠였다. 저녁에 노랑쇠란 놈이 와서는,

"내일은 모두 밀을 다고 산으로 가는데 자네는 늙은 당나귀를 타고 내가 끌고 다니는 거야. 그러니까 '나는 저기 당나귀 타고 갈 거라'고 그래. 청해 가지고 타고 가다가 동네 뒤에 가서 내가 이 말 채를 거꾸로 짚으면 내려와서 '어흥, 노랑쇠야. 샌님이 다른 데 가실 것 없이 여기 운상(運喪) 하시라고 해라.' 그 말만 하소."하였다.

다음날 구산을 갈 때, 그 사람은 당나귀를 떡하니 타고 가는데 산 초두에 이르러 노랑쇠란 놈이 말채를 짚었다. 그래서 나귀에서 내려와,

"노랑쇠야. 저 샌님 보고 다른 데 가실 것 없이 여기 운상하시라 해라."하니까, 모두 우루루 몰려왔다. 그리고 대감이 다른 풍수들에

게는 다들 닷 냥, 열 냥 다 줘서 보내버렸다. 결국 이 사람 하나만
남게 되었다. 며칠 후에 노랑쇠가 와서,

"장사를 하자고 할 거야. 그래 택일 하라고 할 것이니 내가 부른
대로만 쓰소."

노랑쇠가 이러고 저러고 다 불러주니까 그대로 썼다. 나중에,

"택일을 해서 장사를 하자."하니까

"이 택일 내일 올리게."하였다.

그리하여 묘 쓰기를 다 마쳤는데도 가라고 안 해서 몇 해 동안
더 머물렀다. 몇 년 있다가 노랑쇠가,

"너무 오래 있으니까 안되겠어. 그러니까 이제 가겠다고 해. 돈이
고 뭐고 아무 소용없고, 저 노랑쇠와 나귀만 태워 보내 달라고 그
러소."

다음날 아침에 양반이 갈 것이라고 하니까 돈백이나 주었다. 여
러 해 만에 받은 돈백이니 아무 것도 아니었다. 그러나 할 수 없이
그 돈을 받고서 어디쯤 와 주막에서 점심을 먹다 보니까 건너 안
산에서 장사를 하는 데 거창스럽게 했다. 노랑쇠가 보더니,

"좋다. 좋다. 명당은 명당인데 송장이 거꾸로 들어가서 지손(支
孫) 발복밖에 못하겠네."라 하였다.

그 곳으로 가서 큰 상제를 찾아 수인사를 하고 봉분에 가 서서,

"허 좋다. 좋기는 좋다만 시체가 거꾸로 들어가서 지손 발복밖에
못하겠다."고 하니, 작은 상제놈 하고 풍수하고 와서,

"너 이놈, 묘를 파서 만일 시체가 거꾸로 안 들어갔으면 대번 네
눈구멍을 파서 죽이겠다."

"좋다. 파봐라."

큰 상인(喪人)이 그 말을 듣고 안 파 볼 수가 없었다.

"그래, 파라"

묘를 파서 시체를 보니까 다리에다가 요강을 씌워 놓은 것이었

다. 발에 요강을 씌워 놓았으니까 거기가 머리로 보일 것이 아닌가? 눈구멍 파 죽인다는 작은상인 하고 풍수는 벌써 도망가 버렸다. 그러자 큰 상인이 그 양반을 모시고 들어가서 극진히 대접했다. 그리고 풍수 모르게 고향으로 돈을 많이 보내줬다.

그 때, 노랑쇠가 그만 가자고 했다. 노랑쇠를 데리고 집으로 돌아왔다. 그 후 몇 년을 지냈다. 한 몇 년 지낸 뒤에 야단이 났다. 무슨 고관대작의 행차 모양으로 가마가 수십 채 들락날락했다.

"아, 무슨 사람이 저렇게 많나?"

"자네 그 열두 번 효력이 지금 나네."

조금 있으니까 아들이 열둘, 며느리가 열둘이 들이닥쳐 가지고는

"아버님 뵈옵니다."

자식들이 인사하고, 며느리가 와서 인사하고, 하인들이 인사하니 기가 막혔다.

그래서 그 사람은 아들 스물 둘 두고 잘 살았다.

양곡성의 도움으로
명당잡은 훈장

옛날 한 집에는 풍수, 한 집에는 훈장이 살았다. 풍수네 집은 돈을 잘 벌어서 잘 먹고 사는데, 훈장네 집은 아이들을 가르치는 것으로는 수입이 적어서 먹고 살기가 힘들었다. 그래서 훈장의 부인이

"아무 댁에는 풍수를 보아서 잘 사는데, 우리도 글 가르치는 것 그만두고 풍수나 한 번 해 봅시다."

훈장은 그 말을 듣지 않았지만, 살기는 곤란하고 추석 대목이 닥쳐오자 부인이 다시 말했다.

"아이들 옷도 해 입혀야 할 것이고, 장을 보아서 제사도 지내야 할 텐데 돈이 어디 있습니까? 아이들 글만 가르치지 말고 어디 가서 돈 좀 벌어 오십시오. 돈을 벌어야 팔월 대목을 지내지 않습니까?"

하지만 글만 가르치던 사람이 어디 가서 일을 할 수도 없었다. 돌아다니면서 고생만 하고, 추석 며칠 전에 집으로 돌아왔다.

"어디 가서 돈 좀 벌었습니까?"

"아무리 다녀 봐도 돈 벌 데가 없더라."

"그래요? 그렇거든 오늘 저녁에 나하고 갑시다. 그래서 내가 시키는 대로 하십시오."

부인은 지게와 낫을 가지고 훈장과 함께 건너 골짜기 나락 논으로 갔다. 철이 일러서 논에 나락이 누렇게 익어 있었다.

"가서 나락을 베어 오십시오."

훈장이 시키는 대로 나락을 베러 갔더니, 낮인데도 물 밑에 별이 비쳐 보이는 바람에 나락을 베지 못하고 그냥 올라왔다.

"왜 안 베고 올라옵니까?"

"아, 이 사람아, 나락을 베려고 보니, 하느님이 내려다보고 계시는데 나락을 벨 수가 있나."

"그렇다면 아무개 양반처럼, 글 가르치지 말고 풍수라도 하십시오."

"이 사람아, 풍수를 하려고 하니 내가 어디 쇠가 있나?"

"쇠는 내가 하나 구해 오지요."

그래서 부인이 풍수집을 찾아가 남는 쇠를 하나만 달라고 하자, 그 집에서는 못 쓰는 쇠를 내주었다. 양반은 그 쇠를 두루마기 앞에 차고 나갔지만 아는 것이 없으니 풍수를 볼 수 없었다. 해가 저물도록 가다가 어느 주막에 들렀더니 주모가 보고,

"풍수 양반이 뭣 하러 주막에 와서 밥을 사 먹고 자려고 하시오? 저쪽 큰 기와집에 가면, 그 집 상주가 택일하느라고 풍수들이 많이 와 있는데, 거기 가면 대접도 잘 받고 갈 때는 노자도 받아갈 수 있을 것이오."

그래서 양반이 그 기와집을 찾아가니 집안에 많은 풍수들이 앉

아 있었다. 다른 사람들은 명당에 대해 이야기를 하고 있는데 양반은 아는 것이 없어서 혼자 가만히 있었더니 주인이 보고,

"다른 풍수 양반들은 자꾸 이야기를 하는데, 오늘 온 풍수 양반은 왜 아무 이야기도 안 하십니까?"

"산에 가 봐야 알지, 안 가 보고 방안에서만 이야기하면 뭘 합니까?"

그러자 주인은 양반이 대단한 풍수인 줄 믿어버렸다.

"여보시오, 오늘은 피곤하니까 산에 가지 말고 하루 쉬십시오."

송아지 한 마리를 잡아서 잘 먹인 후, 다음날 다른 풍수에게는 모두 노자를 주어서 돌려보냈다. 양반이 생각하니 몹시 불안했다.

"한 이틀 쉬고 나면 산에 가자고 할 텐데, 내가 무엇을 알아야 가지."

그래서 하루를 쉬고 나서

"여보시오. 짚 있거든 한 단만 주시오."

"짚은 무엇하려고 그러시오?"

"신 한 켤레 삼으려고 그러오."

양반은 신을 삼아 신고 도망갈 생각이었는데

"아, 신이요? 우리 집에 신 사다 놓은 게 많이 있소."

그러니 신도 못 삼아 신고 걱정이 되어 아무 것도 할 수 없었다. 그런데 이틀째 저녁에,

그 집에서 심부름을 하는 아이가 양반을 찾아왔다.

"영감님, 너무 걱정하지 마시오."

"걱정되는 것을 어떡하나?"

"걱정하지 말고, 내가 시키는 대로 하시오. 그러면 됩니다."

"시키는 대로 하지."

"내일 주인한테 산 구하러 가자고 하시오. 가자고 하면 좋은 말에 실한 마부를 줄 텐데, 그것은 거절하고 저 뒤안의 비루먹은 말

하고 나를 마부로 달라고 하시오."

"응, 그러지."

그래서 이튿날 주인을 불렀다.

"한 이틀 쉬었으니 오늘은 산에 가 봐야겠소."

"아이고, 피곤해서 가실 수 있겠습니까?"

"갑시다."

주인이 좋은 말과 마부를 내다놓으니

"아, 나는 그런 것은 귀찮소. 저 뒤에 비루먹은 말 한 마리에 안장 씌워 주고, 저기 불 심부름하는 저 아이나 마부로 주시오."

"그럼 그렇게 하십시오."

그런데 그 비루먹은 말이 천리마여서, 주인이 탄 말이 아무리 따라가도 못 따라갈 정도였다. 한참 앞서가다가 아이가 말했다.

"이 윗 산에 가면, 참 터가 좋은 곳이 있습니다. 산꼭대기에 가서 아무 쪽으로 보고 앉아서, 여기 터가 좋다고 하십시오. 상주가 워낙 풍수를 여럿 따라 다녀서 웬만한 묘터는 볼 줄 아니, 그저 좋다고만 하십시오."

그래서 양반이 산꼭대기에 올라가 시키는 대로 앉아서

"여기 참 형국도 좋고 터도 좋다."하였다. 주인도 뒤따라와서 살펴보니 과연 좋은 터였으므로

"여기 내룡은 무슨 내룡이고, 득은 무슨 득이고, 파는 무슨 파 아니오?"

"맞소."

그래서 그 곳에 터를 봐 놓고 내려오자 아이가 다시 말했다.

"주인이 택일을 묻거든 아무 날 아무 시에 장사하라고 하시오."

양반은 그 날짜를 알려주어서 장사를 무사히 치렀다. 그 후, 거의 달포 가까이 그 집에서 살다가

"여보, 주인. 나는 집 떠난 지도 오래 됐고, 집에 가 봐야 되겠

소."

"아이고, 집에 가시렵니까?"

그래서 이튿날 떠나려는데 저녁에 아이가 다시 찾아왔다.

"영감 나를 아나?"

"예끼 자식."

"영감은 나를 모를 거다. 영감, 아무 때 팔월 열사흘 날 저녁에 아무 곳 논에 나락 베러 왔지?"

"그래, 거기 갔었다."

"별이 물 밑에 보이니까 하느님 내려다본다고 못 베고 왔지? 영감이 원래 마음이 어질어서 살려 주려고 내가 여기 와 있다. 내가 본래 하늘의 양곡성이다. 영감이 내일 가려고 하면 돌아갈 노자밖에 안 줄 텐데, 하지만 집에 가면 부자가 되어서 집도 새로 짓고 곡식과 돈도 많이 가지고 있을 것이다."

그래서 이튿날 돌아가 보니, 예전의 오막살이는 간 곳이 없고 고래등 같은 기와집이 있었다.

"내 나간 지 얼마 안 되는데, 어떻게 이렇게 됐는가?"

"몰라요. 당신 나간 뒤에 돈 바리가 자꾸 내려오고, 대목에 집 나무 내려와서 집을 짓고, 우리 살라고 하던데요."

그래서 부자가 되었다. 못쓰는 쇠를 주었던 옆집의 풍수는 양반이 어디서 거짓말로 묘터를 잡아 준 줄 알고 그 자리에 가 보았더니 명당이었다. 그래서 자신이 그 동안 남에게 묘터를 잘못 잡아 주는 죄악만 쌓았다고 생각하고는 쇠를 부수어 버리고 다시는 풍수를 보지 않았다.

천상인의 도움으로
대명당 구한 이정승 아들

옛날에 이정승 아들과 김정승 아들, 두 사람이 한 날 한 시에 나서 한 서당에서 글을 배우게 되었디. 글을 배우면서 어른들이 하는 말이

"너희 둘은 형제같이 지내거라, 한 날 한 시에 났으니 친형제와 같이 지내거라."

어른들이 매일같이 이런 말을 하니, 나이가 차츰 들면서 서당을 같이 나가면서는 정말 친형제같이 글을 배우고 의좋게 지냈다. 그러다 나이가 차서 장가를 들어 살림을 나게 됐다.

세월이 흐르니 양 정승들은 나이가 차서 고인이 되고 그 아들들이 집안을 꾸려가게 되었는데, 어떻게 된 건지 김정승은 살림이 안 줄고 이정승은 살림이 자꾸 줄었다. 다같이 천석꾼으로 있다가 살림이 주니 김정승의 아들은 부자로 살아도 이정승의 아들은 곤란

하게 살게 되었다. 하필 이정승의 아들은 자식도 많아서 먹을 것, 입힐 것 없고, 아이들은 배가 고프다고 매일 칭얼거렸다. 그러나 이정승의 아들은 서당글만 배우고 일을 안 해봐서 남의 집에 가서 일하기도 어려웠다. 매일을 책만 보면서 지내니 그 부인이

"여보시오, 당신은 책만 보면 먹을 게 생기는 줄 아시오. 뒷집의 누구 아버지는 다같이 글을 배우고 일은 못 배웠어도 들에 가서 가래짓고, 들에 가서 물을 대는데, 당신은 어찌 맨날 방에 앉아 책만 들여다보고 있습니까? 저 어린 것들은 매일 배가 고파서 밥 달라고 하는데 이제는 배고프다는 소리가 귀에 박히려고 합니다."

이렇게 말하며 눈물을 흘리는데 남편은

"여보시오, 부인, 내가 일하는 걸 못 배워 이런 걸 어찌하겠소, 도둑질도 배워야 하지, 내가 어떻게 하겠소?"한다. 부인은 때마침 출산할 달이 꽉 찼는데 그 말을 들으니 섭섭했다.

"여보, 오늘 내일 내가 출산을 해야 하는데, 다만 쌀 한웅큼이라도 있어야만 내가 밥이라도 해먹고 아이를 낳을 것이 아니겠습니까? 당신은 이 상황에서도 책만 들여다보고 있어야 하는지요. 내가 이 어린 것을 못 낳고 죽을 것만 같은데."

그랬는데, 그날 밤 배가 아프다 하니 낳을 기미가 있었다. 곧 나올 것 같은데 배는 고프고 기력이 없어 낳을 수가 없을 것만 같아서 그 부인이

"여보, 아무리 책이 좋다고 해도 사람 죽는 줄도 모르십니까? 내가 배가 고파 아기를 못 낳겠으니……"

마침 그 날은 한 보름쯤 되어 달이 환한데, 때는 쌀이 누렇게 익을 그 때 쯤이었다. 그래서

"이보시오, 저 밖에 나가서 나락이 누렇게 익었으니 남의 것이라도 조금 찧어서 물을 부어 밥을 지어주면 내가 아기를 낳을 것 같습니다. 배가 고파 도저히 못 낳겠습니다."하니, 그 남편이 부득이

낫을 들고 논에 나갔다. 나락을 한웅큼 베러 가니, 논에 물이 허옇게 있는데 나락을 베려니 자신의 얼굴이 선명하게 보였다. '아차, 하느님이 날 벼락을 주실 것이다. 내가 남의 것을 훔쳐가 나대로 살려고 하다니…… 내가 이렇게나 마음이 나쁘다니, 도저히 나락을 못 베어 가겠다.'고 나락을 그냥 놔두고 집에 돌아오고야 말았다. 집에 오니 부인이

"여보, 한웅큼 베었걸랑 부엌에 가서 물을 지어 한 공기라도 먹게 해 주시오."

"아이고, 이 사람아, 나락 베려고 하니 내 얼굴이 물에 비치는데 하느님이 날 내려다보는 것 같아 영 못 베겠더라, 그래서 내가 다시 돌아왔다오."하였다. 그 때 앞집에 밥이라도 좀 먹고 사는 영감이 초저녁에 자고 소변보러 나왔다가 이 내외의 말을 엿듣고는

"아이고, 저 집 댁이 몸풀 달이 다 되었는데, 먹을 게 없어 못 먹고 배가 고파 아이를 못 낳는구나."하며, 안타까운 마음이 들어서 자기 부인에게 일러

"얼른 쌀 한 사발 가지고 와서 밥을 하거라. 그래서 저 옆집 산모에게 가져다 먹이거라."

그래서 그 부인이 밥을 해서 가져다주니, 그 산모가 그 밥을 뚝딱 해치우고는 아이를 낳았다. 그 다음 날에도 영감이 앞집 사람을 불러

"쌀 한 가마, 미역 한 단, 닭 한 마리를 가져다 주어라. 가져가 먹게 해서 사람이 일어나도록 해 주게나."하니, 그 쌀로 밥을 해서 한 동안 배고픔을 잊고 살았다. 그 옆집 어른의 은혜를 입은 부인이 하루는

"여보 당신도 이러지 마시고, 옆집 노인 은혜를 갚게, 당신이 무엇이든지 좀 해서 돈을 버는 게 어떻겠습니까?"

"내가 어디 가서 돈을 벌겠소? 내가 차비가 있나, 노자가 있나?"

생각다가 부인이 머리를 잘라서 노자를 마련해서는

"이 돈 가지고 어디 가 차비해서 무슨 일이라도 하십시오. 돈을 벌어서 이 아이들을 키워야 하지 않겠습니까?"

부인의 말을 듣고 남편은 보따리 하나 들고 길을 나섰다. 그러나, 일을 해 본 적 없는 남편이 일을 얻지는 못하고 한 술씩 얻어먹으며 계속 떠돌이 생활만 하게 되었다. 자꾸 가다 보니 한 고개를 넘는데, 그 고개에서 좋은 말을 타고 부자 행색을 한 사람과 마주치게 되었다. 그 사람이 이정승의 아들을 보고는

"여보시오, 어디를 가십니까?"

"나는 갈 길 없는 사람입니다."

"왜 그러는지 연유를 물어도 될런지요?"

"내가 이전에는 부모 덕에 글도 배우고, 일도 할 줄 모르고 귀하게만 자랐는데, 살림이 기울면서 아이들도 못 먹이고 울어대니, 어떡하든 돈 벌러 이렇게 길을 나섰습니다."한다. 말 타고 온 사람이 이정승의 아들 살아온 애기를 듣고는 참 정직하고 바른 사람이라 더 안타까운 마음이 들어서 '저 사람을 살려 줘야겠구나.'하는 마음을 먹고는

"정 그러면 내 말을 들으면 좋은 수가 있으니, 내 말대로 하시렵니까?"

"예, 저는 사정 살필 여유조차 없습니다."

"제 말만 잘 들으면 말년이 되면 편안한 생활을 하고, 잘 살 수 있을 겁니다. 자, 내 말을 들으세요."

이정승의 딱한 사정과 그의 마음씨를 알고 천상에서 내려온 그 사람은 자신의 의관을 전부 벗어서 그에게 입혀주고는 말에다 그를 태우고 아주 큰 산으로 데리고 갔다. 그 산에는 큰 묘들이 아주 많았다. 그러면서 말하기를

"이 묘에 대해서 내가 일러주는 대로 말하십시오. 이 묘가 한 백

호되는 이동네 입향 시조의 묘입니다. 이 동네에 들어가 이 묘가 아무 날 열두 시 반에 무너질 거라 말하고 대책을 마련해야겠다고 하십시오"하고 덧붙여 말하기를

"나는 그저 당신의 마부라 할 터이니 당신은 추호도 나를 천상 사람이라 해서는 아니 됩니다."하니, 이정승의 아들이 그러마 하고는 동네로 들어가서 문장(門長)을 찾아가

"주인 있습니까? 나는 길 가는 사람인데 하루 유하고 싶은데 어떻게 안 될까요?"

"손님이면 안으로 모셔라."

그래 주인에게 감사의 인사를 하고, 저녁까지 먹고 그 집 노인과 함께 이런 저런 얘기를 나누다가

"오다가 보니, 저 산이 참 명산입디다. 근데 저 산소가 하나 있는데 어느 성씨의 산소인지는 몰라도 그 산소가 아무 날 열두시 반에 무너지게 되어 있습니다."

그런데 얘기를 듣고 보니 자신의 선조의 산소라, 이 손이 꼭 무너질거라 장담을 하니 그 노인이 놀라 문회를 소집했다.

"저 손님이 우리 문중의 신소가 무너진다 하니 이를 어쩌면 좋겠습니까?"

"미친 사람 아니오? 왜 잘 있는 산소가 갑자기 무너진단 말이요. 쫓아 버립시다."

"아니다. 섣부르게 괜한 짓 하지 말고, 그 날까지 기다려 봄이 어떠하겠소?"

"그러면 우리 미리 약속을 해둡시다. 무너지면 그 때는 평생 먹을 돈을 마련해주고 아니면 그 때 저 사람을 어찌 할지 다시 의논합시다."

그리 약속을 하고 그 날이 되어 수십 명의 사람이 그 산 밑에 가서 보고 있으니 딱 그 시간이 되어 산이 두 동강이 나며 무너졌다.

무너진 산을 보니 다행히도 산소는 멀쩡했다. 같이 무너지면 시체를 찾기 어려운데 다행히 무너지지 않았기로 그것이 그 손의 덕택인 듯해서 많은 사람들이 그 사람에게 다시 좋은 자리를 잡아 달라고 부탁을 했다.

그 천상 사람이 다시 이정승의 아들에게 일러 말하기를 자신이 어느 자리를 지나다 우뚝 서면 그 곳이 명당이라 했다. 그래서 다음날 마부가 선 곳에 가서 쇠말뚝을 하나 박아두고는

"여기가 대명당입니다."하여, 그 묘를 다 옮겨주고 나니 다시 그마부가 미리 이정승 아들에게 일러 말하게 했다.

"이 묘 무너진 원인은 이 집안에 장가간 지 일곱 달 만에 아이를 낳은 사람이 있기 때문이다."

그래서 이정승의 아들은 마부가 시키는 대로 이 때문에 묘가 무너졌다는 말을 문중에 말했다. 그러니 문중 사람들이 술렁이며

"그러면 그 사람을 당신과 대면시켜야 하겠습니까?

"일곱 달 만에 낳는 사람도 있으니 그 아이를 잘 키우면 복구한다 하니 그대로 놔두면 되오."하고 미리 마부가 시킨 말대로 일러주었다. 이미 산이 무너진 일도 있고 하니 그 문중의 사람들이 이 사람의 말이라 하면 그대로 따랐다. 그러니 좋은 음식과 의복으로 대접을 잘 했는데 돌아가려고 하니 집안의 영웅이라며 자꾸 못 가도록 했다. 마부는 생긴 돈을 이정승의 집으로 몰래 보내어 논도 사고 집도 사고 해서 돌아갈 때쯤 되었을 때 돌아가자고 이정승의 아들에게 말을 건넸다.

천상 사람과 함께 그 동네를 나서니 그 사람이 자신이 타던 말을 이정승의 아들에게 주면서

"이 말을 타고 가십시오, 나는 이 말 없어도 하늘로 올라갈 수가 있습니다."하며 홀연히 사라졌다. 그러고 나니 혼자 남은 이정승의 아들은 그저 말밖에 가진 것이 없는 셈이 되어 집에 가려니 걱정

이 앞섰다. 동네 앞에 이르러 주막에 들어가서 술 한 잔을 얻어먹고 담배를 한 대 피는데, 주막집 여편네가 보니 어디서 많이 본 얼굴이라.

"아이고, 이정승의 아들 되지 않으십니까? 이런, 맞네. 이제서야 오십니까? 세상에, 얼른 집에 가 보십시오. 그 좋다는 기와집에다 논밭을 또 얼마나 사 두었는데요."

"그럴 일이 어디 있습니까? 내가 돈 벌어 보낸 적도 없는데, 그런 일이……."

"아이고, 말 마십시오. 집에 가보시면 알 게 아닙니까?"

그래서 얼른 일어나 집을 향해 말을 타고 가니, 어린 아들이 어느덧 커서는

"아버지, 이제서야 오십니까?"하고, 그 부인도 맨발로 쫓아 나와서는

"서방님, 이제 오십니까?"

인사를 하니, 말에서 내려 집에 들어가 보니 어마어마한 기와집이 지어져 있었다.

"이 사람아, 그 동안에 많이 고생을 했나 보오. 어찌 이리 되었는가?"

"당신이 집 나간 후부터 며칠 안 되어 나날이 돈들이 집으로 들어오고, 목수가 와서는 아무런 돈도 안 줬는데, 이렇게 집까지 지어주고 논밭도 사주고 갔습니다."하였다. '지성이면 감천이라' 마음을 선하게 쓴 이정승의 아들을 보고 하늘이 돌보아 그 사람이 끝에 이렇게 잘 되었더라.

제 3 장 엿들어서 성공한 얼풍수

- 몰래 엿들어 삼정승 자리 가로챈 딸
- 지관의 말을 엿들어 명당 얻은 아들
- 명당자리 엿들어 은혜를 갚은 여인
- 머슴 총각이 지관 노릇하여 팔자 고치다
- 중의 말을 엿듣고 대명당 잡아준 가짜 풍수
- 스님 이야기 엿듣고 명당 잡아 부자 되다

몰래 엿듣어 삼정승
자리 가로챈 딸

황해도 해주에 행자골이라는 곳이 있는데 지금은 전교로 불리는 곳에서 있었던 이야기다. 지관 노릇을 하다가 죽을 때가 된 아비의 자식들이 모여서 걱정을 하고 있었다.

"아버지가 돌아가실 때도 되었으니 묏자리를 하나 잡아드려야겠구나. 이를 어떻게 해야 할까?"

그런데 그 자리에 시집간 딸이 하나 있었다. 여자는 시집가면 출가외인이라 하여 아버지가 묏자리 이야기하기를 꺼려했다.

그래서 밖으로 내보내니, 딸은 문을 열고 나가는 척 하면서 문에 착 붙어서 듣고 있었다.

밖으로 나간 것을 확인한 후, 지관인 아비가

"거기 그 자리는 삼정승 육판서가 난다. 내 자리는 아니지만 그래도 그 자리가 제일 명당이니 한 번 택해 봐라. 또 만약에 그 자

리를 다른 사람이 이미 썼으면 다른 곳에 진사 자리가 있으니 그 자리를 찾아 보거라."하였다

딸이 그 소리를 듣고는 욕심을 내어 남편에게 말했다.

"아버지가 그런 유언을 했는데 우리가 거기다가 묘를 써 보자."

그 딸의 남편은 안동 김씨였는데 그를 꼬드겨서는 해골을 가지고 명당자리를 찾아갔다.

그런데 아들들이 좌향은 비밀로 해서 일러주지 않았기 때문에 두 내외가 막막해졌다. 좌향을 봐야 할 텐데 도대체 가로로 묻어야 할 지 바로 묻어야 할 지를 몰라 기가 막혔다.

"내가 욕심을 너무 부리는구나. 이걸 그냥 놔두면 처남네가 잘 살게 될 텐데. 내가 너무 욕심을 부리는 것 같구나."하고 사위는 후회를 했다.

그런데 딸이 꿈을 꾸니 새끼 일곱 마리 달린 큰 돼지가 지나갔다. '돼지 해'자는 '집 실자'자와 같은 것이다. 해석하면 칠도인데, 칠도라 하면 임금님이 '칠도'로서 주역팔괘에도 나오는 것이다.

그래서 '아, 됐구나!' 싶어서 연모를 가지고 와 괭이로 파고 방향을 북쪽으로 놓았다. 그리고 나서는 처남네들과 같이 그 곳에 가서 처음 와 본 것처럼 능청을 부렸다. 이미 자리를 써 버린 것을 안 형제들은 정승 날 자리를 뺏겼다는 사실에 힘이 없어졌지만 아버지 말씀대로 진사 자리에 가서 썼다. 그랬더니 그 후 외손주들은 정승이 되고, 지관 집안은 진사밖에 못 되었다.

조선 시대에 황해도 쪽에 자리잡은 안동 김씨가 삼정승 육판서를 지내는 등 집안이 아주 흥했다는데 이 이야기와 관련된 것이다.

지관의 말을 엿들어 명당얻은 아들

옛날 어느 마을에 아들 3형제가 있었다. 아버지가 돌아가시게 되자 어머니는 아들을 불러놓고 말했다.

"아버지가 돌아가셨으니 산자리를 잡아야 되지 않겠니? 아랫집 할아버지가 지관이니 가서 물어보고 오너라."

3형제는 어머니의 말을 듣고 의논을 하는데 첫째가 동생에게 말했다.

"오늘 나랑 같이 그 집에 가서 너는 그 집 마루 밑에 숨어 있다가 내가 지관에게 아버지 묏자리를 부탁하고 그 집을 떠나면, 너는 남아서 두 내외가 무슨 이야기를 하는지 듣고 오너라."

그렇게 해서 형제는 지관의 집을 찾아가 산자리를 부탁했다. 형이 떠나자 지관의 아내는 지관에게

"그래, 남들은 저렇게 살림은 없어도 아들이 있어서 아버지 산자

리를 부탁할 수 있는데, 우리는 아들이 없으니 어떡하오. 당신은 지관이니 당신 자리는 봐 두었소."하였다

"그럼, 잡아뒀지. 저 앞 능선에 가면 여러 해 묵은 소나무가 하나 있잖소. 그 곳이 명당이야. 나 죽거든 다른 지관에게 물어볼 것 없이 소나무를 파내고 나를 거기다 묻어 줘."

이 이야기를 다 들은 동생은 집으로 돌아와 형에게 들은 대로 이야기했다. 이튿날이 되어 형제는 지관을 찾아가 아버지 산자리를 가보게 되었다. 그런데 가다가 형이 지관에게 소나무 밑에 아버지를 묻었으면 좋겠다고 했다. 지관이 거기는 좋은 자리가 아니라고 했으나, 형제는 부득부득 고집을 부렸다. 그래서 지관도 어쩔 수 없이 형제의 고집에 지고 말았다.

형제는 동네사람들의 도움을 받아 소나무를 베어내 그것으로 관을 짜고 그 자리에 아버지를 묻었다. 그러고 나니 정말로 그 집 살림이 늘어 부자가 되었다.

명당자리 엿들어 은혜를 갚은여인

조선시대 어떤 고을 원님이 임명을 받고 부임지로 행차하고 있었다. 때는 눈보라가 아직도 흩날릴 때였는데 행차하던 중, 삼거리라는 곳에서 논둑 밑을 얼핏 보니 여자와 남자의 머리가 올라갔다 내려갔다 하였다. 원님은 큰 일이 있을 것 같아 말에서 내려 심부름하는 하인에게 가서 확인해 보라고 하였다.

하인이 가보니 그 남녀는 영남사람으로 먹고 살길이 막막해서 살길을 찾아 가다가 임신 중이던 부인이 초산을 하게 된 처지였다. 그래서 남편이 부인을 업고 논두렁 밑에 내려놓고 자신의 저고리를 벗어 바람막이를 삼고, 짊어지고 가던 이불을 논 가운데 깔아놓고서 해산을 시키고 있었던 것이다.

하인이 그 사실을 고을 원님에게 고하자, 원이 산모를 이불에 싸서 어린애와 함께 말 위에 올리라고 명하였다. 산모를 말에 앉혀서 하인이 말을 몰고 산모의 남편이 살림살이를 전부 지게에 짊어지고 뒤를 따라왔다.

고을 청사에 들어가니 각 부서 벼슬아치들이 쭉 서 있다가 그 상황을 보고는 '저 원님이 젊은 시절에 돌아다니면서 첩을 만들어서 부임과 동시에 첩을 업고 이 곳으로 들어오는 것이로구나' 하고 생각하여 원님을 미친 영감이라고 단정 지었다. 고을 원은 자리에 앉지도 않고 방 하나를 골라서 그곳에 그들을 거처하게 하고, 여자를 데려다가 더러운 얼굴을 씻기고 미역국을 끓여 국밥을 먹였다.

고을 원이 자초지종을 얘기하지 않으니 각 벼슬아치들은 그저 궁금하여 알고 싶었지만 일체 내색을 하지 못하고, 원님은 태연히 업무를 처리해 나갔다. 너무도 추운 날씨에 죽을 뻔한 자신의 아내를 몸조리 잘 시키고 얼굴에 부옇게 살이 오를 정도로 잘 대해주니 남편은 원님의 고마움에 보답하기 위하여 고을 청사를 아침저녁으로 청소하고, 심부름을 하고, 담 밑에 난 풀을 뽑았다. 그리고 완쾌된 산모는 고을 원의 수양딸이 되어 한 가족같이 가사일을 돌보며 살았다.

고을 원이 연로하여 세상을 떠나게 되자 조선 팔두를 다니면서 일류 명풍수들을 데려다가 좋은 터를 구하기 시작하였다. 원님이 돌아가신 지 한 달, 두 달이 지나고 둘째 아들, 셋째 아들이 나서서 사방을 다니면서 찾아도 소식이 없었다. 그러자 식모 겸 수양딸이던 산모가 어른이 살아 생전에 가장 좋아하던 냉이를 캐어 콩가루 국을 끓여서 제사 때, 삭망에 올리려고 냉이를 캐러 다음날 아침 길을 나섰다. 돌아다니다 보니 많이 캐지는 못하고 열댓 포기 정도 캤다.

밭둑 위에 올라가서 냉이를 캐고 있던 중, 삭발한 젊은 청년들이 산 밑에 앉아 명당자리를 논하고 있는 것을 듣고 집에 와서 만상주에게 그 일을 소상히 알려 주었다.

이에 그 맏상주가 그곳에 가서 보니 아주 흡족해 하관하는 시간을 택하기 위해 말에 돈을 싣고 하인을 보내 그 청년들이 말했다는 전라도 진사를 찾으러 나섰으나 막막하기 그지없었다.

겨우 그 동네 사람에게 물어 아침 일찍 이진사댁을 찾아가니 조그마하고 초라한 집이 있었는데, 추운 방에서 영감이 짚신을 삼고 있었다. 이진사는 상주에게 빨리 돌아가서 묘터를 깊이 파고 완전한 준비를 해서 맏상주, 둘째 상주, 셋째 상주도 함께 운상을 하여 갖다 놓고, 먼데서 상여 소리가 들리거든 바깥 상주는 상을 들고, 안 상주는 알을 들고 구덩이에 갖다 넣어야 하는데 하관 시간을 일러주었다. 그리고 맏상주 내외만 참관하라고 당부했다.

시키는 대로 하여 하루 종일 기다려도 기별이 없고 이틀 사흘을 기다려도 기별이 없는데 삼일 째가 되니 한 밤중에 어딘가에서 얼핏 상여 소리가 들렸다. 그 때 하관을 하니 천자를 모시고 나오던 영이 나타나 대국 천자의 후손들이 그 자리에 쓰려고 했다며 아쉬워하고 맏상주 내외를 보더니 저 뱃속에 정승 두 분이 앉아 있다고 말했다. 그 후 맏상주 내외는 쌍둥이를 얻었고, 이들이 모두 정승이 되었다.

머슴 총각이 지관 노릇하여 팔자 고치다

한 총각이 학자의 집에서 머슴살이를 하고 있었다. 총각의 방이 주인의 방 근처라서 늘 학자들이 이야기하는 소리를 듣게 되었다. 이 총각은 낫 놓고 기역자도 모르는 무식꾼이었지만, 학자들이 늘 지가서(地家書)에 대해 이야기하는 것을 머리에 주워 담았다.

한번은 학자들이

"가족 묘지 앞에 큰 느티나무가 있는데, 산자리는 그 느티나무를 베고 써야지 그렇지 않으면 산자리가 없다."고 하였다.

이 말을 새겨들은 총각은, '내가 생전에 머슴살이만 하면 무슨 복이 있겠는가? 패철을 하나 사서 그 곳으로 가서 아는 척을 해야 겠다.'고 생각하고는, 가족 묘지를 찾아갔다.

가족 묘지가 있는 산에 가서 며칠 동안 이리저리 빙빙 돌아다녔다. 그때 한 여자가 가만히 보더니, '저 남자가 한 사나흘씩 와서 돌아다니니 무슨 이치인가?'라고 생각하고는 남자에게 물었다.

"여기 이 산자리가 좋긴 하나, 써야 할 곳에 묘를 못 썼다."

남자가 이렇게 대답하고는, 패철을 꺼내어 원래 있던 조상 묘에

놓고 보더니,

"이 산자리를 잘못 썼다."라고 말하였다. 주인 여자가 이 말을 듣고는,

"그게 무슨 말씀이십니까? 선생님이 한 사나흘 산을 자꾸 둘러보시는데, 어떻게 알고 그러십니까?"라고 하였다. 이에 총각은,

"이 산자리가 워낙 좋긴 하지만, 써야 할 자리에 못 썼소. 그러니 더 이상 얘기할 게 없소."라고 하니, 이 말을 들은 주인은 바짝 덤벼들면서 애원하였다.

"선생님, 그럼 어디든 좋은 곳에 산자리를 꼭 잡아 주십시오. 그렇게만 해주시면 보답은 얼마든지 해 드리겠습니다."

"저 앞에 있는 느티나무를 베고 그 곳에 산자리를 써야 천하에 좋은 자리가 될 것이다."

그래서 주인은 동네 사람들을 시켜서 느티나무를 베게 하고 그 자리에 묘를 썼다.

과부인 주인은 총각을 자신의 집에 머물게 하고 건넌방을 내주었다. 어느 날 문득 주인 여자는 이 총각을 꼭 남편으로 삼고자 하는 마음이 생겼다. 그래서 하루는 저녁에 건넌방으로 가서 문을 두드리며

"좀 들어가겠습니다."라고 하니, 총각이 깜짝 놀라며 반대하였다. 여자가 물러 나와서 곰곰히 생각을 해 봐도, 이 남자와 꼭 부부가 되고 싶었다. 그래서 그 이튿날 다시 그 방으로 가서 문을 두드려도 남자가 역시 반대하는 것이었다. 마음이 산란해진 여자는 사흘째 되던 날 다시 찾아가서 문을 열고 남자에게 덤벼들었다.

"재산은 당신과 내가 살기에 풍족하고, 우리 조상 묘는 옮기면 되니, 나와 부부의 연을 맺읍시다."

그래서 남의집살이 수십 년 하던 총각이 학자님 얘기만 듣고 팔자를 고치고 잘 살았더라는 이야기이다.

중의 말을 엿듣고 대명당 잡아준 가짜 풍수

옛날에 한 사람이 살았는데 풍수를 해서 돈을 잘 벌어왔다. 그런데 동생은 아주 가난하고 풍수길도 못했다. 하루는 동생의 아내가,

"시숙은 한 번 나갔다 들어오면 돈을 백여 냥씩이나 가지고 와 쌀도 사는데 당신도 좀 나가보시오."하니 남편이

"그럼 나에게 쇠 하나 얻어 주시오."했다. 그래서 아내가 시숙의 헌 쇠 하나를 얻어와,

"이것을 가지고 나가 보시오."했다.

쇠를 가지고 정처없이 가는데 중이 상좌를 데리고 가다가 길에 사람이 안 보일 정도의 풀숲에 앉아 하는 이야기를 듣게 되었다.

"너는 저 들에 나락묶음을 열 묶음씩 쟁겨 놓은 것을 알겠느냐?"

"제가 어찌 알겠습니까?"

"밑에 네 묶음을 놓은 것은 동서남북을 의지해서 네 묶음씩 놓은 것이고, 그 위에 세 묶음을 놓은 것은 천지인 삼재로 해서 세 묶음을 놓은 것이고, 그 위에 두 묶음을 놓은 것은 일월로 말미암아 두 묶음을 놓은 것이고, 그 위에 한 묶음을 놓은 것은 태극으로 말미암아 놓은 것이다. 그래서 열 묶음이 정확하게 맞는 것이다. 그러면 바람이 불어도 안 넘어지고 비도 다 견디거든. 그래서 밑에 네 묶음 놓고 위에 세 묶음 놓고 위에 두 묶음 놓고 제일 위에 한 묶음 놓은 것이다."

그리고 그 말끝에,

"저기 저 바위 밑이 대명당이다. 저기를 파면 큰 석함이 들어있는데 그 석함 속에 송장을 넣고 묘를 쓰면 대명당이 된다."고 했다.

이 말을 귀담아 듣고 얼마를 가니 동네가 하나 있는데, 그 중 부잣집에서 초상이 나서 야단이었다. 그곳으로 들어가니 그 아랫방에 풍수들이 앉아 서로가 명당을 잘 안다고 야단이었다. 그 사람이 말하기를,

"당신들이 그렇게 많이 안다면, 저 들에 나락묶음을 열 묶음씩 쟁겨 놓은 이치를 아느냐?" 하니 아무도 아는 이가 없었다.

"아니, 그런 것도 모르는 사람들이 무슨 오행을 말하며 다니는가? 저 밑에 네 묶음은 사방 동서남북을 의지해서 놓은 것이고, 그 위의 세 묶음은 천지인 삼재로 해서 세 묶음을 놓은 것이고, 그 위의 두 묶음은 일월로 말미암아 두 묶음을 놓은 것이고, 그 위의 한 묶음은 태극으로 말미암아 한 묶음을 놓은 것이다. 그것도 모르는 사람들이 무슨 오행을 하러 다니는가?"하면서 좀 전에 중이 상좌에게 했던 말을 고스란히 되뇌었다.

윗방에서 상을 당한 사람이 이 말을 듣고 '저 사람은 지식이 넉넉한 사람이구나.'생각했다. 그래서 그 사람을 청해 인사를 하고는,

"당신이 나의 일을 좀 보아주오."하고 나머지 사람들을 보내버렸다. 출상하는 날이 되어 상여를 메고 그와 함께 가는데 그 바위 곁에서,

"이곳을 파라. 그러면 석함이 나올 것이니 석함 속에 넣고 묘를 써라."하여 파보니 과연 석함이 있었다. 그곳에 송장을 넣고 묘를 쓰고 나자, 상주 마음에도 흡족하여 '이렇게 잘 아는 사람이 어디 있겠는가' 싶어 사람을 보내 그가 살던 오막살이를 뜯어내고 기와집을 지어주고, 땅도 사주었다. 그가 돌아가려고 하자 노비만 조금 주기에 '돈은 안 주는가 보다' 여겼으나 집에 와보니 큰 기와집을 지어놓은 것이었다. 아내가

"저곳은 당신 집인데, 당신이 어디 가서 돈을 벌어 보냈기에 어떤 자가 와서 이렇게 집도 사주고 논도 사 주었소" 하니 남편이

"내가 중년에 신병이 들어서 정신기운이 부족해 통 알 수가 없다."라고 대답을 회피해 버렸다.

스님 애기 엿듣고 명당
잡아 부자 되다.

옛날에 두 형제가 살았다. 동생은 풍수를 잘하고 형은 잘 못했다. 어느 날 형 집의 아들이 동생 집에 가니까 풍수로 묘 터를 잡아주고 떡을 가져와서 먹고 있었다. 배가 고파서 떡을 좀 달 라고 했으나 동생집 아들은 떡을 주지 않았다. 집에 돌아온 아들은 아버지에게 그 사정을 이야기하며 불평을 했다.

"아버지, 작은집에 가니 작은아버지는 매일 밖에서 돌아오실 때 떡을 가져 와서 아들을 배불리 먹게 합디다. 아버지도 어디 가서 떡 좀 얻어서 우리도 좀 배불리 먹게 해 주세요."

그 말을 들은 형은 속으로 '형제간에 의리가 이렇게 없어서 어떻게 하나?'라고 생각하며 각오를 단단히 하였다. 그러던 중에 형의 부인이 작은 집에 방아 찧으러 갔다가 방향을 가리키는 침이 없는 고장 난, 눈까진 패철을 하나 가지고 와서 남편에게 주었다.

"여보, 당신도 내일부터 어디 가서 묘터 잡아서 아들 떡 좀 먹게 해 주시오."

남편이 생각하되 '이 패철 가지고 가기는 가더라도 어떻게 사용하는지 방법을 모르니 참.'하며 난감해 하였다.

이튿날 아침, 머리를 단정히 빗고는 집을 나서니, 아들놈이 말하기를

"아버지 떡 많이 얻어서 오세요"

패철을 들고 발길 닿는 대로 가니 산중허리에 산소를 쓰고 있었다. 쿵쿵 절구를 찧는데 보니 산 밑에 물이 퐁퐁 솟아오르는 것이었다. 형이 생각하기를 '절구를 찧는데, 물이 올라오니 분명 땅 밑에 물이 있는 것이로구나.'

뭔가 확신을 가지고 언덕을 올라가 보니 상주집이 있었고, 상주는 마침 부자였다.

그 집에 들어가서

"절구 찧지 말라고 하시오."라고 말하였다. 이에 상주가 '아, 저 사람이 풍수에 대해서 무엇을 좀 아는 사람이로구나'라고 생각하며 다른 풍수를 다 물리고 그 사람과 함께 묘로 가서 그곳을 파 보니 시체가 물에 둥둥 떠 있는 것이었다.

"아이고, 선생님. 정말 감사합니다."

상주가 고마움을 표하고 손목을 잡으며 매달리고는 자기 집으로 데리고 가서 저녁을 잘 차려주고 풍성히 대접을 해 주었다. 그리고 주변의 사람들이 모두 선생님, 선생님 하면서 굽신거리기도 했다.

다음날 새벽에

"이렇게 그냥 있을 것이 아니라 아침에 일찍 일어나 사람들을 불러 아침 해 먹이고 빨리 행상을 매고 가자고."라고 하며 행상꾼을 불러서

"무조건 내 뒤만 따라오라"고 하며 산을 넘고 넘어 꼭대기까지

갔다. 행상이 미처 따라오지 못하자 형은 그 골에 있는 절에 들어가 마루 밑에서 잠을 잤다. 한참 잠을 자고 있는데 중들이 다 나와서

"저기서 자꾸 행상소리가 난다."

"혹시 우리가 잡아 놓은 묘터에 쓰는 거 아닌가"라고 걱정을 하며 명당자리에 대해 이야기를 하는 것이었다.

"우리가 명당 표시를 해 두었는데, 절대로 거기에는 쓰지 못할 것이다."

그 이야기를 듣고는 몰래 밖으로 빠져 나왔다. 다시 오는 길로 가니 상주가 길에 서 있었다.

"아이고, 선생님, 정말 빠르십니다. 선생님을 잃어버린 줄 알고 걱정을 했습니다."

"여보시오, 밤새도록 다니면서 묘터를 잡아 놓았소."

"정말 고맙습니다. 정말 고맙습니다."

그리고는 상주를 데리고 어제 중들로부터 들었던 명당자리를 찾아갔다. 가보니 그곳에 말목이 박혀 있었다. 상주와 주변 사람들은 모두 그 사람이 표를 해 둔 것이라고 생각하고 감탄을 하였다. 상주가 평생을 모실 것을 당부했으나 그는

"나는 딴 것은 아무것도 필요 없고, 떡만 한 망태기 담아 주시오." 그러자 상주는 찰떡과 돈을 풍성히 주었다. 형은 그것을 가져와 아들을 배불리 먹였고 부자가 되었다. 한번의 풍수로 부자가 된 것이다.

제4장 지략과 재치로 성공한 얼풍수

- 목조가 백우제를 지내고 명당을 차지하다
- 지략으로 투장하고 만석꾼이 되다
- 틀만 남은 패철로 3정승 날 명당을 잡다
- 재치로 묏자리 잡아 주고 부자 된 선비

목조가 백우제를 지내고
명당을 차지하다

목 조가 부모를 모시고 관리들을 피해 이곳저곳으로 숨어 다니다가 삼척 어느 산 속에서 두 분을 모두 여의었다. 집안이 가난하여 풍수를 불러 묏자리를 보지 못하고 대충 가매장을 해 놓았다.

가을이 되어도 먹을 것이 없어서 도토리를 주워 양식으로 삼았는데, 하루는 도토리를 줍다가 피곤하여 잠이 들었다. 사람소리가 들려 깨어보니 머리가 하얀 노인과 젊은 사람이 이야기를 나누고 있었다. 젊은 사람이 산등성이에 서서

"참! 명당 대지로구나."라고 말했다.

이 말을 들은 목조는 달려가 노인 앞에 꿇어 엎드려 아버지 묘를 아직 쓰지 못하고 있다는 사정 이야기를 했다. 그러자 노인은 그곳에 묘를 쓰려면 돈이 많이 든다고 했다. 방법을 물으니 노인은

백 마리의 소를 잡아 백우제(百牛祭)를 지내야 하고 관은 금관을 써야 한다고 했다. 그렇게 하면 5대 후에는 반드시 왕이 태어난다고 일러주었다.

집에 돌아와 아무리 궁리를 해 보아도 방법이 생각나지 않았다. 고민 끝에 백우(百牛)로 제사를 지내는 것은 불가능하니 백우(白牛) 즉 흰 소로 제사를 지내면 될 것이라고 생각했다. 마침 처가에 흰 소가 있어 그것을 빌려 제사를 지내면 되겠다고 생각했다. 금관 역시 구할 도리가 없어 산중에 자라는 '연맥'의 줄기가 누런색이니 그것을 엮어 관에다 둘러쌌다. 이리하여 노인이 일러준 대로 제사를 지냈다.

처가 소를 잡아 제사를 지냈으니 처가에 면목이 없었다. 그래서 함경도로 가서 천호 벼슬을 하며, 익조를 낳았다. 그 후 도조, 환조, 태조로 자손이 이어졌다. 나중에 태종은 자기 조상이 살았다 하여 삼척을 현에서 부로 승격시켜 주었고, 목조가 살았던 곳과 그 아버지의 묘 주변에 군사를 주둔시켰다.

지략으로 투장하고
만석꾼이 되다

어느 동네에 만석꾼이 살았는데, 아버지가 죽자 아들이 노름에 빠져 몇 년 동안에 많은 재산을 다 잃고 말았다. 아들은 가난뱅이가 되자 노름을 한 것이 후회스러워 재산을 다시 회복시킬 궁리를 하며 마을 뒤의 당산으로 갔다. 그런데 그때 어떤 스님이 지나가며,

"참으로 아깝다. 묘를 쓰면 금방 만석꾼이 될 텐데……."하고 중얼거리는 소리가 들렸다. 그곳은 마을의 공공장소라 아무도 묘를 쓰지 못하던 곳이었다.

만석꾼 아들은 어떻게 하면 그곳에 묘를 쓸 수 있을까 궁리를 하다가 묘안을 생각해냈다. 다음날 비가 오는데 만석꾼 아들은 일부러 벼를 비에 적셨다. 그리고는 날이 개이자 벼를 말린다며 당산에 넓게 자리를 펴고 벼를 널었다. 그리고는 아버지 묘를 파고 뼈를

추스려 돗자리 밑에 몰래 땅을 파고 묻고는 땅을 평평하게 해서 놓았다. 벼를 다 말린 후, 돗자리를 걷었으나 아무도 그 자리에 묘를 썼으리라고는 생각을 못했다. 뼈는 묻었으나 봉분을 세우지 못했으므로 만석꾼 아들은 다시 꾀를 생각해냈다.

만석꾼 아들은 서울의 이 대감이 이 마을 당산에 묘를 쓰려 한다는 소문을 퍼뜨렸다. 소문이 퍼지자 마을 사람들은 그것을 막아야 한다며 모여서 서로 의논을 하였다. 세도가가 하려는 일이니 막을 수도 없는 일이었다. 그 자리에서 만석꾼 아들은 당산에 헛봉분을 만들어 이 대감에게 이미 임자가 있노라고 기별을 하자고 하였다. 생각이 그럴듯하여 마을 사람들은 그곳에 봉분을 만들었다. 시체도 관도 없었으므로 모두 헛무덤이라고 생각했지 그곳에 무덤이 있으리라고는 전혀 의심을 하지 않았다. 봉분을 만든 뒤 만석꾼 아들은 서울로 가서 이 대감에게 그 사실을 알리겠다고 하고는 마을을 떠났다.

길을 가다가 밤이 되어 어느 주막에 묵게 되었다. 막 잠을 자려는데 밖에서 인기척이 나서 나가보니 웬 여인이,

"제발 빨리 좀 숨겨 달라."고 다급한 목소리로 애원을 하는 것이었다. 만석꾼 아들은 급하게 여인을 방안으로 들어오게 하였다. 조금 후, 남자들 몇 명이 주막에 들어와 도망가는 여인을 보지 못했느냐며 방마다 찾아다녔다. 만석꾼 아들은 이불 속에 여인을 숨기고 잠을 자는 척하였다. 남자들이 돌아가고 나서 자초지종을 들으니 그 여인은 부잣집 딸인데, 계모에게 모함을 당해 죽게 될 지경에서 간신히 도망쳐 나와 갈 곳이 없다는 것이었다. 만석꾼 아들은 그 여인과 결혼을 하고 여인이 가지고 온 패물로 다시 만석꾼이 되었다.

틀만 남은 패철로 3정승 날 명당을 잡다

옛 날에 형제가 살았다. 형은 글공부를 좀 해서는 풍수노릇을 해서 먹고사는데, 동생은 집안이 어려운데도 형편을 생각하지 않고 희희낙락 돌아다녔다. 그래서 하루는 그 부인이 '우리 아주버님은 풍수노릇을 해서 부유하게 잘 사는데, 우리 집 영감은 죽으나 사나 술만 먹고 놀고 있으니 형제지간에 어찌 저리 다를까?' 싶어 영감을 달랬다.

"아주버님은 풍수를 해서 벌이를 하니 당신도 아주버님 좀 따라가보시오. 형님께 패철을 하나 구해달라고 해서 풍수노릇을 한 번 해보시오."

"야, 이 사람아, 누구를 망하게 하려고 그러오? 풍수를 하려고 해도 내가 글을 배웠소? 패철도 모르는 사람에게 풍수를 하라고 해? 형님에게 가면 괜히 꾸중만 듣소!"하면서도 자신의 처지가 한심스

러워

"허헛! 여자 말도 귀 넘어 듣는다고 가볼까?"하며 못이기는 척하며 형에게 갔다.

"형님, 집에 계십니까?"

"누구냐?"

"접니다."

"동생이 어쩐 일인가?"

"저도 풍수 노릇하게 패철 하나 구해주시오."

"야, 이 사람이 뭐라 하는 건가? 누굴 망하게 하려고 패철을 달라고 해? 패철이 어찌 돌아가는지 모르는 무식한 사람이 패철을 달라고? 그런 소리하지 말고 집으로 내려가게."하니, 동생은 꾸중만 듣고 집으로 내려왔다.

"내가 안 간다고 했는데, 당신 때문에 괜히 형님에게 꾸중만 듣고 왔소."

"그럴 겁니다."

며칠 후에 아침을 먹으면서 아내가 또,

"형님에게 올라가 보세요."하니

"아 이 사람아, 지난번에 꾸중만 듣고 오지 않았소. 또 꾸중을 듣게 하고 싶소?"

"그러지 말고 또 올라가 보세요."하여

결국 다시 올라갔다. 형이 가만히 보니 먼저 번에 온 걸 그냥 꾸중만 한 것이 미안한 생각이 들어 글자도 없고 나침도 들어있지 않은 패철을 주었다. '이것을 주어도 설마 남을 속이지 못할 것이니 줘버리자.'싶어 그 못쓰는 패철을 주었다. 동생은 그것을 보고 패철이 원래 그렇게 생긴 것인 줄 알고 기뻐하며 집으로 내려왔다.

"여보!"

"왜 그러세요?"

"패철 주머니 하나 만드시오."

"아주버님께서 패철을 주셨어요?"

"이 사람 보게. 이렇게 보니 환하지 않는가? 걸림도 없이 환하네."

아내가 패철 주머니를 하나 만드니 그 주머니를 들고 거무스름한 두루마기를 입고 뒤축도 없는 짚신을 신고, 부채를 하나 들고 길을 나섰다. 자기 입으로 풍수라 하고 어느 집에 들어가 밥을 얻어 먹을 수는 없고 해서 계속 길을 걷는데, 해는 저물고 배는 너무 고팠다. 그런데 어느 곳에서 절구소리가 났다. '옳지! 저 곳에 올라가면 설마 술이라도 한 잔 주겠지. 배가 이렇게 고프니 우선 먹고 살아야겠다.'고 생각하며 장사 지내는 산 중허리에 올라가다 보니 우물이 있는데,

"쿵더덕 절구여!"하며

쿵덕 굴리니 하얀 물이 나오고, 안 굴리니 맑은 물이 나오는 것이었다.

그러나 대뜸 술 한 잔 달라는 소리를 할 수도 없는 일이고, 또 술 먹으라 하는 사람도 없었다.

그래서 안이 비어 있는 패철을 들고선,

"이 묘 물 나지!" 하니 상주가 화가 났다. 며칠 정지를 하고 광중을 해서 하관했는데, 웬 거지 형상을 한 풍수가 올라와서는 통만 남은 패철을 들고 와서는 물이 난다고 하니 이상한 일이었다. 상주가,

"어떻게 해서 이 묘에 물이 납니까?"

"내가 뭘 압니까? 아무 것도 모르지. 그래도 물이 나지."했다.

그 묘를 잡은 대사가 가만히 보니 거지같은 놈이 하나 와서는 물이 난다고 하니 이상하여

"이보시오. 당신이 어떻게 이 묘에서 물이 나는 걸 압니까?"

"내가 압니까? 당신이 알지. 나는 아무 것도 모릅니다."하고선 계속,

"물 나지, 물 나지."하니 대사가

"그러면 당신하고 결탁을 합시다. 만약 이 묘를 파서 물이 나면 내가 죽고, 안 나면 당신이 죽고."했다. 그래서 상주가 인부를 시켜서 묘를 파도록 시켰다. 광중을 얼마 안 팠는데 관을 보니, 허연 물이 올라오는 것이었다. 그 물을 보고 대사는 얼른 달아나 버렸다.

상주는 그 엉터리 풍수에게 고맙다고 돈 보따리를 집으로 보내 주었다.

상주는 풍수를 데리고 집에 가서는 후한 대접을 했다. 며칠동안 굶은 풍수는 '오늘 죽어도 한이 없다. 배불러 보는 게 한이었는데, 좋은 옷도 입어보고 좋은 갓도 써봤으니 이제 됐다.' 싶었다.

어느 날 주인이 명당자리를 부탁하기에

"나는 묘터를 잡아도 석 달 열흘 만에 잡으니 별실이 필요하네."

그래서 별실에 묵게 되었다. 풍수는 별실에서 잘 먹고 별 재주가 없으니 마냥 석 달 열흘만 기다렸다. 약속한 날이 되자 소문을 듣고 가까이에 사는 풍수란 풍수는 다 모였다.

엉터리 풍수가 '오늘 아침밥이 사주밥인데, 이걸 먹고 어디 가서 내가 뭘 놓고 묘터를 잡겠는가. 이제는 죽을 판이니 실컷 먹고 죽을 수밖에 없다.'는 생각을 하고 아침을 먹고선,

"상주님 들어보시오. 이 마을에 장정을 일곱 구할 수 없소?"

"물론 있죠."

그래 장정 일곱을 구해서 산에 올라가서는

"신들을 모두 매시오. 나는 도망치면서 묘터를 잡으니, 나를 잡으면 묘터를 잡을 것이고, 놓치면 못 잡을 게요."

하니 상주 셋과 장정 일곱이 그들의 신을 꼭 맸다.

"시작!"하며 뛰기 시작하는데 몇 발짝 안 움직여서 잡힐 판국이었다. 계속 뛰다가 산꼭대기에 올라서서 내려다보니 덤불 속에 기와집이 하나 보였다.

"내가 저 집으로 도망쳐야 살 수 있지." 싶어 그 집으로 들어가니 절이었다. 그런데 그 절에 묘터를 잡아주었던 대사가 있었다. 풍수는 잡히지 않으려고 냉큼 뛰어들어 와서는 대청마루 밑에 숨어버렸다. 그 대사가 상좌를 불러서는

"내가 전에 묘터를 잡아 주고 하관할 당시에 절구를 찧으려는데 저 분이 와서는 시비를 걸기에 결탁을 했지. 그런데 내가 여기 있는 줄 알고 저 명풍이 날 찾아왔으니, 저 위에 있는 궤에 날 넣어라. 저 분이 나를 어디 갔느냐고 묻거든 벌써 몇 해, 몇 달 전에 출타하고 없다고 그래라. 우리 법당 뒤에 정승 셋 날 만한 터가 있긴 하지만 내가 그 터를 가르쳐 줄 수도 없고 하니 출타하고 없다고만 해라."

동생이 마루 밑에서 가만히 듣기를 마친 후, 나와서는 상주를 불렀다.

"너희 스승 계시느냐?"

"몇 해, 몇 달 전 출타하고 안 계십니다."

"그래? 그럼 저 궤를 내려보아라."

"궤는 뭐하게요?"

"무슨 말이 그리 많아! 이리 내려봐."

장정을 시켜서 궤를 마당 가운데로 내어놓고선,

"대톱을 하나 구할 수 있느냐?"

"예, 구할 수 있습니다."

"어서 톱을 가져와라."

톱의 등 쪽으로 궤를 켜는 것처럼 궤위에다 걸어 놓았다.

"궤를 켜라."하여 켜니 소리만 드르렁드르렁 났지 궤는 안 켜졌

지만, 그 안에 있는 대사는 머리가 쪼개지는 것 같았다.

그래서 "사람 살려." 라고 고래고래 소리를 질렀다.

"잠깐, 멈춰라. 궤 속에서 소리가 난다." 하면서

문을 여니 대사가 나왔다.

"아이고, 선생님! 죽을 때가 되어서 이 모양이 됐나봅니다. 제가 여기 있는 줄 어떻게 알고 찾아 오셨습니까?"

"내가 워낙 재빨리 오다보니 답사를 못했는데, 지금 답사를 해도 되겠느냐?"

"예, 이 법당을 뜯어서 묘를 쓰시오. 제발 살려만 주시오."

"그래? 그럼 그러지."

그 소리를 듣고서 법당 뒤 다래 덤불 속을 보니 묘를 하나 쓸 만큼 잔디가 나 있었다.

"정승 셋은 날 장소로군." 하니

쫓아왔던 풍수들도 모두들 패철을 빼들었는데 정말 정승 셋이 날 터였다. 그러자 한 풍수가,

"참 명풍은 명풍이구려! 우리는 패철에 글자도 다 있고 나침반도 있는데, 틀만 남은 패철로 정승 나올 터를 구할 줄은 몰랐네." 하자 상주가

"오늘 저녁에 당장 묘를 씁시다."했다.

그 후, 며칠을 더 그 집에서 묵고서 집으로 가려고 하자,

"선생님! 며칠 더 쉬다 가시오."

"참 잘 얻어먹었소. 이때까지 있은 것만 해도 충분하오. 덕분에 잘 먹고 했으니 이제 집에 가야죠."하니 당나귀를 한 필 내 놓고 돈 석 냥을 주었다.

당나귀를 타고 자기가 살던 집에 와보니 집은 없어지고 갈대만 무성하였다. 그래서 근처 주막에 들러,

"저기 갈대 속에 있던 저 집은 어디로 이사를 갔소?"

"저기 건너 파란 기와집 열 두 대문이 있는 저 집으로 갔소."

"어떻게 하여 저 집으로 이사 가게 되었소?"

"그 집 양반이 풍수를 한다고 나간 지 삼일 후부터 돈이 자꾸 와서는 저렇게 되었소."

"그러면 그 집에 가 볼 수 있소?"

"저 쪽으로 가시오."

그래서 기와집으로 찾아가니, 문지기가 대문 앞에서 어정거리지도 못하게 했다. 그래서 자기 아들 이름과 자기 이름, 식구들 이름을 알려주어 그 문지기가 그 아내에게 알렸더니,

"내 영감은 벌써 죽고 없네. 그런 사람 모른다고 해라." 했다.

그래서 그 풍수는 문지기에게 옛날 애기를 전부 해주며 다시 말해보고 오라 했다. 그러니 그 부인이 좇아 나왔다. 남편이 기뻐하며

"어떻게 해서 당신은 이렇게 집을 호화롭게 지어놓고 호의호식을 하게 됐소?"

"당신이 나가서 벌어준 돈으로 이렇게 지내고 있지요." 했다.

그 형도 동생이 통만 든 패철을 들고 나간 지 사흘 후부터 돈 보따리가 자꾸 오자, 꾸중만 한 게 미안한 생각이 들었다. 그래서 동생에게 와서,

"날 용서하게. 내가 자네에게 진작 패철을 줬으면 더 좋았을 것을."

"아이고, 형님. 이 모두가 다 형님 덕분입니다."

"그래, 자네는 어떻게 터를 잡아주고 이렇게 돈을 벌었나?"

"그게 모두 천운이고, 형님이 도와준 덕택입니다."하며 껄껄 웃었다.

재치로 묏자리 잡아 주고
부자 된 선비

옛날에 글밖에 읽을 줄 모르는 사람이 있었다. 아내가 남의 바느질도 하고 품도 팔아서 어렵게 지내고 있었다. 하루는 품 팔 데도 없고 해서 끼니 거리를 구하지 못하고 집에 돌아왔는데 남편은 여전히 책만 읽고 있었다.

"밤낮으로 책만 읽으면 먹을 것이 생깁니까? 내가 이렇게 고생을 해도 먹고 살 수가 없으니 어떻게 하면 좋습니까?"하고 신세한탄을 했다. 남편이 책을 덮으면서 하는 말이

"나는 평생 글밖에 모르는 사람이니 어쩌면 좋겠소?"하니, 아내가 "뒷집 서방님은 당신보다 글을 적게 읽어도 지관 일을 해서 돈을 잘 버는데 당신은 어찌 그 모양이오?"했다.

"나는 글은 배웠어도 그런 것은 배우지 않았으니 어떻게 지관 일을 하겠소?"

"내가 그 집에 가서 쇠를 하나 얻어다 줄 테니 지관 일을 한 번 해 보시구려"

"당신이 그렇게 권하니 그러면 쇠를 하나 얻어다 주구려"

아내가 뒷집에 가서 쇠를 얻어다 주자 그 길로 밥이라도 얻어먹을까 싶어 길을 나섰다.

마침 큰 동네를 지나다가 해가 저물어 담배를 피우면서 앞일을 궁리하고 있었는데 어떤 사람이 지나가면서 말했다.

"이것 보시오. 당신이 노자도 없고 시장기도 많은 것 같소. 내가 좋은 수를 일러 줄 테니 그렇게 하시오. 이 안동네에 가면 큰 기와집이 있는데 그 집에 초상이 나서 지관을 구하는 참이오. 그러니 그 집에 가면 잘 대접받고 며칠 쉴 수가 있을 거요"

그래서 그 집을 찾아갔더니 한 상 잘 차려 내오면서 환영을 하는 것이었다. 저녁을 먹고 앉아 있었더니 지관들이 둘러앉아서는 얘기를 하는데 마침 선비의 차례가 됐다.

"저는 얘기를 할 줄을 모릅니다" 그랬더니 밥 얻어먹은 얘기라든가 누구 집에 소변보러 갔다가 창피 당한 얘기든지 아무 거라도 하라고 하는 것이었다.

"나는 삼십이 가깝도록 글밖에는 몰라 서당에서 글 배운 이야기밖에 모릅니다"

"아무 얘기라도 하시오"하면서 모여 있던 사람들이 채근을 했다.

그래서 선생에게 맞은 얘기, 꾸중들은 얘기 등을 했는데, 주인이 자러 갈 때가 됐는지

"선비님들 이제는 편히 주무십시오"했다. 그 선비가 남들 하는 대로 두루마기를 벗어서 벽에다 거는데 쇠주머니가 덜렁 하는 것을 보고 주인은 '옳거니, 옳은 지관을 만났구나'하고 생각했다.

이튿날 아침을 먹고는 지관들에게 여비를 줘서 모두 보내는 것이었다. 선비도 가려고 하는데 하루 더 있다 가라고 잡아서 그냥

눌러 있었다. 한 일주일 동안 상주는 나와 보는 일도 없고 자기 혼자 좋은 밥상에다 고기와 술을 대접받고 있었다. 하루는 방에 앉았는데 문이 열리면서

"선비님, 제가 죽고 살기는 선비님 말 한마디에 달렸습니다"하고는 명주 한 필을 문틈으로 들여놓았다. 선비는 이것을 어떻게 해석해야 좋을지 몰라 뜬눈으로 밤을 지샜다. 아침이 되자 또 밥상이 들어오기에 먹고 나자 주인이 나와 선산 구경을 가자고 했다. 그래서 상주가 앞서고 선비는 뒤를 따라 가는데, 산에 올라 내려다보니 아무 것도 모르는 사람 눈에도 산세가 참 좋았다. 중간쯤 와서는 쉬어 가자고 했다. 큰 묘가 하나 있는데 자기도 많은 묘를 구경했어도 그렇게 큰 묘는 처음이었다. 그래서 쇠를 주머니에서 꺼내어서 묘 봉우리에다 놓고 보니 참 좋았다. 그래서 엉겁결에 무릎을 치면서

"선산에 칠삭동이가 났으면 삼정승을 살겠구나"했다. 그러자 상좌가 하는 말이 며느리가 시집 온 지 일곱 달 만에 아들을 낳았는데, 양반 집에선 이를 창피하게 여겼다는 것이다. 그래서 기분이 나빠 산 구경을 가자고 했다는 것이었다. 그리고는 집에 돌아가서 장사 지낼 생각은 하지 않고 유지들을 모아서 잔치를 하는 것이었다.

또 며칠 지나자 상주가

"아버지 묏자리를 봐야 하는데, 선생님이 가실 의향이 있으십니까?"하고 물었다. 그래서 큰 산에 가서 둘러보았지만 아는 게 없어서 어떻게 할 수가 없었다.

그래서 상주에게 어디 봐 둔 곳은 없냐고 물어 보았다. 그러니까 상주가

"이 근처에 한자리 모실 데가 있다고 지관들이 왔었지만 도무지 찾지를 못합니다. 그래서 여태까지 있었는데 선생님이 가셔서 보시

지요"해서 가 보았더니 산이 병풍처럼 둘러싸고 있는 모양이 참 좋았다. 그래서

"쉬어 갑시다"하고는 주저앉았다. 상주가 이 자리냐고 묻기에 맞다고 대답을 해 버렸다.

"그러면 뫼표를 하는 것이 어떻겠습니까?"

"그렇게 하십시오. 내가 앉은자리 그대로 하십시오"

그러자 네 군데 말뚝을 박고는 삼일 안에 장사를 훌륭하게 지냈다. 묘 쓰기를 끝내고 가려고 하자 주인이 하루 더 있다가 가라고 잡았다. 다른 사람들이 묏자리를 보고 못 썼다고 하면 얼굴에 똥칠을 하게 생겨서 선비는 도망을 쳐버렸다. 집에 돌아왔더니 그 동안에 집을 새로 짓고 논도 몇 마지기 사 놓고 있었다. 그래서 부인에게

"어떻게 된 일이오?" 하니

"모르는 사람이 와서 이러저러 해 줬습니다"

"내가 남의 돈을 공짜로 먹을 수는 없으니 절에 가서 10년 공부를 한 다음 진짜로 그 사람을 위해 묏자리를 봐 줘야겠소"하고는 절로 들어갔다. 10년 공부를 마치고 나서는 집으로 가지 않고 자기가 묏자리를 잡아 준 산으로 먼저 갔다. 가 보았더니 제자리에 모셔져 있어 '이것이 선영 덕이로구나. 모든 것이 선영 덕이니 7대조 선산 호처라는 곳을 가 봐야겠구나'하고 내려가 봤더니 틀림없는 호처였다. 그래서 그 주인집으로 가서 지난 일을 모두 사과했더니

"이것은 당신의 운이 아니라 내 운입니다. 잘 됐습니다"했다. 그래서 별 탈 없이 잘 살 수가 있었다.

제5장 우연히 성공한 얼풍수

- 부처의 뺨 때리고 대국 천자가 된 머슴
- 적떡 구워 옥녀직금혈(玉女織錦穴)을 얻다
- 관을 내던져 잡은 대명당
- 어림짐작으로 어머니 묘 쓰고
  천 석 부자가 되다
- 자라혈 잡아 주고 부자된 선비
- 형의 쇠주머니를 훔쳐 부자된 얼풍수 동생
- 3형제 속여 묏자리 잡아 주고 부자된 머슴
- 장군출진혈에 묘 쓰고 잠적한 가짜 지관
- 우연히 명당 잡은 풍수
- 임금님 묘까지 잡게 된 운 좋은 가짜 풍수
- 와우음수혈(臥牛飮水穴) 잡아주고
  잘살게 된 선비
- 미끄러진 자리에 묏자리 잡아주고
  부자된 동생
- 장사꾼 덕에 연화부수혈(蓮花浮水穴)
  구한 최씨

부처의 빰때리고
대국 천자가 된 머슴

주 천자라는 사람이 남의 집 머슴살이를 할 때에 어머니가 돌
아가셨다. 힘이 무척 장사이고 머슴들 중에 영자(領者)여서
세 사람이 해야 될 일을 혼자서 하곤 했다. 하루는 보리짚으로 만
든 거적데기에 송장을 말아서 어깨에 메고 묻으러 올라갔다. 이것
을 이웃 지관이 보고 '저 놈이 어디에 묻는지 봐야겠다.'하면서 뒤
를 따라갔다. 주천자가 자리를 파는 곳이 명당일 것이라고 생각한
것이다.

　"여보게, 그곳은 내가 벌써 며칠 전에 봐둔 자리이니 기왕이면
다른 곳에 세우고 비켜주게."라고 하니,

　"괜히 좋아 와서는 귀찮게 구는군요."라고 말하고는 다른 곳에
가서 더 좋은 자리를 파는 것이었다. 그래서 지관이 "그곳은 우리
내외 묻힐 자리야."라며 다시 말리었다. 그래서 두 번이나 자리를

양보하고 다음번에 찾은 자리는 천자가 날 자리에 다시 땅을 파는 것이었다. 더 이상 뭐라고 말했다가는 봉변을 당할 것 같아서 말리지는 못하고, '저놈은 운이 매우 좋은 놈이구나.'라고 생각하고는 말하기를,

"이 자리는 적어도 하관시에 금관과 창을 들고 하관할 자리이니 아무나 쓸 수 있는 자리가 아닐세."라고 하니, 이 말을 들은 주천자가

"별소리를 다 하시오. 아무 곳에나 묻으면 되지 괜히 그러시오. 당장 내려가시오."라고 하니, 아무 말 못하고 그냥 잠자코 있을 수밖에 없었다. 그러던 중, 동네사람들이

"주천자가 어머니 묘를 세운다니 우리 가서 하관이나 도와주세." 라고 하며 여남은 명이 낫을 가지고 올라가 도와주는데, 지관이 가만히 보니 자기가 말한 형식은 다 갖추고 있는 것이었다. 보릿짚 거죽으로 말았으니 금관이고, 일꾼들의 작대기 끝에 전부 낫이 달려 있으니 창을 꽂은 거나 같은 것이라 할 수 있었다. 이에 지관은 '거 참 이상하다. 모든 것을 다 갖추었으니 앞으로 어떻게 되는지 한 번 두고 봐야겠나.'고 생각했다.

주천자는 동네끼리 정월대보름에 불싸움, 돌싸움을 하더라도 항상 영자(領者)노릇을 하며 이겼는데, 중국과 전쟁이 일어나게 되자 주천자가 생각을 내어 거지들을 삼백여 명을 모집하여 대국천자 노릇을 하며 한 몫 하기로 했다.

전쟁에 나가기 전 부처님께 빌고자 절에 가서

"부처님 이번에 전장에 나가서 우리가 꼭 승리하게 해 주십시오. 꼭 대답을 해 주십시오."라고 빌며 대답을 기다려도 대답이 없자 부처의 뺨을 후려쳐 버렸다. 그러자 부처가 뒤로 쓰러져 넘어졌는데 뒤에 웬 여자가 숨어 있었다. 주천자가 그것을 보고

"네가 사람이냐? 귀신이냐?"하니

"우리 오라버니가 전장에 대장으로 나갔는데 승리하게 해 달라고 비는 중에 이렇게 오셔서 저는 뒤로 숨었습니다."하였다

그러자 주천자는 여자를 붙들어 자기 부인으로 삼고 처남 매부가 함께 싸움을 하게 되었다. 전쟁에서 승리한 후, 그 오빠가 처남을 만나보니 체격도 장골이라 능히 임금 자리에 앉을 만한 인물이라고 생각하며

"내가 물러설 것이니 자네가 자리에 앉게."하며 물러섰다. 그리하여 주천자는 쉽게 높은 천자 자리에 오를 수 있었다고 한다.

적떡 구워
옥녀직금혈(玉女織錦穴)을 얻다.

어떤 사람이 부잣집 뒷집에서 가난하게 살고 있었는데, 부잣집에서는 날마다 지관이 드나들면서 명당을 쓴다고 북적거렸다. 그러니 뒷집의 마누라가

"우리도 지관에게 가서 명당 하나 얻어다가 아버지 묘를 쓰고 부자가 되어 봅시다"했다.

"그러면 어떻게 할까?"

"거기 가서 놀기도 하고 한번 가 보세요"

그래서 저녁밥을 먹고 지관 있는 곳으로 갔다. 그런데 간 곳은 지관 있는 곳이 아니라 머슴과 동네 사람들이 노는 방이었다. 문을 열자 동네 사람들이

"자네 웬일인가?"

"나도 명당 하나 써 보려고 하네"

"이 사람아 적덕(積德)을 해야 명당을 쓰지. 건성으로 명당 쓰는 줄 아는가?"

그러자 도로 집으로 가 마누라에게 말하길

"무슨 가루 좀 있는가?"

"무엇 하려고 그러시오?"

"적덕을 해야 명당 쓴다네. 그러니 메밀가루라든지 밀가루 있으면 적떡을 해서 지관에게 가려고 하네"

"메밀가루는 좀 있습니다"했다.

그래서 냄비에다 적떡을 해서는 지관에게 갔는데, 다른 사람들은 다 돌아가고 주인과 지관만 있었다.

"명당을 쓰려면 적떡을 해야 한다면서요? 그래서 적떡을 좀 해 갖고 왔습니다"하니 주인과 지관은 웃음이 절로 났다. 그런데 시간이 열두 시가 다 되어서 배가 출출했다. 그래서 갖고 온 적떡을 나눠 먹었다.

"그러면 '적덕'을 먹었으니 내일부터 우리 따라 다니시오"

이튿날 아침을 먹고 그 집에 가서 같이 산으로 올라가는데 가난한 남자가 변이 마려워 한쪽으로 가서 똥을 싸려는데 어떤 여자가 베를 짜고 있었다. 깜짝 놀라서 뒤를 못 보고 지관 있는 곳으로 와서 그 얘기를 했다. 그래서 지관이 가 보았더니 옥녀직금혈(玉女織錦穴) 즉 옥녀가 비단을 짜는 자리였다. 그래서 그 가난한 사람도 명당을 쓸 수가 있었다.

관을 내던져 잡은 대명당

어느 마을에 3형제가 살았는데, 아버지의 병이 매우 위독하였다. 그래서 동생을 용한 약국에 보내어 약을 지어오도록 하였다. 동생이 약국에 가니 약사가 선을 쓰고 있어 있어서 그냥 돌아왔다. 형이 약을 지어왔냐고 물으니까,

"형님, 그런 말씀 마십시오. 약을 지으러 가니 그 약사가 아버지가 죽어 건을 쓰고 있습디다. 우리 아버지 병 고칠 수 있는 양반이라면 자기 아버지 돌아가시게 했겠소. 그래서 그냥 왔습니다."라고 했다. 바로 위의 형이 이 말을 듣고,

"그러면 어디에 용한 지관이 살고 있으니, 가서 그 양반을 모시고 오너라. 아버지를 어디다 모셔야 할지 알아야겠다."라며 동생을 보냈다. 동생이 지관의 집에 도착하니, 그 집의 서까래가 훤히 드러나고 괴상망측하였다. 그것을 보고 동생은, '우리 아버지 산자리를 잘 봐줄 사람이면, 저의 조상 산자리도 잘 봐서 잘해 놓고 살지

저렇게 하고 살겠는가.'라고 생각하고 그냥 집으로 돌아왔다. 형님이, 지관이 오시느냐고 물으니,

"오긴 뭘 와요. 그만둡시다. 우리 아버지 산자리 잘 봐줘서 잘 살게 해 줄 사람이 아니오. 자기 조상 산소자리도 못 구해서 집이 형편없고 거지와 같습디다. 딴 데 알아볼 것 없이 두 분 형님은 곡을 하며 따라 오시오. 내가 관을 짊어지고 갈 테니."라고 동생이 말하였다.

동생이 관을 꽉 묶어서 짊어지고 가고, 형들은 곡을 하며 뒤따랐다. 동생은 산꼭대기로 올라가더니 관을 내려 던지면서,

"우리 미련한 인간은 모릅니다. 아버지께서 산소자리 좋은 곳으로 잡으십시오. 그 곳으로 묘를 쓰겠습니다."라고 말하는 것이었다. 산꼭대기에서 내던져진 관은 밑으로 굴러가다가 밭 덤불에 놓였다.

"아버지 고맙습니다. 아버지 명당자리가 여기니, 여기에 묘를 써야겠습니다."라며 땅을 팠다. 땅을 파고 있는데 어느 도사가 그곳을 지나다 보니 천하의 명당자리였다. 대사가 놀라서,

"그래 이 산자리를 누가 잡았나"라고 물으니,

"우리 아버님이 잡았습니다."라고 대답하였다.

"그럼 하관시는 언제인가?"

"하관시고 뭐고 그냥 모시겠습니다."

이 말을 듣고는, 대사가,

"그게 아닐세. 시가 있는 것일세. 여기 가만히 있으면, 무쇠 갓을 쓰고 가는 사람이 있을 것이니, 그 때 하관을 하도록 하게."라고 말하였다. 맑은 날에 무쇠 갓을 쓰고 가는 이가 어디 있겠나 싶었으나, 하관시가 되니 하늘에서 뇌성벽력이 치고 하늘이 으르렁거리면서 갑자기 비가 내리니 어떤 여자가 솥뚜껑을 들고 가다가, 그 솥뚜껑을 머리에 썼다. 그래서 그 때 하관을 하여 그 사람은 다시 없는 명당자리를 잡아 복을 받고 잘 살았다.

어림짐작으로 어머니 모 쓰고 천 석 부자가 되다

옛날에 어떤 동네에 아버지는 일찍 돌아가시고 모자가 살았는데 지독하게 못 살았다. 그래서 아들이 고용살이를 하는데, 삼십이 넘도록 머슴살이를 해 봐도 살아가기가 힘들었다.

추운 겨울에 눈이 많이 내린 날, 자기 어머니가 돌아가셨다. 너무 가난하여 풍수를 댈 수도 없고, 초상 형식도 갖추지 못하고 그냥 상주질을 하다가 3일 만에 거적에 둘둘 싸서 짊어지고, 삽 한 자루와 괭이 한 자루를 들고 뒷산으로 올라갔다.

조심조심하며 산 중간쯤 올라가니 쌓인 눈 중에서도 어렴풋하게 길이 보이는데 자세히 보니 자기 맘에 꼭 들었다. 그래서 그곳에 구덩이를 파고 그 중간에 유해를 내려놓고 앞에다 꼬챙이를 하나 꽂아 두고는 앉아서 담배를 피우고 있었다. 왜냐하면 겨울은 추우니까 따뜻한 12시쯤에 묻기 위해서였다. 그런데 그때 마침 일류 지관 한 사람이 그 길 위로 지나가다가 앉아 쉬면서 내려다보니, 어떤 사람이 시체를 짊어지고 올라오더니 자기가 명당으로 보고 있는 자리에 시체를 놓고, 꼬챙이를 하나 꽂더니 담배를 피우며 기다리는 것이었다. 그래서 속으로 '내가 지관으로 우리나라에서 활개를 치고 다니는데, 저 사람이 나보다도 더 용한가?'생각했다.

정각이 되니까

"어머니, 이제 안장합시다." 하면서, 그곳에 묻는 것이었다.

지관이 보니까 그 장소에 12시에 하관을 하게 되면 사흘 내로 천석 살림을 할 자리로 재산이 불어나게 되어 자수성가하도록 되어 있었다.

저 놈이 어찌하는가 하고 풍수가 지켜보고 있는데, 정각 12시가 되니 안장을 하여 묘를 쓰고 흙을 적당히 모아 놓고는 앉아서 한참동안 곡을 하고 있었다. 그때 갑자기 한 여자가 머리를 산발하고 보따리를 하나 안은 채 급히 뛰어오더니 거기서 머리를 확 풀고, 치마를 벗어버리더니 아래위로 하얀 속옷만 걸친 상태로 땅을 두드리면서 상주와 같이 울었다. 상주가 가만히 보니 낯선 여자가 와서 울어대고, 조금 있으니 화적떼들이 칼을 차고 뛰어 가는 것이었다.

이 여자는 화적 소굴에 있던 여자로 도망가는 길이었는데, 자기 어머니가 죽어 우는 상주를 설마 화적떼가 좇는 여인이라고 생각할 수 있으랴? 머리를 산발해서 울어대니까 화적들이 지나가 버린 것이다.

화적떼가 가고 나서 상주가 곡을 마치고 절을 하니까 이 여자도 따라서 절을 했다.

그래서

"당신이 대관절 누군데 여기 와서 우느냐?"하니, 여자가 자기는 양가집 규수인데 화적떼에게 붙들려 가서는 도저히 살 길이 없어서 도망치는 길이고, 들고 있는 보따리가 전부 금·은 등의 보물과 돈이라고 했다. 이것을 가지고 도망해오다가 보니 어디 다른 데 숨을 곳도 없고 하여 이러한 꾀를 생각해 내었다는 것이다.

이윽고 여인이

"당신은 내 생명의 은인이라."하니, 상주가

"그러면 이제 같이 살자." 했다.

풍수가 지켜보니 기절초풍할 일이었다.

이리하여 이 사람은 사흘 이내에 천 석 부자가 되어 잘 살았다.

자라혈 잡아 주고 부자된 선비

옛날 한 선비가 있었는데 공부에만 열중하고 가사를 돌보지 않았다. 가사는 그의 아내가 맡아 보았는데, 어느 날 남편에게 이렇게 말했다.

"여보시오, 아랫집 누구는 지관 일을 해서 돈을 잘 버는데 당신도 지관 일을 해보는 게 어떻소?"

"아, 그건 해서 뭣하오?"

"아니에요, 아랫집 사람은 그 일로 돈을 잘 번대요. 우리가 이렇게 가난한데 그런 것이라도 해보는 것이 좋지 않아요?"

"지관 일을 하자면 패철이라도 하나 있어야 되지 않소?"

그래서 그 아내가 패철을 하나 사고, 시집올 때 가지고 왔던 의복을 팔아서 여비를 마련해 주었다. 그렇게 지관 일을 하기로 하고 한 곳을 가니 순례꾼이 귀쌈을 때렸다. 그래서 경기도로 달아났는데, 어느 곳에 이르니 나무꾼들이 커다란 자라를 잡아서 어떻게 처리할 지를 몰라서 의논이 분분하였다. 그래서 이 선비가 그 자라를 보니 눈물을 뚝뚝 흘리고 있었다.

"자라를 붙잡아서 무엇하려고 그러시오?"

"오다가 보니 자라가 나와 있기에 잡아서 팔려고 하오."

"그러면 그 자라를 나에게 파시오. 얼마면 되겠소?"

"삼십 전은 받아야 되겠소."

그래서 자라를 삼십 전에 사고 보니 여비가 다 떨어지고 말았다. 사 놓고 보니 자라가 워낙 힘이 좋아서 감당할 수가 없었다. 그래서 결국 자라를 물 속으로 놓아주고 말았다. 하는 수 없어서 이 사람은 서울 쪽으로 갔는데, 가는 길에 초상이 난 어떤 대갓집에 들르게 되었다.

"나도 산세를 좀 볼 줄 알아서 이렇게 찾아왔소."

"아, 그러시오"

주인이 사랑으로 인도하는데 이미 지관들이 한 방 가득 모여 앉아있었다. 윗목에 앉아서 가만히 이야기를 들으니 온갖 이야기가 다 나오는데 이 사람은 배운 바가 없어 기만히 웃고만 앉아있었다 이 모습을 보고 맏아들이 생각하기를 지식 있는 지관 같은데 이상스레 말도 하지 않고 앉았다고 생각하고 그 사람을 불러냈다.

"선생님, 저 좀 보시지요."

그래서 따라 별당에 들어가니,

"보아하니 지각 있는 선생님이신 것 같은데 어디서 오셨습니까?"

"아무 데 사오."

"우리 아버님이 돌아가셨는데 아직 구산을 하지 못하고 있습니다."

"그러십니까"

예전에 대갓집은 상을 당해도 곧 바로 산에 묻어버리는 것이 아니라 몇 달을 두고 구산을 하고 다녔다. 그래서 몇 해가 지나가더라도 구산을 해야 장사를 지낼 수 있었다.

"구산하러 갑시다."

맏아들이 말했다. 다음날 아들이 지관들을 데리고 구산을 하러 가는데, 이 사람은 산에 가지 않고 방안에 앉아 있었다. 방에 앉아 있다보니 밥을 지으려고 불을 때는데, 구들 한 쪽이 갈라져서 연기가 새어 들어왔다. 그래서 이 사람이 그 틈을 메워놓았다. 그러고 나서 지관들이 돌아 온 다음에 이렇게 물었다.

"여러 선생님들 지리를 아신다면 이 방의 구들이 이상하게 놓여 있어 연기가 딱 한 군데서 새고 있는데 그곳을 찾을 수 있겠습니까?"

이렇게 묻자 다른 지관들이 다시 이렇게 물었다.

"우리들은 모르겠소. 그러면 선생은 그곳을 알고 있소?"

그래서 이 사람이 왔다 갔다 하다가 자기가 막아놓은 그 틈을 가리키며

"바로 여기가 그곳이오."라고 하였다. 그래서 다른 지관들이 이 사람을 천하의 명지관으로 알고 모두 돌아가 버렸다.

지관들을 다 보내고 이 집에서는 이 사람만 진수성찬으로 대접을 하였다. 그렇게 며칠을 후한 대접을 받으면서 생각하니 이제 앞일이 걱정이었다. 그래서 이 사람이 궁리 끝에 도망치기로 하였다. 그래서 다음 날, 상제들을 데리고 높은 산에 올라가면서 도망치려고 하였지만 기회가 없었다. 그래서 다음 날, 더 높은 산으로 올라가면서 달아나려고 했으나 또 달아나지 못하고 말았다. 그러자 상제들이 이곳이 명산이냐고 묻기에 궁여지책으로 이산이 명산인 줄 알았는데 이제 보니 아니라고 둘러대고 다시 돌아왔다. 그래서 다음 날은 꼭 달아나야겠다고 생각하면서 제일 높은 산에 헐레벌떡 올라가면서 이렇게 말했다.

"늙은 자라가 알을 품은 혈이라."

며칠날 장사지내라고 일러주었다. 그러니까 그 집에서 보답으로 수많은 재물을 주어서 환송하여 주었다.

지관 일로 나설 때는 오막살이였던 살림이 돌아와서 보니 큰 기와집 살림이 되어 있었다. 부인은 기뻐했으나 이 사람은 이렇게 남을 속여 재산을 마련해서는 안 될 일이라 생각하고 그 재산으로 몇 년 절에 들어가서 산세 공부를 하였다. 기약한 공부를 마치고 다시 그곳을 찾아가 보니 그곳이 바로 명당자리였다.

형의 쇠주머니를 훔쳐 부자된
얼풍수 동생

어느 고을에 경주 김씨가 살았는데, 부모에게서 물려받은 재산이 없어서 형제가 먹고살기가 곤란했다. 그래서 형은 여기저기 다니면서 풍수질을 하고, 동생은 남의 밭뙈기나 얻어서 농사를 지었다. 그런데 동생이 보니까 형이 어디에 갔다 오면 돈이며 쌀을 많이 가지고 왔다. 그래서 어느 날 동생이

"형님은 어디 가서 어떻게 해서 그렇게 돈을 잘 버느냐?"고 물었다.

"뭘 잘 벌어. 어디 갔더니 누가 묏자리 하나 잡아 달라고 해서 잡아 줬더니 이렇게 돈 주고, 잘 먹여 주고 쌀도 주더라."

"그래요? 그럼 형님, 그 쇠주머니 나 좀 꿔 줘요."

"아 이 사람아, 아무 것도 모르는 사람이 뭘 안다고 쇠주머니를 꿔 달라고 그래?"

"나도 가서 풍수질 좀 하게요."

"어디 가서 잘못하면 괜히 큰일 나지. 당최 그런 소리하지 마라!"

그래서 동생은 아무 소리도 못하고 형에게 쫓겨서 집으로 와 가만히 혼자 드러누워 생각을 하니까 너무나 이상했다. '에이 빌어먹을! 내가 형 집에 가서 형의 쇠주머니를 훔쳐야 되겠다.'고 생각하며 벌떡 일어났다.

그래서 형님 집에 가서 쇠주머니를 훔쳐서 주머니에 넣고 집에 와서 자기 부인에게

"내가 내일 어디를 갈 텐데 아침을 일찍 해 주소"

"아니 어디를 가려고요?"

"내가 어디를 가든지 상관 말고 아침이나 일찍 해 달라."고 했다.

아침을 일찍 해서 먹고 그 쇠주머니를 차고 그 길로 혼자서 길을 떠났다. 가다 보니까 어느 큼직한 집에서 차일(遮日)을 쳐 놓고 사람이 들어왔다 나갔다 하여 보니까 무슨 일이 있어도 큰일이 있는 집 같았다. 그래서 가보니까 상가(喪家)였다.

"지나가는 과객인데 오다 보니끼 이 댁이 상을 당한 모양인데 밥이나 한 술 얻어먹고 가려고 들어 왔다."고 하니까,

상주가 밖을 내다보더니

"저기 지금 들어오는 손님을 방으로 모셔라."

하니 손들이 없는 방 한 칸에다 모시더니만 주안상을 내오는데 상 갓집이라도 아주 잘 차렸다. 거기서 술을 한 잔 마시면서 가만히 들으니 옆방에서 각 풍수들이 무슨 혈(穴)에는 무슨 좌향(坐向)으로 놔야 하고, 무슨 혈에는 무슨 좌향으로 놔야 한다고 하면서 얘기를 하고 있었다. 그러나 자기는 그런 소리를 들어봐야 도통 알 수 없어서 아무 말도 안하고 그냥 앉아서 주는 밥과 주는 술을 먹으면서 한 3, 4일 묵었다. 그래도 주인이 와서 뭐라고 묻는 법도 없

이 매일 밥과 술을 주었다.

하루는 상주가 나오더니,

"우리 아버님 모실 자리를 잡아야 되겠는데 오늘은 그 자리를 한 번 보러 가시는 것이 어떻겠습니까?"하고 물었다.

"아, 가십시다"

아무 것도 모른다고 하면 당장 거기서 술이나 밥도 못 얻어먹고 쫓겨날 판이고, 안다고 하면 곁에 있는 풍수들이 비웃기만 할 것이고 하여 아무 소리 안 했다. 다음날 뒷산으로 올라가면서 보니까 산이 아주 잘 생겼다. 그 산꼭대기로 올라갔다. 그러나 명당자리를 찾지 못할 것 같아 도망을 칠 수밖에 없다고 생각했다.

그래서 신발을 총총 동여매고서 뛸 작정을 하고 산꼭대기에서 쇠주머니를 허리에 찼다. 앞자락에 쇠주머니를 찼는데 쇠를 한번 썩 빼서 들고 내려다보다가 두 주먹을 불끈 쥐고 잠시 가만있다가 도망을 쳤다. 산등성이로 죽을힘을 다하여 내리 뛰는데 그만 쭉 미끄러져 주저앉았다. 그러니까 뒤에 있던 상주는 미쳐 못 따라 왔지만 하인들이 좇아오다가 양쪽 어깨 죽지를 꽉 누르며,

"여기가 좋은 자리입니까?" 하여

"여기가 좋다"고 했다.

상주가 와서 보니까 상주 맘에도 된 것 같아 거기다 자리를 잡고 그 이튿날 거기다 안장(安葬)을 하게 되었다. 그 날부터 손님을 모시고 가서 얼마나 대접을 잘하는지 배가 터질 지경이 되었다.

장사를 지내고 나서도 여러 날 얻어먹다 보니까 염치가 없었다. 무얼 알기나 하는 사람 같으면 덜하겠으나 아무 것도 모르는 사람이 그 짓을 해놨으니 주인 볼 낯이 없어서

"상주님 오늘은 내가 떠나겠습니다."

"가시다니 이게 무슨 말씀입니까? 더 묵으면서 천천히 쉬어서 가십시오. 그런데 선생님 댁이 어디십니까?"하여 자기가 사는 곳을

말해주었다.

이 집은 대갓집으로 재산이 많아 그 손님은 붙잡아서 집에 앉혀 놓고 먹이면서 몰래 양식과 돈을 말에다 실어 가지고 본가로 보냈다.

집에서 마누라가 보니 낯모르는 이들이 쌀과 돈을 실어왔기에 영문도 모르고 받아서 쌓다 보니 쌀과 돈으로 울타리를 하게 됐다.

한편 그 가짜 풍수는 며칠을 더 머물다 집으로 가려고 하니 말까지 내어 주며 타고 가시라고 하면서 하인에게 명하여

"이 손님을 어디까지 모셔다 드리고 오라."고 했다.

처음에 집을 나설 때는 맨주먹을 불끈 쥐고 갔었는데, 올 적에는 말을 타고 집에 와보니까 벼락부자가 되어 있었다. 마누라가,

"어떻게 해서 이렇게 돈을 많이 벌었느냐?"고 하면서 좋아서 어쩔 줄을 몰랐다.

한편 형은 자기 동생이 나가서 돈을 그렇게 많이 벌어왔다는 얘기를 듣고는 욕심이 뻗쳐서 동생네 집에 찾아갔다.

"동생, 어디 가서, 어떻게 해서 돈을 많이 벌었나?"

"벌긴 뭘 벌어요. 그리고 형님 쇠주머닌 내가 훔쳐 갔습니다."

"그래서? 어떻게 했어? 남의 집구석 망하게 하지 않았어?"

"몰라요. 망하게 했는지 흥하게 했는지 모르지만 어느 상갓집에 묏자리를 하나 잡아주었더니 그 집에서 이렇게 해줍디다."

"그래? 거기 어둑한 데로구나! 그럼 그 쇠주머니 이리 다오. 나도 한번 나가서 돈 좀 벌게."

"아, 그러시우."

그래서 패철을 자기 형에게 돌려주었다. 그 형이 쇠주머니를 들고 가만히 생각하니까, '알기는 그래도 내가 뚫어지게 알고 저놈은 매일 먹고 지게 목발만 두드리고 다니던 놈이 어떻게 가서 저렇게 했는가?' 싶었다.

그래서 동생이 말한 그 집을 찾아가서, 주인하고 인사를 하고 "내가 풍수라."고 그러니까 하룻밤 묵고 가기를 권했다.

이튿날 아침을 먹고 나서 주인이

"우리 아버님 산소를 잘 썼는지 못 썼는지 한번 가봅시다. 그 어디 사는 어떤 양반이 와서 자리를 잡았는데 내 생각에는 참 잘 잡은 것 같다."고 했다.

그래서 거기를 가서 뫼를 써 놓은 곳에 쇠를 놓고 보니까 천하대명지였다. 자기가 그렇게 좇아다녀도 그런 자리 하나 못 잡아본, 삼정승 육판서가 날 자리였다.

'이거 삼베주머니에 의성 들었다더니 내 동생 머리도 또 그렇지 않구나! 이렇게 좋은 곳을 나는 잡지 못했는데 어떻게 잡았는가?' 생각하면서 주인에게 좋은 자리라고 말했다.

그 길로 자신은 다른 곳으로 쇠주머니를 차고 이리저리 다녀 보았으나 명당자리를 구하지 못하고 할 수 없이 돌아 왔다. 그리고 속으로 생각하기를, '재물이 느는 것도 하느님의 뜻이고, 돈을 벌지 못하는 것도 하느님의 뜻인데 나는 가죽 속에 든 복이 적어서 이렇고, 동생은 복이 많아서 저런 것이다. 그러니 이런 짓 다 그만두고 동생 것이나 좀 뺏어 먹어야겠다.'고 생각했다. 그 길로 쇠주머니를 땅바닥에 놓고 돌멩이로 부셔버리고 동생에게 가서,

"내 명기는 네가 다 빼먹었으니 나를 먹여 살려라."

"그러지요. 형님 살아 계실 동안 먹여 살리지요."

이렇게 해서 형제간에 의좋게 살다 죽었다.

3형제 속여 묏자리 잡아 주고
부자 된 머슴

어떤 사람이 남의 집에 머슴살이를 10년을 해도 맨날 고생만 할 뿐 팔자가 펴지지 않았다. 그래서 풍수노릇을 하기로 했다. 그때 마침 60십리 쯤 떨어진 부잣집에 초상이 났다. 그래서 부인이 이 사람에게 패철을 사 주었다. 그 길로 부잣집에 가서 상주 3형제를 속여 묘를 쓰게 했다. 그러나 '내가 아무리 영달하기 위해서라지만 남에게 골육지악(骨肉之惡)을 저지를 수가 있나? 아무 것도 모르고 이런 짓을 해서는 안 되겠다'고 생각했다.

그래서 그 길로 공부하러 금강산 유정사로 갔다. 10년을 공부하기로 했는데, 3년이 지나 산세를 보니까 세상 전부가 묏자리였다. 그래서 주지에게 가서,

"전부가 묏자리입니다. 이제 나가보면 저도 산세를 볼 수가 있겠습니다."

"안 돼. 10년을 채우면 명풍이 될 텐데 그건 무슨 소리여?"

그래서 '에이 끝을 한번 맺어보자. 그러면 언젠가 도통하겠지' 그렇게 생각하고 열심히 공부한 뒤 도통해서 나오니 이제는 정말로 묏자리가 하나도 보이지 않았다. 그때 수년 전 자신이 묏자리를 잡아 준 일이 생각났다. 뫼 하나 잘못 써서 남의 집을 전멸 시킬 수가 있으니 이거 큰일 났구나 싶어 그 집을 찾아 가보니 모두 그대로였다.

"도대체 어떻게 된 것이냐?"고 물으니 그 집 형제들이 말했다.

"세상에, 어디로 그렇게 내뺐습니까? 지금 그때까지만 해도 우리 집안이 삼천 석 했었는데 지금은 천오백 석 지기를 합니다. 우리가 당신네 줄려고 놔둔 것이요. 그 천오백 석 지기를."

그 길로 집으로 가보니 큰 기와집에서 부인과 자식들이 잘 살고 있었다.

장군출진혈에 묘 쓰고 잠적한 가짜 지관

어떤 사람이 너무나 가난해서 먹을 것이 없자 떠돌이 생활을 하게 됐다. 그러던 중에 성자나무에서 한 사오십 명이 모여 잔치하는 곳을 지나게 됐는데, 모두 풍수얘기만 하고 있었다. 이 사람은 아는 게 없어 듣기만 하고 있었는데, 어영부영 해가 넘어가 버렸다. 사람들은 다 돌아가 버렸지만 자기는 갈 데가 없어서 우두커니 있는데, 쇠주머니가 하나 떨어져 있는 걸 발견했다. 그것을 주워 들고 있는데 조그마한 꼬마가 오더니

"우리 집 마님이 오시라고 합니다. 가십시다."하였다.

날은 저물고 오갈 데가 없으니까 우선 밥이라도 얻어먹고 잠도 자기 위해서 할 수 없이 그 집에 따라 들어갔다. 그 집은 남편을 잃고 명당 하나 잡아 쓰려고 지관들을 4, 5년 데리고 있는 부잣집이었다. 들어가자 그 지관들이 땅바닥에 앉아서 명당 얘기만 하는

데, 이 사람은 아는 게 없어서 그냥 한 쪽 구석에 꽉 쳐박혀 있었다. 그 집 상주가 문구멍을 뚫고 엿보니까 다들 명당 얘기만 하는데 그 사람만 아무 말도 안하고 있었다. '아, 저 사람은 사람들이 하는 말이 당치도 않으니까 대꾸를 안 하고 있구나.'하고 짐작을 했다.

이튿날 안주인은 사오십 명 되는 지관들을 다 내보냈다. 그는 '다만 닷 냥이라도 주면 가겠다'고 생각을 하고 있는데, 오라 가라 소리 없이 그냥 앉혀 놓고는 진수성찬을 대접하는 것이었다. 집에 갈 생각인데 가라는 소리도 안하고, 여러 날을 얻어먹었으니 무조건 나올 수도 없고 해서 입장이 곤란했다.

어느 날, 그 주인 아들이 들어오더니

"봄도 되고 날이 따뜻하니까, 산 구경이나 한 번 가실까요?"하였다. 그 사람은 그 소리가 참 반가웠다. 실은 아무 것도 모르는데, 징역살이처럼 꽉 들어박혀 여러 해, 여러 달을 얻어먹고 그냥 간다고 할 수가 없었던 것이다. 그래서 도망갈 요량으로

"그러면 좋은 짚신 한 켤레 사다 주시오."하였다. 그러자 좋은 것을 한 켤레 사다 주는 것이었다.

이것을 신고는 삼십육계 도망갈 작정으로 산에서 막 뛰어 가는데, 상주는 '명당을 찾아가는가 보다.'하고 뒤를 바싹 따라 왔다. 그런데 산비탈을 내려가다가 그만 앞으로 철퍼덕 엎어졌다. 뒤떨어진 줄 알았던 상주가 곁에 와서 일으키며

"아, 여기가 맞습니까?"라고 말했다. 달아나지도 못하고 해서, 그 전날 저녁에 풍수들이 얘기한 소리 중에 '장군출진혈(將軍出陣穴)'이라는 하는 것이 설핏 떠올라서

"그렇소. 여기가 장군출진혈이오."라고 해 버렸다.

그 사람은 도망치지도 못하고 또 붙들려오니 큰일이었다. 집의 식구는 굶어 죽었는지 살았는지도 모르고 해서 집에 꼭 가야 하는

데 다시 따라 들어와 있으려니 두렵고 답답했다. 집 걱정에 다른 생각은 아무 것도 없었다. 이러고 있는데 하루는 상주가 필묵을 가지고 와서는 택일하자고 했다. 그러나 아는 게 없어서 가만히 있었다. 얼마쯤 있자 상주가 지관을 하도 여럿 보았기 때문인지 자기가 알아서 쓰더니 몇시에 쓰면 좋겠냐고 했다. 그러자 그 사람은 방포 소리가 난 뒤에 하자고 했다.

그 사람은 '동네에 포수가 있다는 소리를 들었으니까 폐백 천 냥을 준다고 하면, 포수에게 백 냥을 주기로 하고 총 한 방 쏴 달라고 해야겠다'고 생각을 했다. 그리고는 포수에게 가서 약속을 했다.

"내가 이 집의 묘를 써 주면 폐백 천냥을 준다니까, 어느 날 어느 산에 몇 시경 와서 총만 한방 쏴 주시오. 그러면 백 냥을 주겠소."

포수가 생각해 보니까, 그 돈 백 냥을 받으면 큰 부자가 될 것 같았다. 이렇게 서로 약속을 하고는 헤어졌다. 그 날 거기 가서 묘를 쓰는데, 지관은 손 댈 것도 없이 상주가 알아서 둥그런 묘를 쓰고 구덩이를 파고 했다. 시간이 오시가 가까워오자 상주가 생각하기에는 그 시간에 꼭 하관을 했으면 좋겠는데, 이 사람은 약속한 일이 있어서 자꾸 중지를 했다. 조금 있으니 총소리가 하관하고 묘를 썼다. 그런데 폐백 천 냥을 받자 포수에게 백 냥을 주지 않고 그냥 도망을 가버렸다. 포수가 도둑놈에게 속았다는 것을 알고서는 그 집에 가서 사실대로 고하였다.

이 소리를 들은 마님은 가슴이 덜컥했다. 그래서 영감 복이 세상에 그렇게 없냐고 묘에 가서 날마다 울었다. 묘를 헤매면서 울어대는데, 울음이 잦으면 재앙이 오는 법인지 어느 날은 얼마큼 슬피 울면서 설핏 잠이 들었다가 잠이 깰 듯 말 듯 하는 순간이었다. 일어나지는 않고 있는데 어떤 스님과 동승이 지나가면서 거기가 장군출진혈이라고 말하는 것이었다. 그런데 스님은 좋은 자리 버렸다고 했다. 동승이 "장군출진혈이 제자리 잘 들어간 것 같은데, 어째서 좋은 자리를 버렸다 합니까?"하고 물었다. 그러자 스님은

"야, 이놈아! 아무리 명지관이라도 장군출진혈이니까 장군이 싸우고 나갈 때 방포가 있어야 할 참인데, 방포 소리를 어떻게 냈을까? 아무리 명지관이라도 방포 소리는 못 냈을 것이다. 그러니까 이것은 무용지지(無用之地)다. 그래서 재수가 없는 자리인 것이다. 좋은 자리 버렸다."그러고는 지나가 버렸다.

마님은 그 소리를 듣고 벌떡 일어나서는 대사에게 그 자리가 어떤 자리냐고 물었다. 그러자 대사는

"장군이 싸우고 나가니까 방포 소리를 내면서 나가야 하는데, 그 하관시에 방포 소리를 누가 내고 이 묘를 썼겠습니까? 방포 소리만 났으면 이게 제자리 옳게 쓴 자리입니다."했다. 부인이 그 소리를 듣고는 너무 흐뭇해했다.

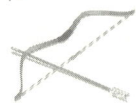

우연히 명당잡은 풍수

어느 마을에 양반 한 사람이 살았는데, 그 양반의 앞집에는 상놈이 살고 있었나. 하루는 뒷집에 사는 양반이 코를 못 들 정도로 고기 굽는 냄새가 들어오고 있었다. 가만히 살펴보니 상놈 집에서 불고기를 굽고 있는 것이었다. 며칠을 계속해서 냄새가 나니, 하루는 상놈을 불렀다.

"이 보게, 이 보게!"하자, 상놈이 자기가 무슨 큰 죄를 지은 줄 알고 와서 토방 밑에 엎드려서,

"죽을 죄를 지었습니다." 하고 빌었다.

양반이 상놈을 부른 것은 죄를 지었다고 그러는 것이 아니고 그냥 그 냄새에 대해서 알아보려고 한 것인데, 상놈의 생각으로는 '내가 저 양반에게 무슨 죄를 지었는가?' 해서 무릎을 끓고 무조건 비는 것이었다. 그러자 이 양반이 버선발로 뛰어 나가서, "이리 들

어오시게나."고 하면서, 존대까지 해 줬다. 양반은 상놈을 방으로 들어오게 해서 모셨다. 방으로 모시니까 이 상놈은 더 당황해 했다. '내가 얼마나 큰 죄를 지었기에 이렇게 후대까지 하나' 싶었다. 그래서 방에 와서 구석에 쭈그리고 앉아 있으니까, 이 양반이 방석까지 깔아 주면서,

"이리 앉게나." 했다. 그래서 그 양반이 시키는 대로 했다. 그러자 그 양반이 하는 말이,

"다름이 아니라 내가 댁을 우리 집까지 오시라고 한 것은 몇 가지 알아볼 것이 있어서입니다."라고 말을 했다.

"예, 무슨 말씀이십니까?"하고 상놈이 물으니까, 양반이,

"다름이 아니라 내가 보아 하니, 며칠 전부터 당신 집에서 고기 굽는 냄새가 코를 찌르는데, 어떻게 해서 생활을 그렇게 윤택하게 할 수가 있습니까?"라고 말을 하니까,

"예. 제가 누구시라고 거짓이 있겠습니까?"하면서 자기에게 있었던 일을 다 털어놓았다.

"제가 지리학 공부를 했습니다. 지리학 공부를 해서 풍수를 보고 다녀서 잘 먹고 지냅니다."라고 하니까,

"그러면 어떻게 해서 그렇게 볼 수가 있었습니까?"라고 양반이 물으니까,

"예, 지리를 보려면 동서남북을 가리키는 나침반 같은 것이 있습니다. 그것을 가지고 책자를 마련해서 지리적으로 밝아 오는 것을 배웠습니다."라고 상놈이 말하자,

"그 나침반을 구입하려면 얼마면 사겠습니까?"라고 양반이 그러니까,

"돈 10냥이면 사겠습니다."라고 하였다. 그러자 양반은

"예, 알았습니다."라고 하고, 상놈은 집으로 돌아갔다. 그런데 이 양반네는 소 한 마리 살 돈도 없을 만큼 가난했다.

그래서 그 날 저녁에 양반은 잠을 이루지 못하면서,

"내가 내일 날이 밝으면 세상없어도 10냥짜리 나침반을 장만해야 되는데, 어떻게 해야 하나."하고 곰곰이 생각을 했다. 생각을 하다가 내일 날이 밝으면 부인의 옷가지라도 팔아서 사야겠다고 생각을 했다. 날이 밝자, 겨우 준비를 해서 가슴에다 품었다. 따지(地)자는 알지만 지리학은 전혀 몰랐다. 그래도 양반이라서 한문은 풍부히 익혔었다. 그래서 갓을 쓰고 도포를 깨끗하게 잘 입고 고무신을 신고 날마다 유람을 다녔다. 원거리를 매일 나침반을 품고 그렇게 다녔다.

하루는 어느 마을에 들어가니까 '풍수를 구함'이라고 쓰여 있었다. 그래서 그 집을 찾아가니 대궐 같았다. 한 방에 문을 열어 보니, 전국의 풍수들이 다 찾아와서 발 디딜 틈도 없었는데, 그들 모두는 한결같이 산의 혈맥에 대해서 이야기를 하고 있었다.

다른 방을 찾아보다가 사람이 조금 적은 것 같아서 그 방에 들어가니까 전국 지리와 산맥에 대해서 또 이야기를 하고 있었다. 그래서 그냥 알아듣는 체하며 고개를 끄덕끄덕하고 앉아 있었다.

그 때 그 집 큰아들이 술상을 차려 가지고 방에 들어 왔다. 들어와서 손님들의 얼굴을 쭉 훑어보니까, 어떤 한 분이 방구석에 앉아서 고개를 끄덕끄덕 하고 계시는데, 아들이 보기에 그 양반이 진짜 풍수라는 생각이 들었다. 그래서 '누가 뭐라고 해도 난 그분을 모시고 아버님 장례를 치러야겠다.'고 생각을 했다.

'아는 사람은 원래 표현을 안 한다고 하더라. 벼도 익으면 고개를 숙이듯이.' 하면서 큰아들이 다시 한번 마음에 다짐을 하고 작정을 해 두었다. 그들의 아버지 장례일이 15일 남았다. 그 동안에 전국 풍수들이 다 모여들었다. 그런데 이 큰아들은 이 양반에게 마음이 가 있으니 다른 사람들에게는 신경이 쓰일 리가 없었다. 그 사람들이 보기에도 눈치가 다르니 사람들이 차례차례로 가버렸다. 그

래서 결국에는 이 양반 한 사람만 남게 되었다. 그런데 이 양반 풍수를 스승으로 모시고,

"에, 명당을 잡아 주시오."라고 부탁을 했는데, 이 양반은 아는 것이 없어서 매일 근심을 했다. 그래서 먹는 것이 살로 가지 않았다. 15일이 다 지나고 3, 4일만 있으면 아버지 장례일이다. 3, 4일 밖에 남지 않았는데도 아버지 묘지나 장례 일에 대해서 아무런 말이 없었다. 그러자 두 동생들이 공격을 했다.

"형은 저런 사람을 풍수로 모셔 놓았소? 가만히 보니 아무 것도 모르는 사람이 아닌가?"라고 하면서,

"아버지 장사 일이 2, 3일 밖에 안 남았는데, 아버지 산소에 가보기나 했느냐?"라고 공격을 했다. 그러면 큰형은,

"너는 무엇을 알고 그래? 가만히 있어. 형 시키는 대로 해."
하면서도 자기도 모르게 은근히 걱정이 됐다.

'저 양반이 집에 오시기 전에 이미 아버지 묏자리를 봐 놓고 오셨나?'하는 생각도 들면서 이상했다. 어영부영 날이 다 가고 내일이 아버지 장례를 모실 날이었다. 그런데 오늘 저녁에 그 풍수 양반이,

"이보시오! 이보시오!"하고 큰아들을 불렀다.

내일이 자네 아버님 장례 모시는 날이 아니냐고 하면서, 산구경을 가 보자고 했다. 더구나 저녁에 가자고 했다. 그래도 선생이 하는 대로 따라야 한다고 생각했다. 저녁을 먹고 선생이랑 아들 3형제, 이렇게 넷이 알메산이란 공동산으로 갔다. 공동산에는 명당자리가 없다는 것을 이미 다 알고 있었다. 이미 알고 있는데, 밤에 등불을 켜서 들고 갔다. 가서 보니까 공동산이었다. 그래도 아무 말 안하고 따라 갔다. 등불을 들고 산에 올라가서 조금 움푹 파진 곳이 있으면 여기 앉아보고 또 저기 앉아서 들여다보고 그러더니 이 풍수가 움푹한데 앉아서,

"말목 하나를 가져오시오."라고 해서 그 곳에다가 말목을 꽂아 두었다.

"내일 아버지 장례자리는 여깁니다. 여기다 모십시다."라고 하였다. 그 이튿날 집에 마을 사람들이 다 오고 음식 준비도 굉장하게 했다. 모든 만반의 준비를 다 했다. 다 해 놓고 있는데도 장례를 모시러 가자는 소리를 안 했다. 그러더니 저녁때가 지나고 또 밤이 되었다. 밤에 가서 장례 모실 구덩이를 파 놓고 시간을 보니까 10시였다. 그러자 풍수가,

"나 어디 잠깐 갔다 올 테니까 나 올 때까지 하관을 하지 말고 그대로 기다려라."고 하고는 그 알메산에서 바로 넘어 가면 일십리라는 마을이 있는데, 이곳에서 포수를 찾아 은밀한 약속을 했다.

"정각 12시에 '땡' 하고 종이 울리면 방포 세 발만 공중에서 쏘아 주시오. 그러면 내가 사례금을 달라는 대로 드리겠소." 했다.

이 포수는 총 세 발 쏘아주고 돈을 많이 준다니까 좋아했다. 그래서 이 풍수는 다시 묘지로 돌아왔다. 돌아오니 12시가 다 되어 가고 있었다. 그래서 하관 준비를 다시 살펴보고 12시가 되자 하관을 했다. 그랬는데 느닷없이 총소리가,

"빵, 빵, 빵."하고 세 번 울렸다. 그러자 묘를 좋게 해서 덮어놓고 돌아왔다. 이 풍수는 그 집에서 후하게 대접을 받았으나 자기 집에 가서는 불안하여 숨어서 살았다. 아무 것도 모르면서 묏자리를 잡아 놨으니 누가 자신을 잡으러 올까봐 두려웠던 것이다.

그리고 어느새 일년이 지나고 제삿날이 되어서 3형제가 산소에 갔다 오다가 아버지 묘 앞에 큰 도로가 있고 도로 옆에 정자나무가 있어서 그 정자나무에서 쉬고 있으니까 멀리서 도사들이 바랑을 짊어지고 내려오다가 3형제와 같이 쉬게 되었다. 그런데 이 도사들이 자기 아버지 묘를 가르치면서,

"조선에 저런 묘가 다 있다니!"하면서 자기들끼리 이야기를 했

다.

"저 묘는 대국천자가 날 자리인데, 조선에 저 묘를 누가 썼나?"

"조선에도 저런 명당이 있다니, 저곳은 시(時)가 분명히 밤 12시가 하관시가 되어야 하고, 또 방포 세 발이 있어야 하는데, 그것이 있었는지 모르겠다. 그러면 대국 천자가 날 자리란 말이여."라고 했다. 분명히 명당자리라고 했다. 그래서 도사들을 모시고 자기 집에 갔다. 그래서 음식을 후하게 대접을 하고 나서 말하기를,

"좀 전에 선생님들이 말씀하신 묘에 대해서 다시 한번 말씀을 좀 해 주십시오."하니까 그 도사가 말하기를,

"당신하고 그 묘하고 어떤 관계가 있기에 그러냐?"고 했다. 그러자,

"저의 선친의 묘입니다." 하니까, 도사가 손을 꽉 잡으면서,

"어떤 선생을 모셔다가 잡았느냐고? 그 분이 지금도 생존해 계시는가?"하고 물어봤다.

"생존해 계십니다."고 하니까,

"조선에도 그런 선생이 계시냐?"고 하면서,

"앞으로 당신 네 집에서는 대국 천자가 날 것이오. 밤 12시에 하관을 했는가? 그러고 방포 세 발이 있었는가?"하고 물어 보았다.

다 맞는 말이었다. 그래 놓고는 도사들은 길을 떠났다. 그리고 이 집에서는 하인들을 시켜서, 소를 잡고 많은 음식을 만들어서 가득 싣고는 그 풍수 양반을 찾아갔다. 가서 그 선생님을 찾으니까 아주 머니가 나와서,

"출타 중이라서 안 계십니다."하고 보니까 무엇을 잔뜩 싣고 왔다. 그래서 방으로 다시 들어가서 주인 양반을 보고,

"우리 집에 무엇을 잔뜩 가지고 왔습니다."라고 해서 나가보니까, 일년 전에 자기가 묘를 잡아 준 3형제가 물건을 잔뜩 가지고 와서 엎드리며,

"아 선생님, 왜 집에 계시면서 안 계시다고 하셨습니까?"하니까,

이 양반이 하는 말이,

"하도 찾아오는 사람이 많아서 오늘은 내가 피곤해서 쉬려고 없다고 했다면서 거짓말을 했다."

그러자 3형제는,

"아 그러실 것입니다."하면서 정말로 그런 줄 알고 머리를 조아렸다.

임금님 묘까지 잡게 된 운 좋은 가짜 풍수

강원도 양양에 한 선비가 살았는데 과거 운이 없었던지 번번이 시험에 떨어졌다. 부인은 남편 뒷바라지를 하느라고 온갖 고생을 다하면서 내조를 하였다. 한번은 보리를 마당에 널어놓고 이웃집에 일을 거들어 주러 갔는데 그 사이에 소나기가 내렸다. 남편은 소나기가 오는데도 보리를 거둘 생각도 하지 않고 방에서 책만 읽었다. 결국 많지 않은 보리마저 소나기에 다 떠내려 가 버렸다. 집에 돌아온 부인은 화가 머리끝까지 나서 방문을 열고 책만 읽고 있는 남편을 집에서 쫓아내었다. 남편은 집을 나가면서 꼭 돈을 벌어오겠다고 다짐하고 치악산 고개를 넘어 경상도 순흥에 이르자 배가 너무도 고파 어느 집을 기웃거리는데 집안에서 곡을 하는 소리가 들렸다. 집에 들어가 보니 상을 치르고 있었는데 상주도 여럿이고 조문객들도 많았다. 이 사람도 애도를 표한다며 인사를 하고 나오니 대접을 아주 잘 해 주었다. 그러다 상주들이 그 사람에게 묘터를 잡아달라고 부탁하였다.

풍수에 관해 제대로 아는 것은 없지만 그나마 글공부를 통해 익힌 음양오행을 떠올리며 한 번 해보리라 생각하였다. 그리하여 주인의 대접이 더욱 극진해졌다. 이튿날이 되자 상주들과 함께 아침을 잘 차려 먹고는 길을 나섰다.

산을 올라가는데 양지 바른 땅에 위로는 깎아지른 벼랑이 있고 그 밑에 잔디가 소복이 깔려있는 자리가 보였다. 그 곳을 가리키며 명당이라 하고 금닭이 알을 품고 있는 혈이니 꼭 닭울음소리가 나는 새벽에 하관을 해야 복을 얻을 것이라 일러주었다. 지금까지 이 산에 이런 자리가 있을 것이라고 생각도 못했는데 상주들이 보기에도 험준한 산 가운데에서 폭 감싸여서 포근한 자리에 잔디가 잘 깔려있는 것이 마음에 들었다.

산에서 내려온 후, 며칠동안 대접을 잘 받고 그 집안 구경도 하였다. 그리고 장례일을 정해 주고 사람들을 보내놓고 집에 앉아 있다가 집에 있는 장닭을 한 마리 품고 나와서 산에 올라갔다.

골짜기에서 닭을 내려놓으니 닭이 '꼬꼬댁 꼬꼬댁' 하면서 울었다. 그러자 위에서 하관 준비를 하고 있던 사람들이 그 소리를 듣고 하관을 하였다. 그 사람이 닭을 다시 닭장에 집어넣고 집에 와 앉아 있으니 하관을 하고 사람들이 돌아왔다. 이에 이 사람은 자신의 고향 거처를 가르쳐 주며 석 달 후에 보자고 하고 떠났는데, 부잣집에서 일을 잘 해주었다며 노자도 두둑히 준비해 주었다.

일 년 만에 고향에 찾아가니 이전에 자신이 살던 집은 텅 비어 있었고, 식구들이 고래등 같은 집에서 풍족하게 살고 있었다. 그리하여 이 사람은 명풍으로 전국적으로 이름이 알려지게 되었다.

그러다 국상이 나자 강원도 양양에 명풍이 있다는 소문이 임금 귀에 들렸다. 그 소리를 듣고 임금은 당장 그 사람을 데려오라고 명하였다. 전에는 엉터리로 자리를 봐주다가 우연히 명당을 만났지만 이번에는 꼼짝없이 걸려 죽을 판이었다. 서울에 가니 나라에서 융성하게 대접을 해주고 조정에 있던 국풍은 지방으로 쫓겨났다. 이 사람을 상전 모시듯 하는데 이 사람이 대충 양평에 옛 왕릉이 많다는 소리를 들은 적이 있어 양평으로 가자고 하였다. 자포자기 하고 있는데 눈이 덮힌 산중에 김이 모락모락 나는 곳이 보였다. 그곳에 가니 한겨울에 구렁이가 또아리를 틀고 있었다. 자신을 따라온 조정 백관들과 지관들에게 여기가 대명당이라 외치니 그곳에 있던 구렁이는 사라졌다.

지관들이 자리를 보니 좌청룡, 우백호에 문필봉이 나와 있어 이런 명당이 없었다. 그래서 그 곳을 임금 묘로 썼는데 일을 무사히 마치고 집으로 돌아와서 부인에게 다른 곳에 가서 살자고 하여 이사를 했다. 하늘이 도왔는지 새로운 곳에 정착해서도 평생 먹고 살만큼 돈을 잘 벌어 종적을 감춘 채 행복하게 살았다고 한다.

와우음수혈(臥牛飮水穴) 잡아주고
잘살게 된 선비

한 마을에 형제가 살았는데, 형은 글을 많이 배워 이름난 대학 자이나 가난하게 살았고, 동생은 글은 많이 못 배웠어도 산지리를 배워서 풍수질을 하는데 돈을 많이 벌어 살기가 윤택했다.

하루는 형의 부인이 남편에게 말했다.

"여보, 배는 고픈데 당신은 항상 집에서 글만 읽고 있으면 어떡해요? 작은집 서방님은 당신보다 훨씬 못 배워도 풍수질을 하여 돈을 저렇게 많이 버는데, 당신은 어떻게 할 것이요?"

이 양반도 가만히 생각해 보니 아이들은 몇 명 되고, 가정 형편은 자꾸 쪼들려 자기 부인이 하는 말이 과히 잘못되지는 않았다.

"그래? 그러면 나도 돈벌러 한 번 나가 보지."하고 동생에게 가서,

"네가 풍수질 할 때 쓰는 나침판 있거든 하나 다오."

"형님, 무엇하려고 합니까?"

"나도 한 번 사용해 봤으면 한다."

"또 한 개 있습니다."하고 한 개를 형에게 주었다.

옛날에 지관(地官)은 두루마기 고름에 그것을 매달아서 자신이 지관이라는 표시를 하고 다녔다. 그래서 이 사람도 달고 나가기는 하였지만, 글만 알았지 산지리는 잘 몰랐다.

그런데 한 마을에 가니 큰 부잣집에 초상이 났다. 그래서 이 사람도 찾아가니 큰 방에 팔도 풍수가 다 모여 있었다. 저녁이 되니 모여 있던 풍수들이 돌아가면서 제각기 장끼 자랑을 하는데, 이 사람은 아는 것이 없어서 가만히 듣고 있기만 했다.

그 때, 이 집 상주가 풍수들이 모여서 무슨 일을 하는지, 아버지 만년 유택(幽宅)을 잡아 주기 위해 무슨 의논들을 하는지 보기 위해 문구멍으로 살피고 있었는데, 다른 사람들은 온갖 자랑을 하나 오늘 들어온 저 사람은 말없이 가만히 앉아 있었다. '뭔가 아는 사람이 말이 없다. 모르는 사람이 아는 체하는 것이다.'고 생각하면서 그 풍수를 택해 큰상주 있는 데로 모셔 가니 큰상주가 인사를 하고 나서 아버지 유택을 잡아달라고 사정을 했다. 그 이튿날 날은 밝아오는데 묏자리에 대해 아는 것이 없어 걱정이 되었다. 그러나 그 집 하인하고 묘터 잡으러 산에 올라 모퉁이를 돌아가다 보니, 아래에는 강이 있어 물이 철철 내려가고, 서쪽을 쳐다보니 해가 비치는 것이 따뜻하여 괜찮을 것 같았다. 그래서 거기에 묘를 쓰기로 하고 꼬챙이를 두어 개 꺾어서 꽂아 놓고 집으로 왔다.

그 다음날로 날을 받아 초상을 치르는데, 이 사람이 가만히 생각하니 묘를 쓸 때 정확하게 바로 쓰면 여기 묘 쓸 곳이 아니라 하면서 다른 풍수들이 구실을 잡을 것이 틀림없고, 질문에 답변하자니 아는 것이 없었다. 그래서 시비를 막기 위해 묘를 이상하게 쓸 수밖에 없어 시체를 거꾸로 엎어서 발이 산꼭대기로 올라가고 머리가 아래로 내려가도록 하여 묘를 썼다. 그러니까 모두 이런 장사는 처음 보는지라 입 떼는 사람이 없었다.

그렇게 묘를 쓰고 난 뒤, 한 달쯤 지나서 자기 집에 가니 돈이 아주 많이 와 있었다.

동생이 찾아와서는 어디 가서 그렇게 돈을 많이 벌게 되었는지 물었다. 그래서 자초지종을 말하면서 다른 곳에 가서는 말하지 말라고 했다. 그래서 동생이 형과 같이 그 묘를 찾아가 보니 그 혈(穴)이 '와우음수혈(臥牛飮水穴)' 즉, 누운 소가 물 먹는 혈로서 맞게 썼다. 그 뒤 형도 부자가 되어 잘 살았다.

미끄러진 자리에 묏자리 잡아주고 부자된 동생

옛날에 어느 마을에 형제가 살았는데, 형은 글을 조금밖에 못 배웠고 동생은 글을 많이 배웠다.

동생은 주야장천(晝夜長川) 집에 들어앉아 책상 앞에서 글 읽고 쓰는 것만 알았지, 농사지을 줄은 몰랐다. 오뉴월에 보리를 말리기 위해 명석을 널어놓았는데 비가 와도 그것을 덮을 생각도 할 줄 몰랐다. 그는 생전에 한 푼 벌이가 없어 가계에 도움이 안 되니 빈곤해서 조석(朝夕)을 먹기도 힘들었다.

그런데 형은 글은 어중간하게 배웠으나 어떻게 했는지 지리학을 배워서 산풍수가 되어 오십 석 정도 하면서 잘 살았다.

어느 날 동생 부인이,

"당신도 큰집 아주버님께 풍수법을 좀 배워요."했다.

동생이 형에게 가서 풍수법을 물어보니, 글을 많이 배운 사람은 이런 것은 배워서는 안 된다면서 가르쳐주지 않았다.

집에 와서 이 사실을 마누라에게 말하니, 부인이 친정에 가더니 주머니와 패철(佩鐵)을 구해 와서 신랑 옆구리에 채워 주면서,

"이것 차고 나가시오. 당신은 큰집 아주버님보다 글도 많이 배웠으니 못할 게 뭐 있소?"하면서 길을 떠나게 했다.

봄날에 해는 길고, 집에서는 먹지도 못하고 나섰기에 배가 고픈데도 무작정 걸었다. 산 고개에서 내려다보니, 산 아래에 기와집이 많이 있는 부자 마을이 있었다. 그 마을에는 차마 못 들어가고, 거기에 묘가 하나 있었는데 묘 곁에 기대어 있었다. 그런데 난데없이 뱀이 한 마리가 오더니 묘에 나 있는 구멍으로 기어 들어갔다. 그래서 못나오게 그 구멍에 맞는 돌멩이를 주워서 막아버렸다.

담배 한 대 피우고 마을로 내려가니 어느 부잣집에서 이장(移葬)하려는데 명당자리 구하려고 지금 일류 풍수가 다 모였다는 소문이 들렸다.

그 집에 가면 먹을 것이 많이 있을 것 같아 그 부잣집을 찾아가니, 주인이 반가이 맞았다. 들어가 보니 거기 있는 사람들이 모두 묏자리 쓰는 것에 대해서 자기들끼리 토론을 하고 있는데, 이 사람은 지리학에 대해서 아는 것이 없었기 때문에 뒷전에 가만히 앉아 있다가 주는 대로 술만 받아 마시고 꾸벅꾸벅 졸았다.

아침이 되어 밥을 먹고 나니, 주인이 다른 사람은 떠나게 하고 이 사람만 있으라고 하면서 명당자리 잡아 주기를 부탁했다. 그리고 개를 삶아서 대접을 잘 하는데, 묘터 잡는 것에 대해서는 아무것도 모르니 걱정이 이만저만이 아니었다.

다음날 아침이 되니 주인이 조그마한 황새병에 청주를 가득 넣더니 안주를 준비하여 짊어지고 묏자리 잡으러 가자고 하였다. 대접도 잘 받았으니 어쩔 수 없이 산으로 따라 올라가서는 도망갈 곳을 살펴보니 한 군데가 있었다. 그래서 두루마기를 걸어 올려 꽉

매고 신발 끈을 단단히 조이더니 주인에게 자신을 놓치지 말고 따라오라고 하면서 달아났다. 그런데 얼마쯤 가다가 짚신이 잔디에 미끄러져 무릎이 꺾여져 일어나지도 못하고 앉아 있으니, 주인이 뒤따라오면서 이 모습을 보고 여기가 명당이냐고 물으니 그렇다고 대답했다. 주인이 묻기를,

"그럼 상하 말목은 어디에 박고 좌향을 어찌 놓으면 되겠습니까?"

"좌향은 이 산 주릉대로 놓으면 된다. 그리고 다음에 딴 사람이 와서 좌향을 바꿔 놓을 수가 있으니 그대로 하라."했다.

주인의 청으로 또 붙들려 집에까지 가서 이장 날짜를 잡아 주고 이장하는 날은 근방에 있는 일관을 불러 산주릉대로 놓으라고 시켰다.

이장을 하고 난 후에 별안간 주인 집 살림이 자꾸 불어나더니 몇 천 석을 하게 되었다.

그래서 이 사람을 한 번 초청을 하기에 갔더니, 입에 침이 마르도록 묏자리 잘 잡은 것에 대해서 칭찬을 했다.

가짜 풍수인 이 사람은 하루만 쉬고 오려고 하니 주인이 만류하여 사나흘 쉬게 되었다. 그리고 집에 올 때 마을 앞에 있는 주인의 논 열두 마지기를 이 사람 앞으로 이전을 해 주었다. 그래서 생전 처음으로 농사를 짓게 되었는데, 농기구도 이 집에서 준비해 주고 하여 첫 해 소출이 보통 농민들보다 훨씬 많았다.

이 사람의 큰집은 그 때부터 망하기 시작하여 많던 전답을 팔게 되었는데 그 때마다 작은집에서 사게 되니 나중에는 형이 도로 동생에게 와서 빌어먹게 되었다.

그것은 처음에 동생이 형을 찾아가서 묘터 잡는 법을 가르쳐 달라고 했을 때 안 가르쳐 준 죄로 큰집에서 팔면 매번 작은 집에서 사게 된 것이다.

장사꾼 덕에
연화부수혈(蓮花浮水穴)
구한 최씨

어느 마을에 최씨 성을 가진 이가 있었는데, 부모를 일찍 여의었다. 가난하게 남의 집 머슴살이를 하다가 아무리 해도 돈을 벌지 못할 것 같아서 '아이고 안 되겠다. 동네라도 큰 곳으로 가야 되겠다.'라고 생각하고 돈을 더 벌려고 큰 부잣집의 머슴으로 들어갔다. 때가 되어 장가를 갈 나이가 되었는데, 주인이

"애야, 네가 장가를 들어야 하지 않겠니?"

"아이고, 어른, 그런 말씀 하지 마세요. 장가를 갈려고 하니 제 처지가 사고무친인데 부모님도 일찍 여의고 돈도 하나도 없어서 장가를 갈 수 없습니다."

"애야, 걱정하지 마라. 장가갈 돈은 내가 대겠다."

장가를 간 이후 주인의 도움으로 행랑살이를 하며 아들딸 많이 낳고 돈도 어느 정도 벌어 제법 살림을 일구어 살아가고 있었다.

그러나 늘 돌아가신 아버지와 어머니의 묘 터를 제대로 잡아 드리지 못한 것이 마음에 걸렸다. 그래서 아버지 묘부터 다시 잡아드리려고 고향으로 갔다. 무덤을 찾아 뼈를 파내어 삼베에 싸서 짊어지고 좋은 묘터를 찾아 길을 가다가 어느 주막에 묵게 되었다. 저녁을 잘 먹고 잠을 자다가 아침이 되어 일어나 보니 뼈를 싼 짐은 어디에도 없고 미역 대여섯 오리를 싼 짐만 남아 있었다. 삼십 년 만에 겨우 찾은 아버지 백골을 잃어버린 꼴이 되었던 것이다. 사방을 다 찾아봐도 어디에도 없어 할 수없이 미역만 등에 지고 집으로 돌아왔다. 돌아오니 아내가 반기며 말하기를

"당신 무사히 다녀왔습니까?"

"무사히 다녀오기는 커녕, 낭패를 당했네."

"왜 그러십니까?"

"참, 도둑놈도 별도둑놈이 다 있네. 그려."

그리고는 다시 정신을 차리고 주인집에 가서 어른을 찾아뵈었다.

"이사람, 반구(返)는 잘 해왔는가?"

"어르신, 참으로 남 보기 창피한 일이 있었습니다. 오다가 변을 당했습니다."하며 그간의 일을 상세히 말하였다. 그리고는 다시 집으로 돌아와 아내와 의논하여 말하기를

"우리 아버지 백골 찾으려면 내가 잤던 주막을 아예 내가 사서 거기 오는 손님들을 다 살펴봐야겠소. 우리 거기서 술장사를 합시다."

그리고는 그 주막을 사서 주막 앞에다 이렇게 써 붙였다. '우리 집에 자고 가는 사람 중에 이야기를 잘 하시는 사람은 술도 밥도 공짜로 드립니다.' 그러니 사방에서 장사꾼들이 많이 몰려들었다. 그러나 아무리 오래 밤을 새면서 이야기를 들어도 엉뚱한 이야기만 하고 자기 아버지 뼈와 관련되는 이야기는 나오지 않았다. 그러던 중, 어떤 노인이 주막을 찾았는데

"자, 노인장 술 한 잔 받으시오. 이야기 한 번 해 보시오."

"그 몇 년 몇 일, 이 집에서 있었던 일이지. 난 미역을 팔러 다니는 장사꾼이었는데, 강릉 장에 가서 아무리 고생을 하며 장사를 해 봤지만 돈 한푼 못 벌고 해서 지친 몸으로 이 주막에 들렀지. 그런데 주막에 들어오니 값이 많이 나가 보이는 짐이 있지 않겠나. 그래서 순간적인 욕심으로 그 물건을 훔쳐 주막을 나왔지. 그런데 집에 가서 그것을 펼쳐 보니 영장이 아니겠나? 할 수 없이 도랑에 가서 흙을 모아서 묻어 주었지. 그 때 그 죄로 내 나이 육십이 되도 이 모양 이꼴이라네.."

노인의 말을 듣고는 '이제 됐다.'라고 생각하고 아침에 고기국을 끓여 그 노인을 먹이고

"노인장, 기탄없이 그 뼈를 묻은 곳을 가르쳐 주시오. 기억이 납니까?"하니

"기억이야 나지."

"그 장소를 찾기만 하면 내 당신을 극진히 대접해 드릴 터이니, 찾기만 하시오."
하니 노인과 함께 그 곳을 찾아 갔다. 마침 그 곳을 찾아 패철로 그 형세를 보니 풍수가

"연화부수혈(蓮花浮水穴)일세, 연화부수혈이니 그대로 꼼짝 말고 놔두시오. 영장이야 엎어졌던 자빠졌든 물이 많으면 올라오고 물이 적으면 내려가는 연화부수혈이니 그대로 놔두시오. 이런 명산이 없습니다."

이렇게 최씨는 부친의 뼈를 잃은 지 10년 만에 찾았고 명당에 장사지내서 그 후로 잘 살았다.